기독교, 문학, 역사

정경은 지음

도서출판 월인

기독교, 문학, 역사

정경은 지음

도서출판 월인

목차

2부 한국 기독교 문학과 외국 기독교 문학

들어가는 글

나의 국문학 박사학위 논문 주제는 '한국 기독교 시 연구'였지만 학위취득 이후 강사 생활을 하는 동안 기독교 문학을 연구하거나 강의할 기회는 주어지지 않았다. 논문 역시 다시 손에 들 일이 없었다. 그러다가 비교문학으로 두 번째의 박사학위를 준비하는 동안 일본 시인 기타하라 하쿠슈와 한국 시인 정지용의 신앙시를 비교해서 발표한 적은 있었다. 그러나 학위논문의 주제는 '문학과 음악'의 비교로 선회하여 한국의 저항가요와 문학을 비교한 '한국 근·현대 민중가요사 연구'로 비교문학박사학위를 취득하였다.

그렇게 기독교 문학에 대한 부담을 가진 채 십여 년이 흐른 후 2014년 장로회신학대학교 강단에 서게 되었고, '기독교와 문학'을 강의하게 되었다. 학위논문과 강의는 다른 개념으로 접근하기 때문에 어떻게 무엇을 가르칠까 생각하며 기독교와 문학에 관련된 책들과 논문을 살펴보았다. 단행본 서적은 외국의 문학을 성경과 연관하여 해석한 것들과 외국의 기독교 단편을 모아 펴낸 책들이 주를 이루고 있었으며, 외국과 한국의 기독교 문학을 비교한 단행본은 찾기 어려웠다. 그리고 한국문학은 동인지 성격을 지닌 책들이 대부분이었다. 기독교 문학에 관한 단편 논문은 여기저기 파편적으로 흩어져 있었다. 선행 연구들을 검토한 결과 식민지 시기부터 현대까지 기독교 문학만을 통사적으로 묶은 책이 없다는 것, 한국 문단은 기독교 신앙을 가진 작가들에게 관심을 보이지 않으며, 그들의 작품은 주로 기독교 문단 내에서 읽히고 창작된다는 것을 발견했다. 물론 비교문학적 연구 역시 부족했다.

그래서 강의를 시작하기 전에 식민지 시기부터 최근까지 한국 문학사와 문단에서 언급되고 있는 작가와 작품을 일괄해 보았다. 텍스트는 기독교를 소재로 한 작품과 기독교 신앙을 가진 작가의 작품, 그리고 기독교를 비판한 문학으로 한정하였다. 자료를 모으고 추리고 버리면서 약 90여 명의 작가와 그들의 작품으로 압축되었다. 기독교 소재로 작품을 쓰거나 신앙을 가진 작가가 90여 명이나 된다는 것은 의외였다. 서구에서 기독교 문학의 역사는 로마의 콘스탄티누스 대제가 313년 밀라노 칙령을 통해 기독교를 공인한 이후 현재까지 약 1900년의 역사를 가지지만, 한국은 1885년 아펜젤러와 언더우드 목사가 제물포에 상륙한 전후를 기점으로 하면 넉넉잡아도 150년밖에 되지 않기 때문이다.

기독교가 신화나 원형으로 자리하지 않은 한국에서, 게다가 기독신앙을 가지고 있지 않은 작가들도 기독교적 주제와 소재로 작품을 쓰고 있었다. 이유가 무엇일까를 생각하며 6년을 가르쳤고, 이 가운데 몇 작가와 작품 연구를 『기독교사상』, 『문학과 종교』, 『선교와 신학』, 『장신논단』, 『새가정』 등에 올렸다. 이 책은 여기에 실린 글들을 다시 정리한 것이다. 1부는 한국의 역사와 관련된 기독교 문학을, 2부는 한국과 외국의 기독교 문학을 비교한 글로 구성했다. 이 책이 당대의 역사가 반영된 기독교 문학을 고찰하는 데 작은 디딤돌이 되었으면 하는 소망을 가져본다.

2021년 1월 광나루에서

저자 정경은

1부. 한국 역사와 기독교 문학

1. 해방 전과 해방 공간 그리고 1950년대

3·1운동을 소재로 한 기독교 문학들

2019년은 3·1운동 100년째 되는 해였기에 3·1의 의미와 한계에 대해서는 다양한 면에서 언급되었다. 역사는 새롭게 해석되고 다양한 자료들이 발굴되기 때문에 100년 즈음에서 되돌아보는 것도 의미 있는 일일 것이다. 문학에서 3·1을 형상화한 소설은 많지 않다. 해방 전에는 일제의 검열로 인해 사건을 언급하기 어려웠고, 해방 후 반공주의 정권하에서는 항일무장투쟁의 반쪽만 이야기할 수 있었으며, 1980년대 이후 사회인식의 변화로 좌익 투쟁이 부각되었지만 한계가 있었다. 현대는 3·1운동에의 관심이 줄어든 것도 한 이유로 들 수 있다.

식민지 시기의 문단은 3·1운동을 계기로 이전의 이상주의적이고 계몽주의적 상황인식을 벗어난다. 한 편에서는 퇴폐적 비관주의의 사조로 3·1운동이 좌절된 암울한 시대를 표현하였고, 다른 한 편에서는 신경향파와 카프계열의 현실비판 사조가 형성되었다. 신경향파의 문학은 식민지 자본주의를 비판하고, 민족과 개인의 관계를 고민하면서 식민지 현실을 드러내고자 하였다. 신경향파계열인 전영택은 소설 「화수분」에서 가난과 죽음이라는 시대의 아픔을 사실적으로 묘사하였다.

3·1운동과 관련된 해방 전 작품으로는 기월의 「피눈물」(1919년), 전영택의 「운명」(1919)과 「생명의 봄」(1920) 그리고 「독약을 마시는 여인」(1921), 염상섭의 「만세전」(1924), 홍사용의 「저승길」과 「봉화가 켜질 때

에」(1925), 박영희의 「피의 무대」(1925), 최서해의 「해돋이」(1926), 이광수의 「유랑」(1927), 이기영의 「고난을 뚫고」(1928), 최독견의 「황혼」(1927), 심훈의 「동방의 애인」(1930) 등이 있다. 해방 전에는 일제의 검열로 인해 당시 상황이나 과정을 형상화한다는 것은 위험한 일이었다. 그렇기 때문에 은유의 수법을 사용하기도 하였는데, 처음 잡지에 연재할 때는 제목이 「묘지」였다가 단행본으로 발행할 때 「만세전」으로 제목을 바꾸어 출판한 염상섭 소설의 제목 '만세전'은 조선에 만세가 일어나기 전 해 겨울, 즉 3 · 1운동 이전을 의미한다. 해방 직후 이미륵의 「압록강은 흐른다」(1946)는 개화기부터 3 · 1운동 직후까지를 배경으로 한다.

3 · 1운동의 영향으로 해외에서 활동했던 의병이나 독립군(광복군)을 소재로 한 작품으로는 최서해의 「해돋이」(1926)와 「폭풍우 시대」(1928), 유진오의 「마적」(1930), 강경애의 「번뇌」(1935), 이광수의 「그의 자서전」(1937) 등이 있다. 3 · 1운동의 실패로 인한 좌절감을 급속히 마르크스주의자들이 채워나가던 시점에서 카프계열과 북에서 활동하던 소설가의 작품들, 즉 한설야의 「혈로」(1946)와 「설봉산」(1956), 이기영의 「두만강」(1961) 등과 남한의 현대작가 조정래가 「태백산맥」(1986~1989)과 「아리랑」(1993~1995) 등에서 좌익항일무장투쟁을 다루었다. 조정래는 「아리랑」을 통해 독립운동의 전개과정에서 일본에 굴하지도 타협하지도 않는 독립군과 조선의 독립에 기여한 조선인들을 그리고자 하였다고 밝힌다. 김연수의 「밤은 노래한다」(2008)는 500여 명의 조선항일운동가들이 체포 혹은 살해되거나 도망가야 했으며, 많은 하부조직들이 마비상태에 빠지게 된 민생단사건을 배경으로 한다.

이 글에서는 전영택(1894~1968)의 소설에 3 · 1운동이 어떻게 나타나는가 보고자 한다. 전영택은 대표적인 근대 지식인이자 한국근대문학의 개척자 중 한 사람으로 신학교 교수이며 목사이다. 3 · 1운동 직전인 1919년 2월 『창조』 창간호에 「혜선의 사」로 등단하였다. 이제 살펴볼 「운명」, 「생명의 봄」, 「독약을 마시는 여인」 세 편은 그가 직간접으로 체험한 3 · 1운동과 연관되며, 검열을 피해 표현이 허락되는 범위 내에서 3 · 1을 진지하게 형상화한다.

개인의 운명을 바꾸는 식민지 상황

「운명」의 줄거리를 먼저 본다. 일본 M법대를 나온 오동준은 귀국했다가 어떤 사건으로 100여 일간을 감옥에서 보낸다. 그는 지루함을 이겨내기 위해 약혼녀 H와의 행복한 생활을 상상한다. 그러나 삼 개월 동안 H는 면회도 오지 않고 엽서 한 장 보내지 않는다. 동준은 출옥한 뒤 H를 찾아 동경으로 가 보니 H는 A와 동거하고 있었으며 임신까지 한 상태였다. 실망한 동준은 여자를 생식하는 도구쯤으로 여기기로 한다. 한 달 후에 자신이 왜 동준을 배신했는지를 밝히는 H의 편지가 온다. 동준이 자신과 사귈 때 결혼은 인공적이고 허위뿐인 고통이고 아이도 원하지 않는다고 말했기 때문이었고, 개인주의적인 동준 대신 A는 자신에게 다정하고 관심을 보여주었기 때문이라는 내용이다.

이 소설은 감옥에 있는 동안 사랑하는 여인이 배신한다는 통속적인 이야기로 읽힌다. 그러나 언론 검열을 피하기 위해 암시적으로 처리되어 있기 때문이지, 연애 이야기를 거두면 3 · 1운동과 일제의 탄압을 볼 수 있다. 동준의 투옥 원인을 직접 밝히지는 않았지만 동준이 종로의 '청년회'나 'YMCA'에 소속된 인물이라는 설명에서 그가 항일운동에 참여하였으며, 같은 감방에 있는 서북지방에서 이름난 CK목사 "역시" 이번에 만세 사건으로 들어왔다고 서술한 데서 동준 역시 3 · 1운동으로 체포되었다는 것을 짐작할 수 있다.

전영택의 세 편 소설 모두 감옥을 배경으로 하는데 이는 당시 자유가 없는 조선과 지식인의 상황을 은유한다. 한 방에 수감된 삼십여 명은 감방 안의 단내와 구린내로 얼굴이 노래지고 퉁퉁 부어 본래의 모습을 알아볼 수 없다. 폐결핵 3기 환자들처럼 누렇고 해쓱하고 눈은 기운 없이 멀겋게 떠서 '나는 죽지 못해 산다.'는 듯이 앉아 있다. 진공이 된 듯이 견딜 수 없이 답답하고, 말도 생각도 못하고 송장처럼 앉아 있다. 일본인 간수가 부르면 '아이쿠 또 왜 부르노?' 하는 생각에 그만 가슴이 두근거린다. 당시 투옥된 인물들이 고문 등으로 괴로워하고 있음을 알 수 있다. 간수가 칼을 들고 다니며 감옥에 들어온 사람은 모두 죄인이라고 단정한다는 설명에서 죄가 없는데도 갇힌 사람들이 있다는 것을 슬쩍 보여준다. 이 같은 묘사는 그대로 조선의 상황과 치환된다. 만세 사건으로 고난 받는 것은 투옥된 당사자뿐만이 아니다. CK목사는 면회신청이 오자 기쁜 빛이 얼굴에 가득하였는데 눈이 벌게져서 들어온다. 세 살 된 아이와 함께 면회 온 아내의 얼굴이 몹시 상했기 때문이다. 감옥 밖의 아내는 체제에 저항하는 남편을 두었다는 이유로 마음과 육체 모두 핍박받았을 것이다.

일제의 식민지 정책은 소설의 제목과 같이 개인의 '운명'을 바꾼다. 동준은 부모와 아내가 있기는 하지만 없는 것이나 다름없다. 부모는 동준이 이성에 대한 애정이 생기기도 전에 삼십 원에 처녀를 사서 아내로 삼게 하였다. 그는 부모를 이해할 수 없고 결혼 역시 사랑 없이 진행되었다. 일본에서 유학하는 팔 년 동안 한 번도 편지가 오고가지 않았고 집에도 가지 않았다. 그의 귀국을 기뻐해 줄 사람이 없었고 자신도 고국에 돌아가고 싶은 생각이 없다. 조국이 없으면 가정이 없는 것이나 마찬가지다. 결국 동준은 극단의 개인주의자가 되었다. 이는 동준이 감옥에 있을 때 사랑이 깨지고 애인이 변심하는 요인이 된다. 조국의 독립이 보장된 다음이라야 개인의 사랑이 온전해질 수 있다.

감옥은 격리와 소외를 만들어낸다. 오동준은 일본의 M대학 법과를 졸업한 당대의 지식인이지만 본국에 가도 할 일이 없는 실업자이다. 이는 당시 지식인들의 경제적, 정신적, 육체적 소외를 은유한다. 오동준은 사회와 애인으로부터 격리되고 H는 당대 사회가 양산한 개인주의자 오동준으로부터 소외당한다. 자유가 없으면 인간다운 삶을 영위할 수 없다.

아직 오지 않은 생명의 봄

전영택은 1919년 2·8 동경유학생 독립운동에 참여한 후 3월에 귀국한다. 평양에서 청년운동과 계몽사업을 하면서 목사와 교사를 겸하였고, 만세사건으로 투옥된 이들의 뒷일을 수습하는 일을 한다. 전영택의 약혼녀 채혜수는 평양 만세운동에 참여하였고, 또 박현숙 사건에도 관계되어 수배된다. 이에 처녀로 잡혀가는 것보다 식이나 올리자고 하여 4월 29일 결혼했으나 다음날 만세를 주도한 혐의로 체포되어 9개월 선고를 받고 평양감옥에 투옥된다. 이 사건을 소재로 쓴 소설이 「生命의 봄」이다.

소설에서 독립운동을 하던 P목사의 장례식 장면은 소설가 박영준의 부친 평양남산현교회 부목사였던 박석훈 목사가 옥사하자 영결식에 참석하였던 실제 사건을 모티프로 하고 있다. 소설의 주인물인 박영순은 전도자, 교회학교 교사, 작가이다. 영순의 추도사에 의하면 P목사는 이웃을 자기 몸보다 더 사랑하였으며, 봉사나 정의를 위해서는 자기 몸을 조금도 돌아보지 아니하고 즐겁게 희생하는 정신을 가졌다. 그러나 ㅇㅇ사건으로 체포되어 투옥되더니 병을 얻어 9개월 후에 '구세제민'의 뜻을 이루지 못하고 세상을 떠난다. 다음 인용문은 그의 장례식 행렬 장면으로 항일 투쟁하다가 죽음을 맞이한 P목사의 죽음을 개인적이기보다 민족의 슬픔으로 승화시킨다.

> 회중은 대략 삼천 명은 될 듯한데, 성내의 웬만한 교인이 거의 다 온 모양이요, 교인이 아닌 신사도 많이 왔다 (…) 영관을 따라가는 남녀노소 3천 명은 서문거리로, 종로로, 신작로로, 칠성문까지 연달아 나아간다. 시가의 상인들은 매매를 그치고 행인은 걸음을 멈추고 P목사의 영에게 경의를 표한다.
>
> — 전영택, 「생명의 봄」

영순의 아내 영선은 독립만세 운동에 가담하였고, 송죽결사대를 창단한 회원이며 숭의여학교 교사인 박현숙 사건에도 관련되어 수배 중이었다. 결혼 다음날 가족 친지들과 아침식사를 하는 도중 체포하러 온 일경을 보고 아내는 얼굴이 까매져서 입에 물었던 밥을 다 뱉어버린다. 그리고 신혼의복을 벗어놓고 반지를 빼놓고 순사의 뒤를 양처럼 따라간다. 집안사람들은 먹던 밥숟가락을 놓고 모두 부들부들 치를 떨면서 침략자의 만행을 증오한다. 남편 영순이 잠깐 화장실에 간 사이 아내는 벌써 구류간에 들어간다. 집에 와서 보니 할머니는 혼이 다 나가서 하늘만 바라보고 그동안 피지 않았던 독한 담배를 다시 핀다.

평양에서는 숭덕학교, 장대현교회, 남산교회, 박구리교회가 중심이 되어 만세를 불렀고 평양 감옥엔 주로 3 · 1운동에 참여했던 사람들이 구금되어 있었다. 의주서 왔다는 키가 자그마한 노인은 백설 같은 수염을 내려 쓸면서 "나는 우리 아녀석들이 세 놈이 다 여기 와 갇혔수다. 그래도 나는 아무 걱정도 안 함무다."라며 웃는다. 아들 셋이 감옥에서 고생하는 데도 노인은 웃는 낯으로 당당해 보인다. 그가 자식을 민족의 아들로 여기기 때문이며, 독립에 목숨 걸고 있는 수많은 딸

아들에 대한 당당함이다.

감옥의 아내는 건강이 극도로 나빠졌고 기운이 없어 비칠비칠하고 얼굴빛은 백랍촉과 같다. 영순은 몇 번이나 가출옥을 신청했으나 거절당한다. P목사처럼 죽을지 모른다는 두려움이 영순을 엄습한다. 영순은 자신이 편히 있다는 생각에 살아 숨 쉬는 것이 미안하고, 심리적 불안, 종교적 좌절, 세상사에 대한 활력을 잃게 된다. 가정이 흔들리면 자아가 흔들린다. 영순은 내부생활의 중심을 잃어버렸다고 생각한다. 그가 생각하는 중심 잃은 삶이란, 세상에서 살 길이 희미해진 것, 개성을 발전시키고 인격을 발휘하지 못하게 된 것, 사회봉사의 방향을 잃어버린 것이다. 결국 교회에도 예술에도 충실하지 못한다. 이렇게 된 가장 근본요인은 신혼의 아내를 잃어버렸기 때문이다.

3·1운동은 일제에 조직적으로 항거할 수 있는 발판을 마련해주었지만 수많은 희생을 야기했다. 무단정치가 문화정치로 옷을 갈아입었을 뿐 민중들은 더욱 궁핍하였고, 생활은 달라진 것이 없었다. 죽음이 가득 찬 공간은 '겨울', '소복'과 같은 단어로 묘사된다. 다음은 영선이 감옥의 아내에게 보내는 편지이다.

> 그대가 들어가 후에 찬바람이 불고, 대동강이 얼어붙고, 눈이 몇 번을 왔는지 알 수 없나이다. 지금은 우리 금수강산이 온통 곱게 소복을 하였나이다.
>
> — 전영택, 「생명의 봄」

운동가들의 투옥으로 조선은 소복을 입는다. 아내는 가출옥되지만 중병으로 병원에 입원한다. 유행성 감기로 하루 오십 명이 넘게 죽고 병원의 시계까지도 죽는다. 아내는 죽어 나가는 사람들을 보고 "잠깐 사는 세상에 우리도 언제 죽을지 모르는데, 우리 불쌍한 동포를 위해 우리 조국을 위해 무엇이든지 힘써 일하십시다."라고 말한다.

겨울은 영순과 아내가 처한 현실, 부인의 부재로 괴롭고 울적한 작가의 심정, 무단통치하에서 신음하는 민족의 시련과 수난을 상징한다. 제목인 「생명의 봄」은 패배의식에 머물러 있지 않고 암울한 현실을 극복하겠다는 의미를 담고 있다. 소설에서 부르는 찬송가 가사 "십자가 후에 승리 있고 죽음이 가고 부활이 오며 죽음의 겨울이 지나가면 생명의 봄이 돌아오네", "시베리아 찬바람에 깊이깊이 묻히니 보기는 죽은듯하나 실상은 살았도다", "눈을 뜨네 눈을 뜨네 무서운 잠 깨어서 죽음의 겨울 지나서 생명의 눈을 떴네"에서 봄과 새싹과 생명은 지금이 겨울과 같은 시절이지만 곧 봄이 올 것이라는 믿음, 일제가 3·1운동을 무자비한 살상으로 억압했지만 그 정신은 죽지 않고 생명의 봄을 쟁취할 것이라는 신념, 3·1 이후 고통을 신앙심으로 이겨내고자 하는 의지를 보여준다.

그러나 개인의 고통이 해소되었다고 사회의 문제가 해결되는 것은 아니다. 영순은 아내의 건강이 회복되자 가치 있는 일이 무엇인가 고민한다. 그리고 여전히 방향을 잡지 못하는 내면을 아내에게 토로한다.

> 나는 먼저 사람이 되어야 되겠소. 무엇보다도 먼저 진실하고 생명 있는 사람이 되어야 하겠소. 목사가 되는 것보다 교사가 되는 것보다도 먼저 거짓이 없는 사람이 되어야 하겠소. 생명 있는 사람이 되어야 하겠소. 우리 앞에도 이제 봄이 돌아오겠지요. 생명의 봄이 돌아오지요. 우리도 생명 있는 사람이 되어서 생명의 봄을 맞아서 참 신생활로 들어갑시다.
>
> — 전영택, 「생명의 봄」

3·1운동은 당대 지식인들의 사회관, 역사관, 자아관을 전환하는 계기가 되었다. 식민지하에서 사람다운 사람이 된다는 것은 어렵다.

생명 없는 죽음의 사람에서 생명이 있는 사람이 되기 위하여, 거짓이 없는 사람, 신생활, 새로운 자아, 새로운 생활, 참사람이 되기 위해 영순은 집을 떠난다.

> 여보, 나는 아무래도 떠나야겠소. 내 문제는 해결된 것 같아도 아직 안 되었소. 사람이 된다고 했으니 무엇이 해결되었소. 이 지경에서 벗어나야겠소. 무엇이나 하나 되어야겠소. 이렇게 지내가지고는 안 되겠소. 세상에 났던 보람을 해야겠소. 참 불안하지만 나는 내일 곧 떠나겠소이다.
>
> — 전영택, 「생명의 봄」

세상에 난 보람을 느끼지 못하는 인물들의 방황과 좌절, 고뇌하는 모습이다. 사회가 부조리하면 개인이 정의를 추구해도 고통이 된다. 독립만세를 외친 아내의 행위가 정의로움이었지만 고통 속에 빠지게 되었다. 개인의 행복은 더 큰 세력에 의해 보장될 수도 고통이 될 수도 있다. 상황이 해결되지 않으면 다른 시련에 빠질 수 있다. 개인의 고난을 극복하고 행복을 느껴도 잠시뿐이다. 봄이라고 생각한 현재는 가짜일 수 있다. 민족의 자유가 없다면 개인의 행복추구는 거짓이다. 해결해야 할 더 큰 문제, 즉 싸워야 할 대상이 남아 있고, 이루어야 할 일, 민족적으로 극복해야 할 일이 있기에 민족의 봄은 아직 오지 않았다. 결국 이러한 현실을 바꾸기 위해서 투쟁에 뛰어들어야 한다. 영순의 출발이 조선과 자신의 미래를 변화시키기 위한 것이라 추측할 수 있다. 3·1운동 이후 각성을 통해 새로운 세계로 떠나는 인물들이 있었다는 것, 이것이 3·1운동이 역사에서 가진 의미 중 하나이다.

여인이 독약을 마시게 된 이유

만세 사건으로 연루되어 투옥된 전영택의 부인 채혜수는 임신 중이었고 아이는 태어난 지 세 달 만에 영양실조로 죽는데, 이 사건을 소재로 한 작품이 「독약을 마시는 여인」이다. 일제의 검열을 피하기 위해 알레고리의 수법을 사용하였기 때문에 다음의 부기를 참고로 하지 않는다면 이해하기 어렵다.

> 이 이야기는 아내가 기미년 3 · 1운동에 참가하여 만세를 부르고, 잡혀서 감옥살이 하는 동안에 임신했던 아이가 영양실조로 난 지 석 달 만에 죽은 것을 기념하기 위해 쓴 것이다. 아기 이름을 감옥에서 핀 별이라고 해서 '獄星'이라고 했었다.
>
> — 전영택, 「독약을 마시는 여인」

이 작품이 처음 실린 잡지 『창조』에는 소설의 가장 뒷부분에 '죽은 옥성이 난 지 여섯 달 된 날'이라는 한 구절뿐이었지만 1965년 개작에는 위의 문단이 첨가되었다. 죽은 딸의 묘비에 쓴 글도 『창조』에는 '3 · 1에 낳은 흰 별'이지만, 개작에서는 '옥성(3 · 1 기념)의 무덤'이라 고친다. 아이는 3월 1일에 죽는데 이것은 3 · 1정신의 죽음을 의미한다. 이러한 내용은 식민지 시기에는 밝힐 수 없었던 내용이었을 것이다.

어두운 밤, 병든 딸이 누워 있고 옆방에는 송장이 가득하다. 그녀와 남편은 딸을 간호하다가 갖가지 환영을 경험한다. 환영의 내용은 암탉이 새끼를 버리고 도망치고, 늙은 개가 짖고, 흰쥐가 피로 변한다. 부부가 처한 감옥과 시체실과 병실은 절망적인 조선의 상황과 같다.

> 견우성과 직녀성이 하늘 가운데서 서로 바라보고 희들희들 웃었다가 눈물을 뚝뚝 흘리면서 엉엉 울었다가 (…) 옆방에는 송장이 하나 가득 찼는데 온통 열어 놓은 창문으로 썩어진 냄새가 흔들흔들 하면서 바깥으로 기어 나온다. 지옥같이 캄캄한 방에 (…) 미친개 짖는 소리가 한 십리 밖에서 들리는 것 같다. (…) 그것이 모두 거짓말이다. 그것들이 모두 악마들이다.
>
> — 전영택, 「독약을 마시는 여인」

위의 인용문에서 울음, 깊은 밤, 송장, 미친 개, 거짓말, 악마는 식민지 백성으로 살아가는 것의 답답함, 생명을 허락하지 않는 상황, 오염된 현실을 의미한다. 이러한 중에 딸이 살아나기를 기도하지만 딸은 불덩어리를 토해낸다. 아내는 딸의 입에서 나오는 불덩어리(붉은 피)를 받아먹는다. 그것은 '독약'이었다. 항일운동에 대한 탄압으로 영아가 죽음에 이른다. 제국주의의 식민지 정책은 생명을 파괴하고 민중을 황폐하게 만든다. 식민지 백성이 느끼는 삶의 무게는 자식이 죽은 것과 같은 아픔으로 느껴진다. 자식을 잃은 후의 삶이 인간적일 리가 없다.

딸이 죽자 부부의 환영에 각종 곤충과 동물 등이 등장한다. 사람과 호랑이 사이에서 나온 짐승의 후손이라고 소개된 고양이가 모임의 회장이다. 새로 들어온 개와 수탉과 비둘기를 맞이하여 환영좌담회를 열기로 하였다. 고양이는 "우리 집 주인아씨가 독약을 마시고 쓰러지는 것을 보니 참 비참하기 짝이 없는데 혹 아는지"라고 묻자 수탉은

> 그 여인은 때가 되었다고 소리칠 때가 되어서 여러 동무들하고 목소리를 합해서 꼬끼오 꼬끼오 소리치고 야단하다가 고양이가 듣기 싫다고 야단하는 통에 종내 고양이한테 물려서 꼼짝 못하고 있다가 겨우 살아나서

> 제 집에 돌아왔지요. 독약이 든 이상한 선물을 받아가지고 나아서 그 선물을 품고 있다가 저밖에 마실 사람이 없으니 마셔버린 거지 뭐요
>
> — 전영택, 「독약을 마시는 여인」

라고 한다. "때가 되었다고 소리칠 때가 되어서", "여러 동무들하고 목소리를 합해서" 소리친 3 · 1운동에 참여하였다가 "고양이한테 물려서" 잡혔다는 것이다. 비둘기는

> 저 여인은 본시 우리 비둘기처럼 양순한 양반인데, 수탉의 말대로 동무들 따라, 때가 됐다고 요란스럽게 소리치다가 인간 고양이가 저의 말로 종알종알하면서 물어다가 굴속에 가두어 두는 바람에 본시 하나님께 선물로 받은 새끼 비둘기같이 예쁜 것을 품고 있었는데, 땅굴 속에서 아무것도 먹이지 못해서 다 죽어가던 것이 간신히 세상에 나오니 갑자기 제 피를 먹여 보아도 살릴 수가 없고 그 선물이 변해서 독약이 되었다오
>
> — 전영택, 「독약을 마시는 여인」

위의 인용문에 의하면 여인은 본래 감옥에 갇힐 일이 없는 양순한 사람이지만 고양이가 물어다가 굴속에 가두어 둔 바람에 아이가 죽었다는 것이다. 하나님께 받은 선물인데 제 피를 먹여 보아도 살릴 수가 없었다. 이에 닭이 '그러면 그 고양이를 모두 잡아 없애지 않고 고놈들을 두었소?'라고 하자 비둘기가 '그네들이 우리같이 순하기만 하고 재간이나 날랜 힘이 없으니 어쩔 도리가 없다.'고 한다. 그러자 고양이는 노란 눈을 굴리며 수염이 빳빳해서 듣고 있다가 어느 틈에 자취를 감춘다.

전영택은 동물들의 좌담회 환영을 통해 일제에 적극적으로 대결하고자 하는 의지를 보여주며, 작품에서 의인화된 동물들은 조선민중의

정신력을 상징한다. 밤을 물리치고 자유의 새벽을 깨우는 수탉은 항일투쟁의 의지, 거룩한 곳을 지킬 주인이 올 때가 되었다며 짖는 개는 나라를 지키는 인물 혹은 국권수호의 의지, 비둘기는 평화, 자유, 화해의 삶을 갈망하는 정신, 고양이는 포악하고 음흉한 일본이다. 당시 일본은 한국의 외교, 정치, 경제, 군사, 교육 등 모든 방면에서 주권을 행사하고 있었다. 이를 비판하기 위해 전영택은 이 모임의 회장을 고양이로 설정한다.

* * *

전영택은 일제의 검거와 검열, 체포, 아내의 투옥, 첫 아이의 죽음을 소재로 일제를 비판한다. 3 · 1운동을 구체적으로 언급하지는 않았지만 세 작품의 공간인 '감옥'을 소재로 인간의 자유를 억압하는 살벌하고 황폐한 현실, 일제에 맞서다 체포된 이들의 고통, 지식인들과 민중의 좌절감과 심리적 불안을 표현한다. 그리고 궁극적으로 민족의 독립과 자유가 획득되지 않고는 개인의 행복이 보장될 수 없다며 자주독립의 의지를 표명한다.

식민지 시기, 표현의 부자유함 속에서도 창작된 3 · 1운동 소재 소설은 독자들로 하여금 3 · 1을 기억하게 한다는 의의가 있다. 3 · 1운동의 가장 가까이에서 기록했기 때문에 왜곡되지 않았고, 이는 현대 항일무장투쟁을 새롭게 조명하는 드라마나 소설 그리고 연극에 다양한 시각을 제공한다. 결국 문학은 역사가 다루지 못한 다양한 계층의 시각을 보여주는 자료로서의 가치를 가진다.

베스트셀러 기독교 문학

한 작품이 베스트셀러가 되는 요인에는 '적시성'이나 '논쟁', '선정성'과 같은 것들이 있다. 즉 시대상황과 맞으며 내용의 선정성으로 인해 논쟁거리가 되면 관심을 불러일으키고 대중들이 호기심에 작품을 사 보기 때문에 베스트셀러가 된다는 것이다. 이러한 요소를 충족하는 『자유부인』(정비석, 1954), 『머무르고 싶었던 순간들』(박계형, 1966), 『별들의 고향』(최인호, 1973)과 같이 당대에 화제를 불러일으킨 베스트셀러에는 성적인 욕구를 불러일으키는 내용이 많은 자리를 차지한다. 불온하지 않으며 게다가 기독교 정신을 전면에 내세운 소설이 베스트셀러가 된다는 것은 쉽지 않다. 그러나 일제 식민지 시기 베스트셀러가 되었던 박계주의 소설 『순애보』(1939)는 기독교 정신을 전면에 내세운다.

『순애보』 주변 이야기들

박계주는 1913년 간도에서 태어났다. 십대 초반인 1927년 중학교 재학 중 단편소설 「적빈」으로 『간도일보』 신춘문예에 당선된다. 중학교 4학년 이후 신앙생활을 했으며 감리회협성신학교에 입학하고자 했지만 연령미달로 입학이 좌절되고 예수교회의 교역자 양성을 위한 신학교인 원산의 '신학산'에 들어간다. 1933년 평양 예수교회 중앙선도원의 기관지인 『예수』를 창간하여 4년여 동안 편집 책임을 맡았고,

여기에 기독교에 관한 30여 편의 글을 발표하였다. 1937년에는 전영택 목사가 주재하던 월간 『새사람』의 편집장을 맡았고, 『순애보』 이후 주로 신문에 소설을 연재하였다. 잡지와 신문은 대중적인 매체이기 때문에 대중의 취향 혹은 흥미를 무시할 수 없는데, 박계주의 소설들이 '사랑'과 '희생' 같은 기독교 정신을 바탕으로 하고 있다는 사실은 주목할 만하다.

『순애보』는 1938년 10월 『매일신보』가 1,000원의 상금을 내걸고 실시한 현상모집의 당선작이다. 연재 후 단행본으로 출판되었을 때는 보름 만에 1,000부가 매진되었으며, 1판에 5,000부를 찍어낼 정도로 인기가 있었다. 1941년에 연극화되어 1950년대까지 공연되었으며, 1960년대까지 네 차례나 영화로 만들어져 흥행했다. 거의 30여 년간 대중의 사랑을 받아왔으며 2000년대 초반까지도 연간 1만 부 정도 판매되었다고 하니 스테디셀러의 반열에 올랐다고 볼 수 있다.

『순애보』의 사전 연구들은 박계주가 이용도 목사(1901~33?)에게 감화를 받고 그의 실천적 삶을 『순애보』에 반영하였다는 것을 분석하기도 한다. 이용도 목사는 폐병 3기로서 소생할 가망성이 없는 환자였으나 부흥회를 인도하던 중 기적적으로 치유된다. 이후 1930년 간도 지역 부흥회에서 '무차별적인 사랑과 희생', '고난의 신비주의 신학사상' 운동, 예수의 고난을 직접 체험함으로 예수와 일체가 되고자 하는 실천운동을 전개한다. 당시에는 "성자로 불릴 만한 인물" 혹은 "극단적 신비주의자"나 "이단의 원조" 등 상반된 평가를 받았고, 1933년 장로교 총회로부터 이단으로 결의되었다. 이용도 목사의 영향을 받은 예수교회 교단은 6·25전쟁 후 사라졌지만, 1995년 정부는 이용도 목사에게 독립유공자로서 대통령표창을 추서한다. 이 글은 박계주와 이용도 목사와의 관련 여부보다 『순애보』에 내재한 기독교 정신을 살펴보고자 한다.

『순애보』와 기독교

제목 '순애보'(殉愛譜)는 '사랑에 순절(殉節)하는 인생의 기록'이라는 의미로서, 광복군이 조국을 위해 죽는 것과 같은 마음으로 사랑을 위해 죽겠다는 결연한 의지를 가진 단어이다. 책에서는 "가장 높고 가장 깨끗한 사랑에 자기를 제공하여, 남을 위해서 사랑의 제물이 되는 다 같이 사랑에 殉하는 殉愛의 사도들이며, 십자가의 사도들"로 규정한다. 여기에서 '제공', '제물', '죽음'은 예수의 십자가 사랑에서 연유된 개념들이다. 작중 인물들은 사랑의 십자가를 지라고 하나님이 보낸 사람들로서의 정체성을 보여준다. 십자가 밑에 꿇어 엎딘 여인의 모습을 책표지로 하고 있으며, 소제목 또한 '또 하나의 십자가', '죄 없는 자가 돌로 쳐라' 등 기독교의 개념을 사용하고 있다.

죄인을 위한 죽음

소설의 주요 등장인물 중 하나인 최문선은 예수의 사랑과 희생을 실천하는 삶이 인간을 변화시킬 수 있다고 믿는다. 그리고 야학당의 학생들에게 민족사상을 고취한 혐의로 실형을 받는다. 유치원 보모인 인순은 문선을 사모하지만, 문선은 어렸을 때의 친구인 윤명희를 사랑한다. 문선은 출감 후 인순의 간청으로 그녀의 집을 방문하지만 괴한이 휘두른 칼에 눈이 멀고 인순은 살해당한다. 진범인 이치한은 병원에 입원한 문선을 찾아와 '죄지은 사람을 일곱 번 아니라 일흔 번을 일곱 번이라도 용서해주라'는 말씀을 어떻게 생각하느냐고 묻는다. 문선은 인류가 공동생활을 영위하기 위한 불가결의 진리이며 "원수를 대신하여 십자가에 달려야 하는 것"이 기독교의 정신이라고 대답한다. 이치한은 그것은 공상에 불과할 뿐 이 세상에는 존재하지 않는 개념이라 말하자 문선은 피엘 신부의 이야기를 해준다. 이 이야기는 액자식 구성의 소설처럼 '그리스도의 사랑을 죽기까지 실천'한다는 『순애보』의 주제를 압축해서 보여준다.

프랑스 조그만 마을에서 존경을 받던 피엘 신부는 과부를 죽였다는 누명을 쓰고 감옥에 수용된다. 피엘 신부는 감옥에서 죄수들을 헌신적으로 돌보다가 문둥병 죄수들이 있는 곳에 자원한다. 그곳에서 과부를 죽이고 고해한 후 자수하겠다고 했지만 도망쳐버린 피엘 신부의 하인 로카이유를 만난다. 배반을 용서와 바꾼 후 진실이 모두의 앞에서 밝혀진다. 본국 심사관이 재심사하자고 하자 "내가 이곳에 온 것은 하느님의 뜻 (…) 나는 이곳이 불쌍한 사람들을 위로하고 돕기 위해 하느님께서 뽑아서 보내신 것으로 믿어온 사람 (…) 나는 나에게 내리신 하느님의 섭리를 거역하지 않고 받았을 뿐 (…) 만일 하느님께서 나를 석방시킬 뜻만 가지셨다면 20년 전에 능히 본국 법정에서 석방되도록 해주셨을 것"이라고 거절한다. 피엘 신부의 이야기에 할애하는 면수는 꽤 되고 상세하게 소개되는데, 온몸으로 둑을 막아 네덜란드를 구한 소년의 이야기도 후반부에 제시되는 것으로 보아 피엘 신부의 이야기는 박계주의 창작이라기보다는 당시 한국에 소개된 외국 성인들의 이야기 중 하나를 소개한 듯싶다.

이치한이 임신 중인 아내와 병든 아들을 굶게 할 수 없어 범행을 저질렀다고 고백하자 문선은 "진리는 말만이 되어서는 안 된다. 연설과 학설만이 되어서는 안 된다. 진리는 생활이 되어야 한다. (…) 지금이야말로 진리를 생활할 수 있는 첫 문이 열려진 것"이라며 이미 눈이 먼 자신이 죽기로 결심하고 거짓 자백을 한다. 신성하다는 기독교 교육자가 치정관계 때문에 살인을 저질렀다는 야유와 갖은 고문 속에서 갈등하지만 사형을 앞두고 "엘리엘리 라마 솨팍다니"를 읊조리는 것으로 하나님의 뜻을 수용한다. 문선의 사형이 집행되는 날 범인이 자수하고 문선은 풀려난다.

박계주는 이치한을 죄인(범인)으로 설정함으로 예수와 인간의 관계를 보여준다. 최문선이 예수를 상징하는 것은 아니지만, 그는 죄인을 위해 자신의 목숨을 내어 줌으로 예수의 사랑을 체화하기 때문이다. 흥미로운 이야기를 통해 복음이 자연스럽게 체득된다는 것은 소설보다 더 흥미롭다.

희생, 용서, 인내

문선이 죄인을 위해 십자가를 지기로 했다면, 문선을 사랑하는 명희는 조건 없는 사랑의 실천자이다. 명희는 어떤 환경에도 압도당하지 않는 사랑과 희생, 인내와 헌신을 보여준다. 사형당하는 자신을 잊으라는 문선에게 명희는 "범죄하지 않는 때만 골라서 그리고 범죄하기 전까지만" 사랑하는 것이 아니며, "만일 당신이 죄악에 빠졌다고 하면 저는 더욱 당신을 사랑하여야 할 것"이라고 말한다. 만약 당신이 살인범이라면 더욱 사랑해야 한다는 엄청난 발언, 그리고 사랑이란 "허물을 용서하는 것이요, 덮어주는 것이요, 그리함으로써 본래의 '자기'에게로 돌아오게 하는 것"이라는 단호한 선언은 강렬한 인상을 준다. 춘원 이광수도 감격한 듯 "사랑은 주는 것이요, 가지는 것이 아니다. 한량없이 주고 주어 마침내 목숨까지 주어버리는 것이 사랑이다. 크리스천인 작가는 그리스도의 '주라!' 하신 사랑의 원리의 신봉자요 (…) 전 인류의 근본 문제 — 개인생활의, 가정생활의, 국가생활의, 세계평화의 근본문제 — 를 포착하려는 소설은 그리 흔한 것이 아니다." 라고 평한다. 명희가 눈이 먼 문선과 결혼하겠다고 하자, 평소에 참된 사랑은 "남을 위해 자기를 포기"하는 것이라고 설교하던 아버지 윤 목사는 "사랑의 설교자인 나보다 너는 사랑의 생활자"라고 칭찬한다.

소설가 박계주는 작중인물들의 '설교자 / 생활자', '학설 · 연설 / 실천자'의 대비를 통해서 예수의 사랑을 생활 속에서 실천해야 한다는 자신의 사상을 소설화한다.

명희와 혜순과 문선의 사랑과 대조되는, 육욕과 애욕에 얽매인 인물로 철진, 옥련, 형석이 등장하는데 철진은 혜순과 부부이다. 옥련은 혜순의 친구임에도 철진을 유혹하여 부부가 헤어지게 하더니, 철진이 출장 간 사이 형석을 유혹한다. 이들에게 사랑은 빼앗는 전쟁이요 애욕이다. 명희가 사랑은 "주는 것이며 나를 제공하는 희생"이라고 보았다면, 옥련은 "빼앗는 것이며 독점하는 것"이라 한다. 철진이 "전쟁이로군. 빼앗고 빼앗기고."라고 대답하자 옥련은 "사랑은 가장 숭고한 전쟁"이라 말한다. 그리고 형석이 불륜관계를 들킬까 봐 고민하자 옥련은 "애정은 드릴과 모험을 걸어야만 맛이 있는 거"라며 유혹한다. 형석이 그것은 "애정이 아니라 애욕"이라 하자, 옥련은 "D. H. 로렌스 선생은 정신적인 연애는 연애가 아니요 육욕의 만족을 피차 느낄 수 있는 애욕만이 진정한 연애"라 정의를 내렸다고 받아친다.

이들에게 서로를 위한 희생은 없다. 자신의 욕구를 채우기 위한 도구일 뿐, 모함과 거짓도 서슴지 않는다. 정욕과 애욕의 노예가 되어 서로를 지옥으로 몰아넣는다. 그래서 옥련과 철진, 형석의 이야기에는 선정적인 묘사가 주를 이룬다. 이로 인해 『순애보』가 지향하는 기독교 휴머니즘의 의도를 약화시킨다는 평을 받기도 한다. 이 소설을 베스트셀러로 만든 대중은 이 자극성에 마음을 두었을까. 아니면 제공과 빼앗음, 평화와 전쟁, 정신과 육체의 이분법적 구도를 통해 가치가 명확해진 기독교적 사랑에 동의한 것일까. 사족을 붙인다면 박계주는 술을 좋아하고 여성에게 인기가 많은 미남 작가였지만 술이나 여성과 관련된 추문은 전혀 없었다고 한다.

그리스도의 보혈

소설에서 그리스도의 보혈이라고 밝히지는 않지만 '피'의 개념은 명백하다. 문선은 치한에게 "우리에게는 피가 있어야 할 것 (…) 피는 사랑이요 희생"이며 '피'란 "자기 외의 자기인 타아를 위해서 사는 일"이라고 한다. 타아는 자기 외의 자아이며 바로 나이다. 나를 사랑하는 것처럼 상대를 사랑하게 하는 것이 '피'의 힘이다. 문선이 피에 대해 관념적인 정의를 내렸다면, 혜순과 철진 부부의 이야기에서는 실천으로 적용된다.

혜순은 옥련에게 남편 철진을 빼앗기고 명희와 휴가를 갔는데 그곳에서 교통사고를 당한다. 상대 차에는 옥련과 철진이 타고 있었고 이 두 사람은 치명상을 입어 급히 혈액이 필요하게 된다. 혜순에게 옥련은 남편을 빼앗은 원수이고 철진은 "누명을 씌워 자기를 헌신짝처럼 박차버린 악마"이지만 혜순은 자신의 피를 제공한다. 그리고 명희에게 "언니, 난 기뻐요. 오늘에야 나는 내 원수들을 복수했어요."라고 말한다. 이에 명희는 "악을 선으로 갚는 사랑으로서의 복수만이 우리가 취할 가장 통쾌한 복수"라고 지지해준다. 작가 박계주는 죽이는 것이 복수가 아니라 살리는 것이 복수라는, 독자의 입장에서는 생소했을 기독교적 역설을 시원하게 보여준다.

그리스도의 보혈은 죄를 깨닫게 한다. 철진은 혜순이 수혈해준 것을 알고, 자신은 혜순의 마음을 살해한 '살인자'요 그녀의 평화와 기쁨을 빼앗은 '도둑놈'이었음을 회개한다. 그리고 옥련과 형석의 불륜 현장을 보고 처음에는 분노를 느끼지만 자신도 형석보다 더 나은 것이 없다고 생각하며 조용히 돌아선다. 작가는 이러한 설정을 통해 모든 인간은 죄인이라는 사상을 보여준다. 그리고 철진은 혜순에게 "당신의 피는 (…) 송장이었던 나의 혈관과 심장에 피순환"을 주어 자신이 살아났다고 고백한다.

그리스도의 보혈이 인류를 구원하고 죄인이 새로운 피조물이 되게 하듯, 혜순의 사랑은 철진을 변화시킨다. 이후 철진의 태도는 급변하여 수해현장으로 달려가 수재민들을 돌보고 현장을 복구한다. 그리고는 물에 빠진 사람을 보자 "오늘 이 시간이야말로 한 생명을 구하여 줄 수 있는 가장 아름다운 선한 일이 선물로 내 앞에 나타나지 않았느냐 (…) 이 선물을 받아야 한다."며 물에 뛰어들어 그를 구하고 자신은 뗏목에 치여 목숨을 잃는다.

타인을 위해 죽을 기회를 선물로 생각하는 마음은 일반인이 쉽게 도달하지 못하는 인식이다. 줄거리를 간략하게 제시해서 그렇지 『순애보』는 상당히 긴 소설이다. 철진이 생명을 구하고 죽거나, 문선이 죄인 대신 죄를 감당하는 과정에는 수많은 고민과 망설임의 시간이 있어서 이 변화가 갑작스럽게 느껴지지 않는다. 단행본으로 읽어도 무거운 고뇌가 느껴지는데, 당시 독자는 만 하루를 기다려 다음 회의 이야기를 읽을 수 있었다. 철진이 변화되는 과정이나 문선의 결심에 동참하는 과정의 물리적 시간은 더 길었을 것이다.

문선과 명희의 사랑이 인간의 어떠한 상태에도 변함없는 하나님의 사랑을 보여준다면, 혜순과 철진은 하나님 앞에서 죄인인 인간, 그리스도의 보혈로 구원받은 인간을 보여준다. 이들은 십자가를 지거나 남을 위해 죽을 수 있는 기회를 하나님이 주신 '선물'로 받아들인다. 개똥밭에 굴러도 저승보다 이승이 낫다는 우리 속담이 있다. 죄인을 위해 죽고자 했던 문선, 타인을 위한 철진의 죽음의 이야기는 죽음보다 현세를 더 좋아하는 독자들을 삶과 죽음에 대한 기독교적 사유로 이끌었을 것이다. 이것이 기독교의 힘, 그리고 이 소설의 힘일 것이다.

박계주는 『순애보』 이후 작가로서의 인기를 구가한다. 그러나 1961년 『동아일보』에 연재한 소설 『여수』에서 자유당의 독재를 비판한 것이 문제가 되어 어느 매체에도 소설을 연재할 수 없게 된다. 말년의 박계주는 미아리 산꼭대기 판잣집에서 빚과 병고에 시달렸다. 1963년 연탄가스 중독에서 기적적으로 회생하지만 기억상실증으로 3년간 고생한다. 반신불수가 되어 투병하다가 1966년 사망하는데, 그를 헌신적으로 돌보던 간호사 출신의 아내는 3개월 뒤 간경화로 세상을 뜬다. 당시 신문을 이를 '순애보'적인 사랑이라고 보도한다. 박계주 본인은 창작의 자유가 정권의지에 억눌린 시대의 제물이 되어 그렇게 갔으니 그 역시 십자가의 사도라 부를 수 있겠다.

소외된 가치에 '숨'을

해방 전 베스트셀러로서 대중의 사랑을 받았던 『순애보』는 현대에서는 가치가 희미해진 순결과 희생을 주인공으로 하여, 그리스도의 십자가 사건과 보혈의 의미를 깨닫고 이를 생활 가운데 실천한다는 명제를 던져주었다. 『순애보』의 인물들 가운데 내가 집중한 인물은 범인 이치한이다. 그는 삶에 매여 질질거렸으며, 일흔 번을 일곱 번이라도 용서하는 사랑을 '공상'이라 여긴다. 나 역시 일곱 번씩 일흔 번 용서하는 사랑은 예수님이니까 가능하고, 문선과 명희 그리고 혜순의 실천하는 사랑은 문학에서나 가능하다고 생각하는 것은 아닌지. 사람을 변화시키는 사랑보다는 교사로서 가르치기만 하는 화석화된 사랑 개념을 가지고 있었던 것은 아닐까 하는 생각을 해본다.

기독교 신앙을 가지고 있었으며 신학을 공부한 작가가 기독교의 정신을 사랑 이야기 속에 녹여 넣었고, 1930년대 대중은 십자가와 보혈의 의미에 동의하였다. 1930년대에 비하면 기독교인의 숫자가 기하급수적으로 늘었을 것이지만 현대는 옥련의 시대이다. 인내와 희생으로 기다려주는 사랑을 권태롭게 여기고, 빼앗는 사랑이나 육체적인 사랑에 설렌다. 꿈틀대는 육체가 살아 있음을 증명하는 것이라 말하지만 사실상 죽어가고 있다는 것을 인식하지 못한다. 이러한 시대에 옥련과 타협하지 않으면서 그리스도의 사랑을 원천으로 삼는 대중적 작가를 기대해본다.

윤동주 시의 대중성

한국 시 문학사에서 기독교의 이미지를 소재로 한 시, 기독교 신앙을 고백한 시들은 시로서 갖추어야 할 의장(조건)과 긴장감이 떨어진다는 평가를 받는다. 시는 상징과 압축을 특징으로 하는데, 신앙고백은 산문화되기 쉽기 때문이다. 문학계만 이러한 경향을 보이는 것은 아니다. 문화예술에 기독교 이미지와 소재가 반영되면 폄하하는 풍조가 일반화 되어 있다. 그러나 윤동주의 시에는 '십자가'나 '예수 그리스도' 같은 기독교 소재가 사용되었음에도 한국인들은 그를 가장 좋아하는 시인 가운데 하나로 꼽으며, 「서시」를 가장 애송하는 작품[1]이라고 말한다. 대중들이 윤동주를 좋아하는 이유가 무엇일까. 윤동주의 시집을 낸 정병욱의 회고에 의하면 "그는 한마디로 미남이었다. 투명한 살결, 날씬한 몸매, 단정한 옷매무새, 이렇듯 그는 멋쟁이"[2]였다고 한다. 잘 생겼기 때문일까. 그러나 시인 오장환은 식민지 시기 10대 미남 중 하나였지만 그가 윤동주만큼 인기 있는 것은 아니다. 윤동주가 현대 대중을 끄는 힘은 어디에서 연유되는가. 신앙을 가지고 있지 않은 사람들이 윤동주의 시를 읽을 때 반감을 보이지 않는 이유가 무엇일까. 그리고 이것이 현대 그리스도인들에게 주는 시사점은 무엇일까.

---

1 신경림 외 편, 『나의 애송시』 上, 미래사, 1988, 7~8. (2017년 4월 김응교 숙명여대 교수가 인터넷 이용자 1천86명을 대상으로 한 설문에서도 비슷한 결과를 보인다.)

2 이건청 편저, 『윤동주』, 문학세계사, 1992, 75.

윤동주의 인간관(人間觀)

윤동주 시의 특징 중 하나는 자신을 객관화한다는 것이다. 윤동주는 자신을 “자조하는 한 젊은이가 있다. 그를 나라고 불러두자”(「별똥 떨어진 데」)라며 자신을 ‘젊은이’로 객체화한다. 자신을 객체화하여 밀쳐놓고 보면 감정에 치우치지 않고 균형 잡힌 시선으로 바라볼 수 있어 미처 깨닫지 못했던 모습을 발견할 수 있다.

> 그 사나이가 미워져 돌아갑니다 (…)
> 돌아가다 생각하니 그 사나이가 가엾어집니다. (1939. 9)
>
> — 윤동주, 「자화상」

위의 시는 자신을 그 사나이로 호칭한다. 주관적으로 자신을 바라보면 슬픔에 엎어져 자학하거나 자조하게 되어 헤어나지 못한다. 그러나 자신을 타인처럼 밀쳐놓고 보면 자신이 왜 슬퍼하고 부끄러워하는지, 괴로움과 고독이 어디에서 연유하는가를 면밀하게 파악하고, 고독한 단독자로서 인간과 신과 세계를 만난다. 이러한 노정을 걸은 후에는 나에게 문제가 있는 것만은 아니라는 것, 동질의 슬픔을 가진 사람이 많으며 이 문제가 사회적으로는 체제나 구조의 모순에서 연유되었음을, 신앙적으로는 인간의 죄와 연관됨을 깨닫는다.

윤동주는 자신을 객관화하여 그의 고통과 부끄러움에 대해 말하기 때문에 식민지 시기 청년 혹은 한 인간존재의 고민으로 읽을 수 있다. 윤동주의 눈에 비친 “젊은이들의 낯짝이란 도무지 말씀이 아니다. 열이면 열이 다 우수 그것이요, 백이면 백이 다 비참 그것이다. 이들에게 웃음이란 가뭄에 콩 싹”(「종시(終始)」)과 같다. 아픔과 생채기를 가지고 우수에 젖은 청년들, 바람과 비에 머리카락과 망토를 휘날리는 그들은 죽음, 고독, 이상향, 생에의 정열을 고민[3]하였다. 고전주의(짜여진 틀, 조직, 군국주의, 제국주의, 전체주의)에 반대하고 개인의 감정과 생각을 중요시했던 사조가 낭만주의이다. 때문에 식민지 현실에서 낭만주의에의 경도[4]는 필연적이었다. 다음 시는 이러한 특성을 지닌 식민지 청년이 인간의 괴로움이 어디에서 연유하는가를 고민한다.

바람이 어디로부터 불어와
어디로 불려가는 것일까

바람이 부는데
내 괴로움에는 이유가 없다

내 괴로움에는 이유가 없을까

단 한 여자를 사랑한 일도 없다
시대를 슬퍼한 일도 없다

바람이 자꾸 부는데
내 발이 반석 위에 섰다

강물이 자꾸 흐르는데
내 발이 언덕 위에 섰다 (1941,6,2)

— 윤동주, 「바람이 불어」

3 정경은, 『근대학생들의 교지 만들기』, 서정시학, 2012, 105~106쪽 참조.
4 김용직 외 3인, 「형성기 한국 군대 문학의 비교문학적 연구」, 『비교문학』 13, 1988, 59~60쪽 참조.

위의 시는 청년의 괴로움에는 '이유가 없다.'고 하다가 다시 '이유가 없을까'라고 반문한다. 괴로움에는 이유가 있으며 답은 알고 있다. 바람이 부는데 반석 위에 있어 흔들리지 않는다. 강물이 흐르는데 언덕 위에 있어 젖지 않는다. 바람을 느끼지도 강물에 젖어보지도 못한다. 바람이 불면 맞아야 하고 비가 오면 젖어야 하고, 강을 만나면 들어가 봐야 한다. 그러나 빗나가는 삶을 살고 있다는 자괴감, 원하는 길을 걷지 못하고 정곡을 찌르는 삶을 살지 못한다는 현실, 이것이 인간이 가진 삶으로부터의 격리감일 것이다. 바람과 강물을 사랑 또는 시대라 본다면, 윤동주는 자신의 삶이 시류(친일 등)에 부합하지 않았음에도 괴로워한다. 죄의식에 눌린 인간, 저항하는 자, 복종하는 자, 중간에 선 자 모두 자기 몫의 괴로운 인생을 지고 슬픔의 계단 끝까지 내려간다.

슬퍼하는 자는 복이 있나니
슬퍼하는 자는 복이 있나니
슬퍼하는 자는 복이 있나니
슬퍼하는 자는 복이 있나니
슬퍼하는 자는 복이 있나니
슬퍼하는 자는 복이 있나니
슬퍼하는 자는 복이 있나니
슬퍼하는 자는 복이 있나니

저희가 영원히 슬플 것이요. (1940, 12월)

— 윤동주, 「팔복 - 마태복음 5장 3~12절」

팔복 가운데 위의 시와 연관되는 마태복음 5장 4절은 1911년 판 성경에는 "ᄋᆞ통ᄒᆞᄂᆞᆫ쟈는 복이 잇ᄂᆞ니"로 번역되어 있으며, 1938년 판은 현재 개역개정판과 같이 “애통하는 자는 복이 있나니 저희가 위로를 받을 것임이요”이다. 그리고 1952년 판에는 “애긍하는 이는 진복자로다. 저들이 애긍함을 받을 것임이요”(四史聖經, 초량천주교회발행)라는 번역도 보인다. 이러한 자료에 근거하면 윤동주의 시대에는 슬퍼하는 자가 아니라 ‘애통하는 자’로 번역되었을 것이나 그는 ‘mourn’을 슬픔으로 번역한다. 사전에 의하면 애통은 ‘슬퍼하고 가슴 아파함’, 슬픔은 ‘슬픈 마음이나 느낌’이다. 두 단어 사이의 차이는 한자와 한글이라는 데 있을 뿐이다. 조선총독부는 1938년 3월 제3차 조선교육령을 공포해 조선어 사용을 금지하였는데, 이러한 한글 금지 조치에 대한 윤동주의 저항으로 볼 수도 있다.

시의 화자는 성경을 읽고 있다가 8복 가운데 두 번째, ‘애통하는 자’에서 슬픔의 조선 민중을 생각하였던 듯 다음 구절로 나가지 못한다. ‘슬퍼하는 자…’, ‘슬퍼하는 자…’에서 머물러 여덟 번이나 ‘슬퍼하는 자는 복이 있나니’ 하다가 마지막 연에 “저희가 영원히 슬플 것이요”라고 종지점을 찍는다. 위의 시는 12월에 쓴 것으로 기록되어 있다. 민중을 위해 오신 예수가 탄생하신 달이지만 슬픔과 고통의 삶을 살아가는 조선의 백성을 보며 그의 마음이 회의와 절망에 싸여 있음을 알 수 있다.

수많은 철학자들이 고민했던 문제는 인간의 삶을 지배하는 생로병사였다. 이 가운데 가장 큰 문제는 죽음인식이었을 것이다. 다음의 시는 죽음에 저항하는 윤동주의 모습으로 읽을 수 있다.

거 나를 부르는 것이 누구요,

가랑잎 이파리 푸르러 나오는 그늘인데,
나 아직 여기 호흡이 남아 있소.

한 번도 손들어 보지 못한 나를
손들어 표할 하늘도 없는 나를

어디에 내 한 몸 둘 하늘이 있어
나를 부르는 것이오.

일이 마치고 내 죽는 날 아침에는
서럽지도 않은 가랑잎이 떨어질 텐데……

나를 부르지 마오.(1941.2.7)

— 윤동주, 「무서운 시간(時間)」

위 시의 화자는 '내겐 아직 호흡이 남아 있다. 아직 죽지 않았으니 나를 부르지 마라. 그러함에도 죽은 것으로 여겨 나를 부르는 것은 누구인가'라고 묻는다. 한국의 전통인식에서는 저승사자가 죽어가는 이의 머리맡에 와서 명부에 오른 그 사람의 이름을 부르면 혼이 나간다고 한다. 출석을 부르면 손을 들어 표시하는 것과 같이, 이름을 부르는 "무서운 시간", 호명되면 죽음이다. 나 여기 있다고 한 번도 손들어 보지 못했으며, 손들어 표시할 '하늘'도 없다. 내 몸을 둘 하늘이 없는 나, 일을 마치고 죽으면 하늘에 내 한 몸 둘 곳이 없다. 저승사자와도 같이 조여오는 세력에게 '나를 부르는 것이 누구냐, 나를 부르지 마오.'라며 단호하게 말하기는 하지만 시의 화자는 절망적이고 운명론적[5]이다. 이러한 모습은 '인간'이란 무엇인가, 인간은 왜 고통스러운가 하는 질문으로 독자를 이끈다.

5 임수만, 「윤동주 시의 실존적 양상」, 『한국현대문학연구』 24, 2008, 118.

윤동주는 자신과 식민지 청년의 고통이 어디에서 연유되는지 고민했다. 갈 바를 알지 못하는 식민지 청년자아는 암울한 시대상황에 억눌려 있다. 인간의 괴로움과 슬픔 그리고 죽음과 시대의 모순, 이 모든 문제에 대해 윤동주 본인도 그렇지만 식민지 청년들은 "이 밤도 과제를 풀지 못하여 안타까운 나의 마음 (…) 영리한 나무에게 나의 방향을 물어야 할 것인가"(「별똥 떨어진 데」)라며 방황한다. 숙제와 과제는 해야만 하는 것, 자원하기보다는 선생으로부터 주어진다. 선생이 도와주었으면 하는데 선생이 없다. 식민지하의 청년만 그런 것이 아니다. 현대 청년들도 억눌려 있기는 마찬가지이다. 윤동주의 고민은 시대를 뛰어넘어 인간의 보편적 문제인 운명과 존재인식, 고통, 괴로움, 슬픔, 죽음, 원초적 죄의식과 부끄러움, 억눌림으로 재현된다. 그래서 크리스천이든 비크리스천이든 윤동주의 시를 '어떻게 살아야 하는가' 하는 문제로 읽는다. 자신이 누구이며 삶의 의미와 목적이 무엇인지 말해줄 수 있는 존재를 상실한 시대에 독자들과의 '공감'을 이끌어내고, 시대를 되풀이하여 지속해서 읽히는 것이다.

윤동주의 세계인식

윤동주가 대중들에게 인기 있는 이유 중의 하나는 그가 오랫동안 교과서에 실린 시인이었다는 데도 있다. 사춘기 시절에 배우고 외운 시들은 평생 학습자의 뇌리에 머물기 때문이다. 해방 전에는 대부분의 작가가 친일 경력이 있었고, 해방 후에는 6·25를 전후로 사상적으로 북에 동조하거나, 백석이나 정지용처럼 북쪽이 고향인 사람들은 북으로 넘어갔다. 이들은 1980년대 중반까지 교과서에 실리지도 못한다. 윤동주가 살아 있었더라면 그도 고향을 찾아 월북했을지 모른다. 그리고 1980년대 중반까지 윤동주의 이름은 문학사에서 삭제되어 지금 정도의 인기를 얻기는 어려웠을지도 모른다. 그러나 친일 경력도 없고 월북하지도 않았기 때문에 윤동주(1945년 사망)와 이육사(1944년 사망)는 해방 후의 교과서에 실려도 문제가 없었다.

윤동주와 같이 교과서 시인인 이육사는 항일운동 단체인 의열단에 가입하고 베이징의 사관학교를 나와 대구지검 폭파사건 등으로 수차례 투옥되었다. 이와 비교하면, 독립운동의 혐의를 받아 생체실험 대상이 되어 사망한 윤동주는 약해 보인다. 시 역시 적극적인 저항성을 볼 수 없다. 그러나 윤동주가 내성적이라고 해서 우유부단하거나 나약한 것은 아니었다. 그의 성격은 자신이 쓴 산문에서처럼 "좀 단단한 갈대로 화살을 삼아 무사의 마음을 먹고 달을 쏘"(「달을 쏘다」, 1938,10)는 조용하면서도 강인한 무사와 같았다. 목표에 대한 집념이 강해서 아버지는 의과 지망을 요구했지만 윤동주는 밥을 굶으면서까지 문과 지망을 고집하였다. 결국 할아버지의 중재로 문과에 지망하였고 연희전문에 들어가서 본격적인 창작 활동을 하게 된다. 자신이 옳다고 생각한 길은 양보하지 않는 강인함을 볼 수 있다. 이는 식민지하 현실을 바라보는 그의 세계관에서도 발견된다.

윤동주는 연희전문 입학과 동시에 민족의 현실을 진지하게 고민한다. 연희전문이 어떠한 곳인지 묻는 후배 장덕순에게 "문학은 민족사상의 기초 위에 서야 하는데, 연희전문학교는 전통과 교수 그리고 학교의 분위기가 민족적인 정서를 살리기에 가장 알맞은 배움터"라고 소개한다. 그가 문학과 더불어 민족사상과 민족의 정서를 중요시했다는 것을 알 수 있다. 조선적인 것을 중요시한다는 것은 일본적인 것, 즉 일제 체제를 거부하는 것이다. 이러한 그가 대학 재학 중에 어떠한 삶을 살았는가는 장례식장에서 낭독된 추모시에 드러난다.

차디찬 하숙방에

한 술 밥을 노느며

시와 조선과 인민을 말하던

시와 조선과 인민과 죽음을 같이 하려던

네 벗들이

여기와 기다린 지 오래다

— 유령(柳玲), 「창밖에 있거든 두드리라-
동주 몽규 두 영을 부른다」(1947,2,16)

차디찬 하숙방에서 시와 조선과 인민의 현실을 생각했으며 그들과 죽음을 같이하고자 했던 윤동주는 식민지하의 민중이 처한 현실을 보고 괴로워한다. 숲을 산책하다가 세 명의 어린 거지를 보면서 "아아, 얼마나 무서운 가난이 이 소년들을 삼키었느냐! / 나는 측은한 마음이 움직이었다"(「투르게네프의 언덕」, 1939,9)며 그들에게 무엇인가를 주고 싶지만 주머니를 뒤져도 아무것도 없는 현실을 안타까워했으며, 들에서 일하는 조선 여인을 보면서도 아픈 마음을 드러낸다.

흰 수건이 검은 머리를 두르고

흰 고무신이 거친 발에 걸리우다.

흰 저고리 치마가 슬픈 몸집을 가리고

흰 띠가 가는 허리를 질끈 동이다. (1938,9)

— 윤동주, 「슬픈 족속」

위의 시는 '흰'이라는 형용사가 모든 행의 앞에 배치되어 있어 시의 대상이 백의의 조선 여성임을 암시한다. 거친 발로 종일을 밭에서 일하는 여인, 굶주림으로 가늘어진 허리, 그녀가 걸치고 있는 수건, 저고리, 고무신 모든 것이 희다. 식민지하에서 살아가는 조선의 민중은 색깔 있는 것들을 허락받지 못한 무채색의 슬픈 족속이다.

윤동주와 연관된 여성은 어린 시절 교회학교에 같이 다니던 여자아이들인 선, 경, 옥과 같은 이름이 시 「별 헤는 밤」에 적혀 있을 뿐 거의 없다. 이러한 윤동주의 시에 등장하는 '순이'라는 여성이 있다.

> 순이가 떠난다는 아침에 말 못할 마음으로 함박눈이 나려, 슬픈 것처럼 창밖에 아득히 깔린 지도 위에 덮힌다.
>
> 방안을 돌아다보아야 아무도 없다. 벽과 천정이 하얗다. 방안에까지 눈이 나리는 것일까, 정말 너는 잃어버린 역사처럼 홀홀이 가는 것이냐, 떠나기 전에 일러둘 말이 있던 것을 편지를 써서도 네가 가는 곳을 몰라 어느 거리, 어느 마을, 어느 지붕 밑, 너는 내 마음 속에만 남아 있는 것이냐, 네 쪼고만 발자욱을 눈이 자꾸 나려 덮여 따라갈 수도 없다. 눈이 녹으면 남은 발자욱 자리마다 꽃이 피리니 꽃 사이로 발자욱을 찾아 나서면 일 년 열두 달 하냥 내 마음에는 눈이 나리리라. (1941,3,12)
>
> — 윤동주, 「눈오는 지도」

'자(子)'로 끝나는 일본식 이름도 아니고, 신식이지도 구식이지도 않은 어여쁜 이름 순이는 영희와 함께 한국 여성의 대표적인 고유이름이다. 위의 시에서 순이의 행적은 정신대 여성들의 모습과 겹쳐진다. 순이와 같은 수많은 어린 여성들이 정신대로 끌려갔다. 윤동주는 '쪼꼬만 발자국'을 남긴 어린 여성들, 순이의 발자국을 보며 "발자국을 찾아 나서면 일 년 열두 달 하냥 내 마음에 눈이 나리리라"며 처연한 마음으로 말을 잇지 못한다. 길은 나아갈 바를 알 수 있게 하지만 눈이 내리면 방향을 알 수 없게 된다. 이 여성들의 삶은 오랫동안 잊혀 있다가 최근에야 조명된다.

윤동주는 1941년 졸업 기념으로 그동안 쓴 작품 가운데 열아홉 편을 골라 시집을 발간할 예정이었다. 윤동주가 붙이고자 한 시집의 제목은 『병원』이었다고 하는데, 이유는 "지금 세상은 온통 환자투성이이기 때문"이라고 하였다. 그리고 병원이란 앓는 사람을 고치는 곳이기 때문에 "혹시 이 시집이 앓는 사람들에게 도움이 될 수 있을지도 모르지 않겠는가"라는 것이 이유였다. 시로써 앓는 사람에게 도움을 주고자 한 그의 마음을 읽을 수 있다. 표제작으로 하고자 했던 다음 시에서 병원에 간 시의 화자는 가슴을 앓는다는 여자를 본다.

> 나도 모를 아픔을 오래 참다 처음으로 이곳에 찾아왔다. 그러나 나의 늙은 의사는 젊은이의 병을 모른다. 나한테는 병이 없다고 한다. 이 지나친 시련, 이 지나친 피로, 나는 성내서는 안 된다.
>
> 여자는 자리에서 일어나 옷깃을 여미고 화단에서 금잔화 한 포기를 따 가슴에 꽂고 병실 안으로 사라진다. 나는 그 여자의 건강이 — 아니 내 건강도 속히 회복되기를 바라며 그가 누웠던 자리에 누워본다. (1940,12)
>
> — 윤동주, 「병원」

윤동주의 시에서 "피로"라는 단어는 「돌아와 보는 밤」과 위의 시에서 두 번 정도 발견된다. 시의 화자는 지나친 시련과 지나친 피로감에서 오는 아픔을 참다 참다 병원에 간다. 그러나 "늙은" 의사는 "젊은이"의 병을 모르고 병이 없다고 한다. 늙음과 젊음은 나이만을 의미하는 것은 아니다. 식민지 현실에 안주해버린 늙은 정신과 시대를 아파하는 젊은 정신으로도 나뉜다. 식민지 시기 초기에는 민족주의와 계몽주의 사상을 전개해 젊은이들의 존경을 받았던 대부분의 유명 문인들은 적극적인 친일의 길로 진작 나섰다. 일본의 대륙침략 도구가 된 그들은 독립에 대한 의지도 염원도 없이 이미 늙어버렸다. 당시에 창씨개명[6]을 하지 않으면서 견디는 삶은 그를 피로하고 지치게 했을 것이다. 이렇게 지쳤음에도 불구하고 화자는 그 여자가 앉았던 의자에 앉아 그녀의 건강이 낫기를 바란다.

시집을 발간하기 위해 모아온 윤동주의 시를 본 수필가이자 연희전문 교수인 이양하 선생은 「십자가」, 「슬픈 족속」, 「또 다른 고향」과 같은 작품들이 일본 관헌의 검열에 통과될 수 없을뿐더러 신변에 위험이 따를 것이니 출판을 보류하고 때를 기다리라[7]고 했다. 윤동주는 식민제국의 야만적 폭압성에 맞서 저항하다 순절한 민족주의적 저항시인의 화신으로 부활되고 기억[8]된다. 그러나 그는 투사는 아니었으며 이 시들 역시 저항성을 보이지 않는다. 그러나 미미한 혹은 상징적인 시에도 예민할 만큼 날카롭고 위태로운 시대, 창작과 출판과 사상의 자유가 묶여버린 시대, 대부분 친일의 길을 걷던 시대이기 때문에 민중의 현실을 보여주는 것만으로도 그의 시는 적극적 저항시로 읽힌다.

감옥에 갇혀서 윤동주가 했던 작업은 자신의 시를 일어로 번역하는 것이었다. 반일적인 내용이 있는지 확인하기 위함이었을 것이다. 정지용은 시집 『하늘과 바람과 별과 시』(1948)의 서문에서 만일 윤동주가 만약 살아 있다고 하면 그의 시가 어떻게 진전하겠느냐는 질문에 "틀림없이, 아무렴! 또 다시 다른 길로 분연 매진할 것이다."[9]라고 말

---

6 윤동주는 일본으로 가는 배를 타기 위해 일본기관에서 일괄적으로 성을 바꾼 적은 있지만 이름은 바꾸지 않았다.

7 이건청 편저, 앞의 책, 101.

8 정우택, 「윤동주에게 있어서 '시'와 '시인-됨'의 의미」, 『근대서지』 9, 2014, 473.

9 이건청 편저, 앞의 책, 19.

한다. 틀림없이 윤동주는 조용하지만 힘을 가지고 1960년대에는 독재에 항거했을 것이고, 1980년대에는 광주에 대해 괴로워했을 것이고, 1990년대는 노동운동에 관심을 가졌을 것이고, 2000년대에는 생태운동, 기계화된 인간 혹은 외국인 노동자 문제를 고민하였을 것이다. '정의'라는 개념 자체가 기독교 개념[10]이다. 기독교 신자인 윤동주는 세계의 모순에 회의하였고 식민지 민중의 현실을 안타깝게 바라보았다.

윤동주의 신앙과 시

윤동주의 일생은 기독교와 연관되어 있다. 윤동주가 출생한 북간도 명동촌은 함경도의 학자들이 집단으로 이주하여 만든 한인 마을로서 '북간도 기독교 공동체'[11]였다. 윤동주의 할아버지는 장로였고 아버지와 어머니는 기독교인인 안정된 기독교가정에서 성장하였다. 사망 전까지 학생 신분이었던 윤동주의 학업은 대부분 기독교 교육과 연관되어 있다. 명동 소학교는 기독교학교, 평양 숭실중학은 선교사 배위량이 세운 학교, 일본 릿쿄대는 일본 성공회대에서 설립한 학교, 도시샤 대학은 일본 조합교회에서 경영하는 기독교계 학교였다.

윤동주는 외부의 비기독교적 혹은 기독교 비판적 상황에도 흔들리지 않는 내면을 보여준다. 윤동주가 활동하던 1920년대 기독교는 영적으로 수적으로 정체기 내지는 침체기[12]였으며, 1930년대 후반은 기독교 전파 후 부작용이 노출되기 시작하였다. 당시 문헌 자료에 의하면 "1935년의 한국교회! 그것은 역사상 미증유의 쓰라린 분쟁과 다툼

---

10 박성규, 「하나님의 의와 인간의 정의 - 칼 바르트 신학을 중심으로」, 『장신논단』 46-2, 2014, 168.

11 김치성, 「윤동주 시의 발생론적 根源 연구」, 『우리말글』 69, 2016, 186~187.

12 윤은석, 「1928~1930년 장로교의 평양부흥운동」, 『선교와 신학』 44, 2018, 326.

과 시련의 교회"[13]로 규정될 만큼 몸살을 앓고 있었고, 전택부는 1930년에서 1945년까지를 "한국교회의 타락기"[14]로 규정한다. 신사참배 문제를 둘러싼 조선 선교부 소속 선교사들의 의견 대립[15] 등에서 볼 수 있듯이 선교사들 역시 초기에는 독립운동에 힘을 실어 주었지만 점차 식민지 정책에 동조하고 있었다. 조선인들의 선교사에 대한 실망은 당시 소설에도 나타난다.

> 선교의 목적을 띠고 와서는 저희는 좋은 집에서 편히 살면서 조선아이들을 가르칠 때는 저희 마음대로만 후리려 들고, 그들에게 알랑거리고 아첨하는 사람만을 도와주고 사랑하면서도, 조선 사람을 가축과 같이 알아주는 그 서양 사람들이 끝없이 미웠다.
>
> — 박화성, 『북국의 여명』, 푸른사상, 2003, 128~129.

위의 인용문은 정명, 정신, 숙명 등 기독교 학교에서 교육을 받은 박화성의 자서전적 성격이 강하기 때문에, 선교사들이 조선 사람들을 가축처럼 여겼다는 발언은 전혀 근거가 없지는 않을 것이다. 선교사들이 다 이렇지는 않았을 것이지만, 같은 상황이라면 윤동주는 어떠한 반응을 보였을까.

윤동주는 세계 속의 인간을 직시하면서도 인간의 허물에 대해서는 비판하지 않았다. 인간의 죄된 본성을 알고 있기 때문이다. 그리고 외부의 어떤 조건에도 흔들리지 않는 신앙의 순수성을 보여준다. 정병욱은 "그의 성격 중에서 본받을 일이 물론 많았지만은 그중에서도

---

13 대한예수교장로회 서울노회편, 『서울노회 회록』(1934~1945), 214.

14 전택부, 『한국기독교청년회운동사』, 정음사, 1978, 404.

15 이치만, 「1930년대 이후 내한 미국선교사의 교육사업 철수에 대한 소고」, 『선교와 신학』 39, 2016, 280.

가장 본받을 장점의 하나는 결코 남을 헐뜯는 말을 입 밖에 내지 않는 일이었다."[16]고 한다. 인간의 본질이 죄임을 알고 있었기 때문에 그는 타인의 허물을 드러내는 대신 다음 시에서처럼 그이기도 하고 나이기도 한 인간을 따뜻하게 위로한다.

나는 나에게 적은 손을 내밀어
눈물과 위안으로 잡는 최초의 악수 (1942,6,3)

— 윤동주, 「쉽게 씌어진 시」

한 인간뿐 아니라 신앙에 대해서도 윤동주는 시선을 밖이 아니라 안으로 돌린다. 그는 교회나 신앙인을 비판하고 신앙을 회의하기보다 자신을 부끄러워하며, 기독교신학의 정수인 주제들로 인간과 자신이 처한 시대를 고민하였다. 윤동주의 시는 한국 기독교 문학에 질적인 기여를 했다는 평가를 받는다. 하나님의 창조, 인간의 죄의식, 십자가의 길과 같은 기독교의 핵심, 그리고 인간의 회개, 애통, 소망, 인내 같은 기독교 정신을 시에 담았으며, 신학에 어긋나지 않는 해석[17]을 보여준다. 기독교가 전래된 지 얼마 되지 않았기 때문에 그리스도를 믿지 않는 것이 죄라는 원죄의 문제는 쉽지 않은 주제였지만 윤동주는 원죄에 관한 두 편의 시를 적는다.

---

16 이건청 편저, 앞의 책, 96.

17 그런데 이 모든 것이 '시'라는 그릇에 담겨야 한다. 시는 산문을 짧은 행으로 바꾼 것이 아니라, 상징과 은유, 압축과 같은 시로서의 의장이 있어야 한다. 윤동주는 시를 쓰기 위해 성실하게 노력했다. 명동 소학교 시절부터 학교에서 발간되는 벽보 신문에 동시를 빠짐없이 발표했고 항상 시를 마음에 두었고 신앙을 미적 감수성으로 승화시켰다. 그의 시가 시다웠기 때문에 시로서 읽혔다.

봄날 아침도 아니고
여름, 가을, 겨울,
그런 날 아침도 아닌 아침에

빨-간 꽃이 피어났네,
햇빛이 푸른데

그 전날 밤에
그 전날 밤에
모든 것이 마련되었네

사랑은 뱀과 함께
독은 어린 꽃과 함께

— 윤동주, 「태초의 아침」

윤동주가 기독교를 소재로 쓴 시는 대부분 연희전문 졸업반인 1941년 창작[18]되는데, 1941년은 식민정책이 강화되어 내선일체를 주장하고 창씨개명을 강요하고 강제징용이 시작된 해이다. 현실이 암울해질수록 그의 종교적 사유가 깊어졌음을 알 수 있다. 1941년 즈음 쓴 위의 시에서 태초는 여름, 가을, 겨울도 아닌 사계절을 초월한, 보편 감각으로는 이해할 수 없는 "아침도 아닌 아침"이다. 인간의 원형적 색

18 「무서운 시간」(2,7), 「눈 오는 지도」(3,12), 「새벽이 올 때까지」(5월), 「태초의 아침」(시작 일자 미상), 「또 태초의 아침」(5,31), 「눈 감고 간다」(5,31), 「십자가」(5,31), 「돌아와 보는 밤」(6월), 「바람이 불어」(6,2), 「간판 없는 거리」(시작 일자 미상), 「못 자는 밤」(시작 일자 미상) 「또 다른 고향」(9월), 「길」(9,31), 「별 헤는 밤」(11,5), 「서시」(11,20), 「간」(11,29), 「참회록」(1942,1,24)

채 인식에서 해는 밝거나 붉지만 이를 벗어난 푸른빛은 창조의 신비를 드러낸다. 꽃과 사랑, 뱀과 독 등의 이원 대립으로 하나님의 사랑과 인간의 불순종이 선명한 구도를 이루는데, 특히 빨간 꽃과 푸른 햇빛을 한 연에 배치했다는 것이 주목할 만하다. 빨간색은 희생 · 피 · 정열 등을 상징하고, 푸른색은 정의 · 물 등을 상징한다. 예수 그리스도의 희생과 사랑을 상징하는 빨간 꽃과 하나님의 공의를 상징하는 푸른빛을 같은 연에 배치함으로 사랑과 공의를 동시에 이룬 십자가 사건을 상징적으로 보여준다. 그런데 이 원죄와 구속이 태초 전에 이미 마련되어 있었다는 본질을 정확하게 짚고 간다. 다음 시의 제목은 '또' 태초의 아침이다.

하얗게 눈이 덮이었고
전신주가 잉잉 울어
하나님 말씀이 들려온다.

무슨 계시일까.

빨리
봄이 오면
죄를 짓고
눈이 밝아

이브가 해산하는 수고를 다하면

무화과 잎사귀로 부끄런 데를 가리고

나는 이마에 땀을 흘려야겠다. (1941,5,31)

— 윤동주, 「또 태초의 아침」

시의 화자는 전신주에 전기가 흐르는 소리를 선악과를 따먹고 부끄러워 숨은 아담을 하나님이 '아담아 아담아' 하고 부르시는 음성으로 듣는다. 배경은 겨울이지만 시를 쓴 시간은 5월의 마지막 날이다. 겨울부터 생각했던 주제를 초여름에야 완성할 정도로 원죄와 예수 그리스도 그리고 십자가에 대한 사유가 깊었다. "이마에 땀을 흘려야겠다."의 주체는 나(아담)이다. 모든 사람은 아담이며 그가 바로 나, 내가 죄인임을 알기 때문에 아담을 책망하거나 탓하지 않고 자신의 죄로 수용한다. 그래서 '성실하게 살아야겠다.'에서 멈추지 않고 같은 날 쓴 시 「십자가」에서는 십자가를 지겠다는 의지로 나아간다.

쫓아오던 햇빛인데
지금 교회당 꼭대기
십자가에 걸리었습니다.

첨탑이 저렇게도 높은데
어떻게 올라갈 수 있을까요.

종소리도 들려오지 않는데
휘파람이나 불며 서성거리다가,

괴로웠던 사나이,
행복한 예수 · 그리스도에게
처럼

십자가가 허락된다면

모가지를 드리우고

꽃처럼 피어나는 피를

어두워 가는 하늘 밑에

조용히 흘리겠습니다. (1941,5,31)

— 윤동주, 「십자가」

위의 시는 시상이 전반부와 후반부로 나누어진다. 전반부는 용정 시절의 교회 추억과 연관된다. 윤동주의 친구 김정우는 "그의 집 대문을 나서서 좌로 돌아 큰길로 향하면 동쪽 갯바위 위로 떠올라 쫓아온 햇빛이 우거진 가랑나무 숲 위 교회당 종각의 십자가를 비추고 있는 광경을 그는 언제나 보았을 것 (…) 그 십자가는 그리스도의 십자가의 못처럼 그의 마음에 단단히 박혔을 것"[19]이라고 해석한다. 성스러움의 현현인 햇빛과 십자가를 경의에 차서 바라보고 있던 그가 생각한 것은 "어떻게 올라갔을까"이다. 이는 '올라갔으면' 혹은 '십자가에 매달려야겠다.'고 생각하는 그의 무의식적인 질문이다. '지금'이라는 단어는 당시의 상황[20]과 연관됨을 알 수 있으며, 이미 그의 마음속에는 십자가를 져야겠다는 결심이 무의식적으로 내재하고 있었다.

윤동주는 산책하며 휘파람을 즐겨 불렀다고 한다. 종소리가 들리지 않아도 익숙해진 기억 속의 종소리에 맞추어 찬송가 가락, 아마도 십자가에 관한 노래를 휘파람으로 불다가 예수와 십자가를 생각했을 것이다. 예수는 괴로웠던 사나이이자 행복한 인물이다. 타인을 위해

19 이건청 편저, 앞의 책, 83.

20 류양선, 「윤동주의 시에 나타난 기독교 신앙」, 『한국시학연구』 31, 2011, 156.

당하는 괴로움을 자신의 행복으로 여기는 것은 아가페의 사랑이다. 인간이 신의 사랑을 실천하겠다는 것은 두렵고 떨리는 것임을 "허락된다면"이라는 조심스러운 어조가 뒷받침한다. 즉 십자가는 자신이 지고 싶다고 지는 것이 아니기에 청하오니 허락해 주시면 예수처럼 생을 바치겠다고 한다. 이는 한 알의 밀알이 땅에 떨어져 많은 열매를 맺듯, 자신의 피가 꽃으로 피어나 열매를 맺을 것을 희망하는 순교자의 각오이다. 윤동주의 윤동주다움은 '조용하게'라는 단어에 집약된다. 십자가를 허락해달라는 비장함과 조용함 사이의 긴장이 이 시를 선동적이지 않게 한다. 그리고 자신의 시처럼 죽어갔다. 시집 『하늘과 바람과 별과 시』의 서문에서 정지용은 윤동주를 '동지섣달에도 꽃과 같은 청년 시인'이라고 정의한다. 얼어붙은 식민지의 동토에 피어난 꽃은 추위를 견뎌야만 하는 이들에게는 따뜻함과 봄이 올 것이라는 희망의 상징이 된다.

윤동주의 공식적인 시의 궤적은 1942년 6월로 끝난다. 1942년 네 편 정도의 시를 썼는데 다음 인용된 시를 마지막 시로 볼 수 있다.

> 인생은 살기 어렵다는 데
> 시가 이렇게 쉽게 씌어지는 것은
> 부끄러운 일이다. (1942,6,3)
>
> — 윤동주, 「쉽게 씌어진 시」

윤동주에게 시쓰기는 부끄러움을 고백하는 행위와 등가[21]를 이룬다. 위의 시는 1946년 6월 3일에 쓴 시이다. 윤동주는 시의 마지막에

---

21 남기혁, 「윤동주 시에 나타난 윤리적 주체와 저항의 의미」, 『한국시학연구』 36, 2013, 168.

일기와 같이 시를 완성한 날짜를 적어 놓았다. 그는 산책을 즐겨하였으며 걸으면서 생각을 정리하고 머릿속에서 이미 시상이 정리되었기 때문에 거의 퇴고가 없었다고[22] 한다. 그래서 그날 하루 일어났던 일, 만났던 사람들, 생각했던 것들을 돌아보며 겸손한 마음으로 반성(참회)하듯 시를 썼다. 그러한 그가 인생은 살기 어려운데 시가 쉽게 써진다고 부끄러워한다. 그가 시를 쉽게 썼을 리가 없다. 그의 치열한 삶을 알고 있는데 그는 부끄럽다고 한다. 그래서 독자는 윤동주 앞에서 자신을 돌아보며 또 부끄러워진다.

윤동주는 1943년 방학을 맞아 고향으로 출발하기 직전 항일운동 혐의로 체포되어 2년 형을 선고받고 후쿠오카 형무소에서 복역한다. 그의 죄목은 "1942년 10월경부터 1943년 7월까지 송몽규 고희욱 등과 회합하면서 독립을 위해 민족의식을 앙양하였고 구체적인 운동 방침을 협의하였다는 것"[23]이다. 윤동주는 19개월간의 수감생활 동안 생체실험 대상이 되었고, 1945년 건강이 악화되어 사망(28세)하였다. 일본 쪽에서 보낸 윤동주의 사망원인은 '뇌일혈'이었다. 삼촌인 윤영춘의 회고에 의하면 일본 청년 간수 하나가 윤동주의 시신을 거두러간 부친과 자신에게 "아하. 동주가 죽었어요. 참 얌전한 사람이 (…) 죽을 때 무슨 소린지 모르나 외마디로 높게 지르며 운명했지요."[24] 하고 동정하는 표정을 보였다고 한다. 적국 간수의 마음을 얻었다는 데서 그의 마지막 삶이 정갈했음을 알 수 있다. 윤동주가 후쿠오카의 옥에 갇혀 있을 때 한 달에 한 번 일본어로만 허락되던 엽서가 집으로 왔는데 그가 보내달라고 한 책은 『영일(英日) 대조 신약성서』였고[25], 가족들은

22 이건청 편저, 앞의 책, 81.
23 이건청 편저, 앞의 책, 106.
24 이건청 편저, 앞의 책, 107~-108.
25 이건청 편저, 앞의 책, 104.

이를 구해서 보냈다. 그가 생애 마지막까지 읽고 있었던 책은 성경이었다.

윤동주는 삶도 신앙도 흔들림이 없었다. 정병욱은 윤동주가 "바람이 불어도 눈비가 휘갈겨도 태산처럼 요동하지 않는 믿음직하고 씩씩한 기상을 지니고 있었다. 그는 몹시 단정하고 결백했었다. 모자를 비스듬히 쓰는 일도 없었고 (…) 교복의 단추를 모로 기울어지게 다는 일도 없었다."[26]고 기억한다. 외모뿐 아니라 신앙도 마찬가지였다. 궁극적으로 윤동주의 인기는 문학과 삶의 문제와 결부된다. 대중은 시인이나 소설가의 삶으로 작품을 평가한다. 작가가 치열하게 살지 않으면 이것이 작품에 드러나지 않는다. 윤동주가 일제에 협조하였거나 사치한 댄디로서 「서시」나 「십자가」와 같은 시를 썼다면 아마도 그에 대한 대중의 사랑은 반감되었을 것이다.

* * *

윤동주의 문학은 인간과 세계와 신앙의 균형을 이루었다. 세계와 인간과 신앙 어느 하나에만 의미를 두면 균형을 잃게 된다. 세계만 반영한 시는 선동하는 전단지와 같고, 신앙이 없는 인간은 허무하다. 세계와 단절되어 고독한 기도의 자세를 보여주는 시도 의미 있지만, 인간과 세계가 배제된 신앙은 고립되어 그들만의 문학이 된다.

윤동주는 신앙과 사회참여의 길항을 치우침 없이 조용하면서도 파급력을 가지고 세상 속(식민지하 암울한 현실) 인간의 번민과 갈등, 기독교적 사유에 기반한 실존의식 등을 보여주었다. 그래서 시간이 지나 현대까지 신앙적으로도, 인간존재의 고민으로도, 민족의 현실 앞에

---

26 이건청 편저, 앞의 책, 75.

선 자의 고민으로도 읽힌다. 또한 식민지 청년의 고통은 죄의 식민지, 경제의 식민지, 정치의 식민지 백성으로 살아가는 현대 대중들에게 의미 있게 받아들여진다. 이것이 윤동주의 시가 오랜 기간 사랑받는 이유의 하나가 될 것이다.

전후 대학생들의 내면풍경

한국 대부분의 대학에서 매해 한 권 내지 두 권 정도 발행하는 교지의 저자는 일반적으로 교수 · 학생 · 학자 · 사회인사 · 기성문인 등으로 이루어지고, 내용은 문학 · 시사적 주제의 특집 글 · 광고 · 사진 · 만화 등 다양한 장르로 구성된다. 교지문학의 경우 '문예란'이라는 범주로 묶어 사회 특집이나 시사 논단과 같은 비중으로 다룰 정도로 상당한 비중을 차지한다. 심지어 문과대학이 아닌 의과대학이나 상과대학에서 발행한 교지에도 문예란이 따로 마련되어 있으며, 창작에 시간과 노력이 필요한 단편소설이나 희곡 같은 장문의 글들도 상당수 실린 것에서 학생들의 창작에 대한 열정과 관심이 적지 않음을 알 수 있다.

이러한 교지가 연구의 대상이 될 수 있는 까닭은 매해 발간되기에 당대 대학생들 사이에서 유행하는 문화나 언어까지도 반영하고 있으며, 각 시대별 대학생들의 첨예한 세계관과 내면의 변화를 통사적으로 살필 수 있기 때문이다. 여기에 착안하여 1950년대 교지에 실린 기독교를 소재로 한 시를 대상으로, 1950년대 대학생들의 내면풍경을 고찰하고자 한다.

전쟁 중 그리고 전후의 혼란한 상황에서 교지를 발간할 여유가 있었을 것인가. 전시 중이었지만 정신문화까지 정체되어 있었던 것은 아니었다. 한국전쟁 초기에는 창작이나 출판의 여력이 없었다. 그러나 점차 전쟁이 장기화되자 임시수도인 부산에서는 일상적인 삶이 이루어졌고 다수의 문학잡지가 창간된다. 교지 역시 전쟁 중에도 발간되었는데, 연구 텍스트 가운데 국민대학교의 교지 『학보』 창간호(1953)는 휴전협정일(7월 29일) 4개월 전인 3월 25일에 발간되었다.

1950년대 교지는 보존 상태가 좋지 않고 소실된 경우가 많기 때문에 연구대상으로 선별된 텍스트는 다음 26권이다.

발간 년도	간행물 명칭	발간호수	발간주체
1953	학보	1	국민대학
1955	고대문화	1	고대문학회
	이화	10	이화여자대학교
	의대	4	서울대학교 의대
	중앙문화	2	중앙대학교 이리분교
1956	교육	4	서울대학교 사범대학
	문리대학보	1	고려학교 문리과대학
	문학	1	서울대 문리대 문학회
	이화	11	이화대학교
1957	문경	4	중앙대학교 문리과대학
	효원	1	부산대학교 학예부
1958	국어국문학 연구	2	이화여자대학교 문리대학
	녹원	3	이대 문리대
	동국시집	7	동국대학교
	이화	13	이화여자대학교
	청구문학	1	청구대학
	청파문학	1	숙대 청파문학회
	학보	1-1	부산대학교 문리과대학
1959	개척자	7	진주농과대학
	고운	1	경북대학교
	단원	2	단국대학교
	동국시집	8	동국대학교
	문경	7	중앙대학교 문리과대학
	사총	4	고려대학교 사학회

	청구문학	2	청구대학
	효원	3	부산대학교 학예부

당시는 해마다 발행되었을 것이지만 학생들에게 무료로 배포되었기 때문에 개인적으로 소장하다가 유실된 경우가 대부분이다. 남아 있는 경우도 보존상태가 좋지 않다. 26권의 교지에 실린 시는 약 92편인데, 이 가운데 '십자가', '예배당', '기도', '죄', '원죄', '유다', '이브', '엘리 엘리 라마 사박다니', '번제', '나팔소리'와 같은 기독교의 어휘와 개념을 소재로 한 시는 약 23편이다. 이 글에서는 이 시들에 나타난 학생들의 내면풍경을 재구성하고, 이들에게 기독교의 의미가 무엇인지 고찰하고자 한다.

권태와 현세주의

한국전쟁은 사망자 · 부상자 · 실종자를 포함해서 전체 인구의 10분의 1 이상인 약 300만 명의 인명손실이 있었으며, 1천만 명이 가족과 헤어졌고, 난민은 500만 명[27]에 이르렀다. 전후의 사회는 죽음의 공포와 암울함이 가득한 시기였다. 1950년대 문학 역시 전쟁에서 발견한 삶과 죽음, 인간성 상실, 전후의 사회 혼란, 가치관의 변화, 집단에의 불신과 반항, 생활의욕의 좌절[28] 등을 주로 형상화하였으며, 저변에는 불안과 패배의식[29]이 자리하고 있었다.

27 박명림, 『한국전쟁의 발발과 기원II: 기원과 원인』, 나남, 1996, 889 참조.
28 유학영, 『1950년대 한국전쟁 · 전후 소설연구』, 북폴리오, 2004, 21.
29 이영섭, 「50년대 남한의 현실인식과 시적 형상」, 한국문학연구회 편, 『1950년대 남북한 문학』, 평민사, 1991, 75.

한편 전쟁의 동기에 대한 천착이나 분단모순에 대한 인식과 부조리한 현실의 극복을 제기할 여력은 없었는데 이는 전쟁으로 인한 충격의 회복과 외면 혹은 내면적으로 피폐한 상황을 복구하는 것이 시급한 과제였기 때문이다. 전쟁의 동기, 분단의 모순, 당대 사회의 부조리한 현상 등과 같은 과제는 30여 년이 흐른 1980년대 중반에 와서야 문학의 의제로 호명될 수 있었다. 이 같은 전후문단의 특징이 학생들에게서는 어떻게 재현 혹은 변주되는지 살펴보기로 한다.

권태의식

해방과 전쟁과 분단이라는 급격하고 거시적인 변화는 새로운 시대에 대한 기대감을 갖게도 하였지만 한 세대가 감당하기에는 버거운 경험이었다. 변화를 따라가지 못한 데서 오는 좌절감과 불안은 "변화를 추구하도록 만드는 과거의 전통에 대한 불만과 지속적인 변화의 속도 밑에서 살아야 하는 불안이 야기하는 감정"[30], 즉 권태로 이어진다.

권태의 시대정신은 학생들의 시에서 특히 도드라진다. 학생들은 반복되는 일상과 이로 인한 삶의 무의미감으로 인해 새로움에 대한 욕망이 보이지 않는다.

이미 있던 것이 후에 다시 있겠고
이미 한 일을 후에 다시 할지라.
해 아래 새 것이 없나니 ─ 구약 전도서 1장 9절

하나의 서러운 고독이 있듯이

---

30 김종갑, 「권태와 쾌락주의: 오스카 와일드의 『도리언 그레이의 초상』」, 『현대영미소설』 제19-2, 2012, 4.

부푸는 연륜마다 여한(餘恨)이 묻혀 있고

박명(薄明)에 물결치는 한낱의 파동에
숨죽인 명연(嗚咽)보다 우리의 가슴을 울리는
그것은 차라리 잊고 싶은 회고.

궤도는
아쉬운 대로 어제에 위치하고,

버림받은 제물처럼
피할 수 없는 시간이 다 할 때까지
거부할 수 없는 귀중한 번제(燔祭)

눈물 어린 창가에 서면
남루한 카아텐처럼 가로수가 드리워지는 것이다.

하나의 서러운 고독이 있듯이
부푸는 연륜마다 여한이 묻혀있고

탈출처럼 한없이 이어 닿는 밤

피와 불길과
그리고 육편(肉片)의 바퀴는
오늘도 어제의 궤도 위에 선다

* 번제 – 기독교에서 속죄의 뜻으로 양을 제단에 바치는 것을 말함

— 한인석, 「원(圓)」, 『문학』 1, 서울대 문리대문학회(1956), 16~18.

위 시의 제목은 「원(圓)」이다. 벗어나면 탈선하기 때문에 정해진 길을 가야만 하는 "궤도", "한없이 이어 닿는", 끝이 없이 돌아가는 "바퀴"와 같은 단어와 구절 등이 '끝없이 되풀이되는 무엇'이라는 제목을 은유한다. 마치 원처럼 반복되는 남루한 일상, 어제나 오늘이나 마찬가지인 지루한 현실, 변한 것도 새로울 것도 없는 날이 밝아온다. 이러한 하루하루가 모인 삶은 고독하고, 시간이 흐를수록 연륜은 늘어가지만 아쉬움만 남고 권태감이 엄습한다.

권태감은 예수의 십자가 사건도 같은 방식으로 바라보게 한다. "피", "불", "육편" 같은 번제의 이미지는 예수의 십자가 사건을 암시한다. '피할 수 없는 시간이 다 할 때까지 거부할 수 없는 귀중한 번제(燔祭)'의 의미를 제목과 연결한다면, 이 구절의 의미는 십자가는 거부할 수 없고, 피할 수 없는 죽음은 마주해야만 하는 것이다. 즉 십자가를 져야 한다는 예언은 성취되었지만 동시에 거부하고 싶어도 거부할 수 없는 '원'과 같은 예수의 운명이라는 해석이다. 시의 화자는 인류를 구원하기 위한 십자가 사건이 예수도 피할 수 없었던 '운명'이라는 데 초점을 둔 듯싶다.

전도서, 제물, 번제 등과 같은 기독교소재는 관습적이고 무감각해지는 삶, 내일에 대한 보장이 없고, 날마다 되풀이되는 삶이라는 인간의 운명에 대한 권태감을 드러내기 위해 사용된다. 이 같은 주제를 더욱 명확하게 하기 위해 시는 '이미 있던 것이 다시 있고, 이미 한 일을 다시 하기 때문에 새로운 것이 없고 결국 해 아래 새것이 없다'는 전도서 1장 9절의 말씀을 인용한다. 이 구절은 세상에 대한 권태감을 표현한다고 해석하기보다는 "인간이 빈손으로 왔다가 빈손으로 돌아가기에 인생살이에서 무언가 '이득'을 남기려는 모든 '수고'는 '헛된 것'[31]"이라는, 즉 '이익'을 얻기 위해 사는 것이 헛수고라는 의미이지만 시의 화자는 자신의 상황과 인식을 '날마다의 삶이 헛되다'는 문자적 의미에 실어 표현한다.

뷔히너는 권태가 시대의 질병으로서, 그 사회의 경제나 사회적 구조에 기인[32]한다고 보았다. 청년들의 무기력함과 권태 역시 당시 시대상황과 무관하지 않을 것이다. 내일에 대한 보장이 없기에 미래가 불안하다고 인식한 학생들은 현재의 삶에 집중하는 현세주의 경향으로 나아간다.

현세주의

1950년대 학생들의 시에는 운명, 숙명, 무당, 무녀 등과 같은 단어가 자주 등장한다. 특히 『문학』 1권(1956)에 실린 상당수의 시[33]가 '십자가'와 '제물'과 '무속'을 연관시킨다. 이 시들에서 발견되는 운명, 숙명, 성명학, 사주 등과 같은 단어들을 관통하는 주제는 인간을 포함한 우주의 일체를 지배한다고 생각되는 초월적인 힘에 대한 의지이다.

이들이 운명이나 무속에 관심을 가지는 이유는 미래가 불안하기 때문이다. 무속은 액운을 제거해서 현세에 복을 받고자 하는 의식으로서 현세주의적 대안이다. 전쟁 중 도처에서 마주했던 죽음은 삶에 대해 고민하게 하고 살아감에 대한 불안이 엄습했을 것이다. 전후의 문학은 이 같은 경험을 필연적으로 반영한다. 기독교를 소재로 하지 않은 학생들의 시뿐 아니라 기독교를 소재로 한 시들에도 시체, 폐총, 백골, 무덤, 죽음 등 죽음과 관련된 사건과 불안의 이미지들이 과도할

---

31 박경철, 「이해하기 힘든 성서, 오해하기 쉬운 성서, 전도서(Ⅰ)」, 『새가정』, 2005, 9, 50.

32 국중광, 「게오르크 뷔히너의 보이첵크에 나타난 권태의 문제」, 『독일문학』 48, 1992, 71.

33 「어느 십자가」(송욱), 「원(圓)」(한인석), 「월식(月蝕)」(하동훈), 「주도(誅禱) – 십자가여」(문병도)

정도로 등장한다.

이러한 상황에서 청년들은 개인의 고독에 골몰한다. 억압적 상황에 저항하거나 거역한다든지 혹은 처참한 현실을 구제하거나 복구한다는 행위로 나아가지 못하고 관념적인 성향을 보인다. 개인들은 격정적인 우울의 감정 또는 내면세계로의 극단적인 지향을 보이게 되고, 시들은 합리와 이성으로 설명할 수 없는 난해함과 파편화의 경향을 보인다. 다음 시에서 화자는 '심장을 다지는 고통', '똬리 튼 아가의 저주', '현기증이 도는 고독'과 같은 자기파괴적이며 절망의 시어들을 사용한다. 이미지들도 파편화되어 있으며, 시의 전개도 맥락이 없어 무슨 말을 하는지 쉽게 파악되지 않는 방식을 사용한다. 이러한 시의 구조는 자아가 외적, 내적으로 혼란한 상태에 빠져 있음을 표현하기 위한 의도적 선택으로 보인다.

— 너희의 자녀들은 예언할 것이오 너희의
젊은이들은 환상을 보고 너희의 늙은이들은 꿈을 꾸리라

I 아가는 점을 친다
새벽이 펼치면 파아랗게 질려

못박은 피로가 온 몸을 삼키랴
회한이 불붙도록 점을 친다
간밤처럼 아가는 말이 없다

올올이 헤아린 빛이언만
안개처럼 흩어지는 환영이었기
혈관엔 용암(熔岩)이 얼어 붙는다

탁목조(啄木鳥) 날개 타고 건힌 밤이사
심장을 다지는 고통이란다

숫한 환멸이 평면을 이뤄
육중한 삶을 마련한들
꽈리튼 아가의 저주가 있다

사라진 그림자를 더위잡을사
깜찍스리
여정(旅程)에 점을 친다

아가의 예언이 여기 있다
새날을 점치는 나의 무녀야!

II 빈사(瀕死)에 헐떡이는 입술마다
분수 같은 거품을 뿜는 아침

표랑(漂浪)하는 부표를 따를 수 없이
오늘도 퇴색된 하늘이 있다
수다한 체읍(諦泣)의 도표가
끝내 슬기론 주변을 마련하지 못해
낡은 신앙이 외면하고 말았다

저마다 화석이 된 표정들이
소란스런 조류처럼 밀려 오가도
현기증이 도는 고독이 있다

시체를 감싼 홋 이불이
해초마냥 얼경이는 항도의 거리로
무색한 태양이 발광하고

덧없이 체념한 날들이
음침한 폐총(廢塚) 속에 쌓여진다 -

도화사(道化師)의 옷자락에 일어난 화염 -
낸 내에 눈물짓는 동공마다
변덕스런 하루의 무덤이 비치고

간밤에 낡은 새것을 위해
말없이
아가는 땅을 판다

— 하동훈, 「월식(月蝕)」, 『문학』 1, 서울대 문리대 문학회(1956), 19~21.

제법 긴 위의 시에서 기독교 모티프는 사도행전의 구절로서 베드로가 오순절에 요엘 2장 28절[34]을 인용해서 설교하는 부분이다. 그러나

34 그 후에 내가 내 영을 만민에게 부어주리니 너희 자녀들이 장래 일을 말할 것이며 너희 늙은이는 꿈을 꾸며 너희 젊은이는 이상을 볼 것이며 — 욜 2;28.
때가 제 삼시니 너희 생각과 같이 이 사람들이 취한 것이 아니라 이는 곧 선지자 요엘을 통하여 말씀하신 것이니 일렀으되 하나님이 말씀하시기를 내가 내 영을 모든 육체에 부어주리니 너희의 자녀들은 예언할 것이요 너희의 젊은이들은 환상을 보고 너희의 늙은이들은 꿈을 꾸리라 그 때에 내가 내 영을 내 남종과 여종들에게 부어주리리 그들이 예언할 것이요 또 내가 위로 하늘에서는 기사를 아래로 땅에서는 징조를 베풀리니 곧 피와 불과 연기로다 주의 크고 영화로운 날이 이르기 전에 해가 변하여 어두워지고 달이 변하여 피가 되리라 누구든지 주의 이름을

시는 사도행전의 말씀에서 '예언'과 '환상'이라는 단어만 차용해 시를 전개할 뿐, 무녀, 점, 예언, 저주 등 음산하고 기괴한 분위기를 형성한다.

제목인 「월식」은 달이 지구의 그림자에 가려 일부나 전부가 가려지는 현상이다. 전후 상황에서 미래를 알 수도 없고, 현실을 개척할 수도 없다는 무력감, 닥쳐올지 모르는 사건에 대처할 자신이 없다는 생각에 뒤따르는 불안과 좌절감은 마치 달이 가려지는 월식과 같은 공포로 인간을 덮쳐온다. 이 불길한 밤에 두려움을 극복하기 위한 굿과 점술이 행해진다. 애기 무당은 말이 없다가 저주를 내리다가 예언하다가 어떤 때는 땅을 파기도 한다. 파랗게 질리고 피로가 몰려올 때까지 자기를 파괴하는 행위를 한다. 그러나 미래를 보고, 새날을 점치지만 새것은 이미 간밤에 낡아버리고, 하늘은 퇴색되고, 신앙은 낡았다. 이는 새로울 것이 없다는 당시 청년들의 권태와 우울한 풍경을 보여준다. 덧없고 체념한 매일의 삶, 미래에 대한 불안, 내세에 대한 기대도 없는 청년들은 퇴폐적 삶의 양상을 보여준다.

자아의 불안과 실존주의

퇴폐와 괴기스러움

고은 시인은 1950년대를 "'아아 50년대!'라고 말하지 않으면 안 된다, 모든 논리를 등지고 불치의 감탄사로 말하지 않으면 안 된다. 그 50년대의 정열과 광태(狂態)와 퇴폐들을 사랑한다는 것은 폐허를 사랑한다는 뜻이 된다."[35]고 정열과 광태와 퇴폐의 시대로 규정하였다. 그처럼

부르는 자는 구원을 받으리라 하였으니라. — 행 2:15~21.

황당하게 새로운 것에 도취하고 그처럼 열광적으로 미신적인 시대는 없었다. 모든 성급한 열정이 난무하는 분위기는 당대의 지성에, 정직한 자에게 뜻밖의 자아와 절망의 심연[36]을 안겨주었다.

다음은 학생들의 시에서도 발견되는 당대의 광기들로서 전쟁 후의 미칠 것 같은 상황, 정신을 놓은 사람과 동물과 사물들의 세계를 보여준다. 인용한 부분은 전체 시에서 논지와 연관된 일부이다.

> 미쳐 구으는 그리움
>
> — 이황, 「광사곡(狂蛇曲)」, 『문리대학보』 1, 고려대학교(1956), 184~185.

> 그 미친 불길의 노을
>
> — 김혜숙, 「산이여」, 『국어국문학연구』 2, 이화여자대학교(1958), 137~138.

> 미친듯한 땀 방울이 얼음과자 통에 맺혀서
>
> — 김풍희, 「실제(失題)」, 『청파문학』 1, 숙대 청파문학회(1958), 43~45.

> 날고기를 먹던 인습이 불을 보고 변한 마음들은 광견(狂犬)의 관습
>
> — 박재원, 「과정(過程)」, 『청구문학』 1, 청구대학(1958), 30~31.

> 가지마다에는 광무(狂舞)의 선율을 다듬는데
>
> — 강봉도, 「삶」, 『효원』 3 부산대학교 학예부(1959), 186~187.

---

35 고은, 『1950년대』, 청하, 1989, 19.

36 김형수, 「문익환평전」, 「뉴스메이커」 534호, 2005.

갈기갈기 찢기어진 광녀의 옷자락

— 이계숙, 「광녀」, 『단원』 2, 단국대학교(1959), 259~260.

쾌락의 욕구와 필요는 "맥락과 의미의 부재를 반증"[37]한다. 학생들의 비유기적이고 파편화된 모습과 무의미한 일상들은 일회적 삶의 퇴폐와 쾌락으로 이어진다. 다음 시에서 시의 화자는 '원죄'와 '십자가' 같은 소재를 선택하지만, 가슴과 가슴의 골짜기, 입술에 그윽한 향기, 육체 위의 찌그러진 꿈과 같은 관능적 표현과 근친상간이라는 파국적 정조를 보여준다.

하나의 동경(憧憬)과
미래의 꿈이 교차하는
정점—
여기
낯선 칠수(七首)를 닮아가는 동공 깊숙이
부단히 흐르는 고뇌의 시간이 있다.

원죄의 광장에 마구 내던져진 숱한 눈깔들에
버림당한 운명을 안고
믿음으로 행복을 안 그때부터
어쩔 수 없이 다정한 사람아
우리 욕된 바램은 없을지라도
눈물짓는 인고에도

37 김종갑, 「권태와 쾌락주의: 오스카 와일드의 『도리언 그레이의 초상』」, 『현대영미소설』 19-2, 2012, 22.

끝내 슬픔만은 배알지 말자.

―너의 그 무언의 침묵―
거기에는
바다 같은 진리의 의미 속에 네가 있고
『무우사이』의 영원한 사랑
십자가의 자세 속에 내가 있지 않느냐?

이처럼 번져오는 무변(無邊)의 섭리를 알아
나의 동공은 너의 가슴에 묻고
너의 가슴은 내가 갖는다.

이렇게 모든 안타까움과 서러움을 망각시킨
저 굴곡된 골짜기에서
『모이라』의 입술에 채워진
그윽한 향기를 빨아
공간에 투영된 육체 위에
너와 나의 이즈러진 꿈!
그 꿈 속에 우리의 대화는
영겁을 기약하는 약속이 있다.
천륜의 배신자 정다운 이여
『님프』의 아름다운 의상이어

― 김열용, 「벙어리와의 대화」, 『단원』 2, 단국대학교 학도호국단 학예부(1959), 254~256.

기독교에서 원죄는 자신이 개입하지 않은 내용이 없는 죄, 자신의 의지와 무관하게 벌어진 어떤 죄에 종속되는 것, 자신이 죄인임을 고백하는 것이다. 그러나 문학에서는 일정 부분 성적 쾌락과 연관된다. 뱀을 성적 관능의 상징으로, 뱀의 유혹을 물리치지 못한 것은 성의 유혹에 빠졌다는 것으로 해석한다. 먹어서는 안 될 금단의 열매는 '성'이며, 선악과를 먹었다는 것은 아담과 하와의 성적인 결합을 상징하며, 이 때문에 에덴동산에서 추방당했다고 보는 시각이다.

위의 시도 이러한 해석과 연관된다. 다정한 사람이지만 대화를 나눌 수 없는 벙어리는 실제 벙어리가 아니라, 시에 제시된 '욕된 바람'이나 '천륜의 배반자'라는 표현으로 보아 두 사람이 서로 사랑할 수 없는 관계에 있음을 암시한다. 시의 화자는 이러한 관계를 '원죄'로 규정한다. 서로를 원하는 욕된 바람은 용납받을 수 없는 이지러진 꿈일 뿐이라는 것을 알기 때문에 일곱 개의 머리를 가진 듯 복잡한 고뇌에 빠진다. 지금은 서로 믿음이 있기에 행복하지만 곧 두 사람은 원죄의 광장에 내던져질 것이고, 둘의 사랑을 정죄하는 눈길들에 둘러싸여 버림당할 것이다.

세기말적 데카당스와 쾌락의 나락에 빠져드는 시의 화자는 자신을 합리화하기 위해 성경을 인용한다. 너를 영원히 사랑하는 것은 운명이자 십자가의 실천이며, 예수가 광장에 끌려온 간음한 여인을 보고 죄 없는 자가 돌로 치라고 하셨듯이 자신들도 용서받아야 한다고 주장하고 있다.

그로테스크 상상력

예술에서 그로테스크 작업의 원칙은 기대에 대한 환멸을 기본으로 한다. 정상적인 것, 습관적인 것, 익숙한 것들에 대한 의견일치를 해체[38]하면 불안한 기괴함을 느끼게 된다. 학생들의 시에서 이 그로테스크한 상상력을 볼 수 있는데, 당대 청년들의 기괴함은 가치와 신념이 붕괴되고, 낯익은 세계라고 믿었던 것이 무너지면서 생성되는 두려움과 불안에서 비롯된다.

이와 같은 특성을 보여주는 다음 시는 못, 살인한 조상, 회칠한 무덤, 말씀, 십자가와 같은 '기독교 모티프'와, 추위, 잿빛, 설익은 같은 '암울한 이미지', 썩은 허우대나 피고름 같은 '병리적 표현'이 교차되어 괴기스러워 보인다.

십자가여

모다귀를 멕여대도
붉게 흐른 꽃이더닐
하 하오래 가로 누어
썩은 허우대
아버지 어머니가
히히대고야
때기름 문고리에
처녀의 피고름 (…)

추위를 한 계절이
곤두서는데
잿빛 달무리엔
설익은 푸닥거리

---

38 류종영 외, 『현대문학의 근본개념 사전』, 솔, 1996, 32.

살인한 조상덕을
목숨을 얻고
회칠한 무덤 우에
싯퍼런 말씀
어쩌면! 감사해라
어흐흐 십자가여

— 문병도, 「주도(詋禱)」, 『문학』 1, 서울대 문리대 문학회(1956), 22-23.

시는 "십자가여"로 시작하지만 전체의 구성은 '엑소시스트'(1973)와 같은 오컬트 공포영화를 보고 있는 듯하다. 십자가에 모다귀(못)를 박고 피가 흐른다. 육체가 썩고 아버지와 어머니가 미친 듯 히히덕거린다. 처녀의 피고름이 문고리에 묻어 있고, 추운 계절의 잿빛 달무리 아래 선무당이 굿을 한다. 살인한 조상(카인) 덕에 얻은 목숨은 우울하고 허무해 보인다. 제목인 「주도(詋禱)」는 축도(祝禱)와 한자는 비슷하지만 전혀 다른 의미를 가진 저주의 방술이다. 회칠한 무덤은 예수가 외식하는 바리새인들을 꾸짖을 때 사용하던 비유로서 사람들을 깨우는 시퍼런 말씀이었다. 이를 저주하는 방술인 주도(詋禱)로 푸는 섬뜩하면서도 괴기한 상상력의 구사, 미친 사람이 비웃는 듯한 "어쩌면! 감사해라 어흐흐 십자가여"와 같은 냉소적 어조는 그로테스크하기까지 하다. 귀신들린 자가 고침 받고, 병자가 치유 받으며, 빛과 따뜻함의 세계인 성경을 전복시킨 결과 괴기함의 효과는 높아진다.

실존에의 사유

학생들은 민중의 고통 대신 개인의 고독과 고통을 주로 형상화함으로 국가의 재건이 아니라 자신의 재건에 더 집중하였다. 고통을 사회로 확산시키거나 다른 계층과 연대하지 않으므로 고통의 사유화, 즉 개인에 몰두하였다. 그렇기 때문에 세계를 변혁하고자 하는 의지보다는 현상을 유지하고자 하는 보수성을 보인다. 결국 전후의 인간 내면엔 삶의 무의미성, 두려움과 불안에서 연유되는 권태와 우울과 퇴폐, 괴기함으로 가득 차 있었다. 그러나 일면의 학생들은 이에 회의하면서 인간의 존재이유, 즉 실존에 대한 사유로 나아간다.

파편화된 자아

서구의 실존주의는 세계와 자아를 동시에 무화시켰던 세계대전 후에 대두하였는데, 한국의 지성인들 역시 실존적 위기의식 앞에 던져진다. 전후의 인간은 '인간이란 무엇인가'라는 질문에 이르고 인간의 운명에 대해 고민한다. 이는 한국 지식인 사회 및 문화 전반에 상당한 영향을 미쳤고 학생들은 실존주의를 지적 교양으로 받아들인다. 다음은 이러한 사조를 보여주는 특집의 일부이다.

> 인간에 대한 궁극의 질문을 던지는 작품, 한때 신과의 대화에서 순순히 풀렸고 그 후 오랫동안 신에 일임해오던 문제를 지금 우리 앞에 내던지는 것이다. 대화자를 잃은 외로운 인간이 스스로 자기를 증거해야 할 무섭도록 불안한 인간이, 삶의 이유, 허무를 채울 수 있는 절대적인 그 무엇, 산산이 흩어진 개인들을 연결하고, 적어도 서로 소통할 수 있는 모랄 등을 찾을 제, 피할 수 없는 질문을 자문자답하는 독백의 세계
>
> — 이봉구, 「현대문학의 지성적 분위기」, 『문학』 1, 서울대 문리대 문학회(1956), 36.

위의 인용문에 의하면 전후(戰後) 인간은 신이 보이지 않는 사회에서 살아가기 위한 방법으로, 전에는 신께 질문했던 문제들을 이제는 스스로 해결해야 하고 스스로 자신을 증거해야 하며, 산산이 흩어진 개인들을 연결해야 하고, 피할 수 없는 문제에 자문자답하는 독백의 세계에 처해있다고 주장한다. 다음의 시는 위의 인용문에서 말한 산산이 흩어진 개인을 극명하게 보여준다.

나를 무어라
씨앗이라 어둠이라
바다를 밟는 발이
부르겠는가.
생산을 못하면 거간(居間)을 할 것이지
정치나 경제학은 고만두라고
우 아래 좌우가 모두 총ㅅ부리니까
성명 운명 판단학이 뇌까릴 때에
두 팔을 추켜들고
십자가가 되었다.
처음에 말씀이
거둘 이삭이라면
마지막에 나팔이
사를 씨앗이라면
성인이 도적처럼 숨지기 전에
내가 지닌 붉은 피가
부끄럽고 죄스러워
천당이건 지옥이건
돌려 보내야했다

대대가 눈물방울
손손이 피ㅅ줄이라
바다를 밟는 발이
부르겠는가.
이면공작(裏面工作)이 귀ㅅ속으로 들어오면
나는 내가 아니라 너고
너는 네가 아니라
또 하나 다른 사람.
처음이 마지막
말씀이 나팔이면
산을 바다를 불러
깔깔대며 떠오르는
해를 보내고 -
영혼이여
어느 아침 처마 끝에 날아 온
새 같은 너를
소화기와 생식기와 지전(紙錢) 사이에 끼어 넣고
그렇게도 그렇게도 참으라 했으면서
온 몸이 불수의근(不隨意筋)처럼

부족증을 느끼면은
이제 와서 손을 잡고
슬프다 하겠는가.
나를 무어라
이삭이라 불꽃이라
바다를 밟는 발이

부르겠는가.

수양딸 같은

자유가 딸리고 드난사니까

유식이 무식으로 폭락하기에

물가는 뚝을 넘고

기우는 십자가가

사주(四柱)를 본다.

— 송욱[39], 「어느 십자가」, 『문학』 1, 서울대
문리대 문학회(1956), 8~11.

나는 내가 아니라 너이고, 너는 네가 아니라 다른 사람이다. 존재하면서 존재하지 않는 모호하고 막연한 자아는 씨, 어둠, 이삭, 불꽃 등으로 파편화되어 정체성이 없다. 자아도 탈맥락화되었을 뿐 아니라 십자가, 거둘 이삭, 사를 씨앗, 나팔, 붉은 피, 부끄러움, 죄, 천당, 지옥, 바다를 밟는 발 등 기독교 이미지도 산재해 있다. 시의 구조도 연결성 없는 서술로 인해 무슨 말을 하는지 난해한데, 이 해독되지 않는 난해성은 합리와 이성으로 설명할 수 없는 현실의 어지러움에서 기인한다. 전쟁 중 강요된 죽음과 생사인식의 변화 그리고 이에 따르는 고통을 대면한 인간이 서정시를 쓴다는 것은 쉽지 않을 것이다. 단정한 미의 형식을 견지하는 전통적 시의 형식으로는 삶과 죽음이 교차되는 전쟁, 전후에 맞닥뜨린 예측할 수 없고 윤곽조차 알기 어려운 삶을 드러내는 데 한계가 있기 때문[40]이다.

---

39 송욱(1925~1980, 시인 · 영문학자)은 1948년 졸업했기 때문에 조교수로 재직하던 시기의 시이다. 영미 주지주의의 영향을 받은 초기시는 현실에 대한 부정적 인식으로 전후의 혼란한 사회상, 불안의식, 문명의 폐허, 사상적 혼란 등을 주로 형상화하였다.

이러한 상황에서 정부는 제 역할을 하지 못한다. 정치나 경제에 관심을 가지지 말라고 총부리나 들이댄다. 식민지 시기에 비하면 자유의 시대라고 선전하지만 이것이 수양딸 같은 가짜 자유임을 파악한 지식인은 냉소적일 수밖에 없다. 당시 안병욱은 한국의 실존주의가 인생을 냉소하는 허무주의적 태도를 지니고 있으며, 기반을 개인에 두고 있으므로 인간의 상호관계를 부인[41]한다고 보았다. 니힐리즘은 가장 높은 가치들이 무가치하게 되는 것[42]에서 연유된다. 높은 가치는 형이상적일 터이지만, 형이상의 세계를 탐구하는 지식인은 형이하의 현실 앞에서 생산도 못하고 흥정꾼도 되지 못한다. 유식이 무식으로 폭락하고 물가는 둑을 넘는다. 측량할 수 없는 지식이 현실의 벽 앞에 무너져 가격으로 환산되는 상황을 당시 장준하는 "지식을 팔아 영달을 꿈꾸는 학자들"[43]이라고 비판한다. 시의 화자는 이러한 시기를 마치 처음의 말씀이 이삭을 거두고, 마지막 나팔이 씨앗을 사른다는 종말의 시기로 인식하고 묵시록적 우울함을 내비친다.

자아정체성뿐 아니라 신앙적 정체성도 정립되지 못하는데, 제목이 '그 십자가'나 '저 십자가'와 같이 정확한 대상을 지시하는 것이 아닌 미지칭인 '어느' 십자가로 규정함으로 신앙과 비신앙의 사이를 서성거리는 상태를 드러낸다. 신앙적인 모습은 '바다를 걸어가신 예수는 무엇이라고 부를 것인가. 나의 붉은 피는 부끄럽고 죄스럽다. 이러한 나를 위해 비둘기같이 여린 예수는 십자가 옆 좌우 강도처럼 숨졌다.'와 같은 생각에서 발견된다. 그리고 비신앙적인 모습은 서 있는 십자

---

40 이 경우 아도르노가 1951년 논문 「문화비평과 사회(Kulturkritik und Gesellschaft)」에서 말한 '아우슈비츠 이후에 서정시를 쓰는 것은 야만적(Nach Auschwitz ein Gedicht zu schreiben, ist barbarisch)'이라는 표현이 적합할 것이다.

41 안병욱, 「실존주의의 몰락」, 『사상계』 1955, 3, 131.

42 류종영 외, 『현대문학의 근본개념 사전』, 솔, 1996, 173.

43 강준만, 『한국 현대사 산책, 1950년대 편』 3권, 인물과 사상사, 2009, 299.

가가 아니라 ‘기우는 십자가’, 십자가에 매달린 것이 아니라 ‘두 팔을 치켜들고 십자가가 된다’와 같은 표현에서 발견된다. 기쁨과 감격 그리고 믿음과 소망의 십자가가 아닌 “어두운, 암울한 신학의 십자가”[44] 이다. 시대의 십자가를 지고 가는 실존적 자아는 이 모든 것이 신이 예정한 운명이라면 거부하겠다고 한다.

운명의 거부

전후세대의 문학은 “하늘에서 떨어진 신종자 씨앗과도 흡사했는데, 전통과의 단절”[45]을 특징으로 한다. 전통의 거부는 전쟁을 유발한 기성세대의 행태에 대한 거부감이며 종교적으로는 신의 뜻대로 운행되는 세계와 인간의 운명에 대한 거부이다.

다음 시는 가룟 유다를 인간의 숙명과 이 숙명에 반항하고자 하는 인간의 의지로 상징하면서 인간으로 태어난 의미를 찾고자 한다.

— 은 30냥에 예수를 팔아버린 유다의 배덕(背德)도 결코 무의미할 수는 없다 —

천둥소리 하늘을 누비는
시커먼 폭풍이 무섭습니다.
그 옛날
나무에 목을 맨 ‘유다의 죽음’도
이 폭풍의 무서움이 아니겠습니까.

---

44 김도훈, 「기쁨과 행복의 긍정적 삶(생명)의 신학」, 『장신논단』 49-4, 2017, 146.
45 문학사와 비평연구회 편, 『1950년대 문학 연구』, 예하, 1991, 25.

모태에서 떨그어지는 갓 난 핏덩이는
짐승의 울음마냥 마구 웁니다.
인간으로 태어나는 회한(悔恨)이
저렇듯 엄청날 수 있겠는지요
탄생의, 환호라기엔 너무도 처절하고
생명의 희열이기엔 정녕 어둡습니다.
유다처럼
괴로울 수밖에 없는 숙명의 노래입니다
'신에의 회의'
'육에의 불안'
'흙에의 권태'

관은 삶의 종결이라서 슬프다지만
산실(産室)의 표정은
꽃망울처럼 그렇게 웃어질 수는 없겠습니까
허공에 던져진
우리들 인간의 고독한 반항은
더 없이 애틋합니다.

왜 탄생했느냐고 묻지 마십시오
뉘 탓인가를 누가 알겠습니까
유다처럼
괴로울 수밖에 없는 숙명의 산실(産室)이어도
의미없이 이름된 탄생일 수는 없습니다.

— 김학찬, 「탄생」, 『문경』 7, 중앙대학교문리과대학연합학회(1959), 180-181.

아이가 태어나는 산실의 풍경을 바라보는 주체는 아이의 탄생에 인간과 개인의 운명을 투사한다. '관'과 '산실' 그리고 태어나는 아이와 자살한 유다의 대비에서 죽음을 향해 가는 삶의 무의미함, 인생의 허무와 우울한 감정을 발견한다. 그렇기에 탄생은 환희보다 처절하고, 빛이 아니라 어두움이다. 이러한 생각에 다다른 시의 화자는 일견 무의미해 보이는 유다의 삶을 곰곰이 따라간다. '마땅히 행해야 할 덕을 저버린 그의 삶이 의미가 있을까 (…) 유다는 예수를 팔 운명이었다. 이로 인해 예수의 생애가 예언대로 성취되었다. 자살도 이미 예정되어 있었다. 이것은 인류구원의 한 역할을 담당하였다는 의미가 있다 (…) 그렇기 때문에 그의 삶은 무의미하지 않다'는 결론에 이른다.

이어 스승을 배반한 인간 유다에게서 인간의 나약함과 운명을 반추하는 곳으로 나아간다. 인간도 유다처럼 괴로운 인생을 살아간다. 이것은 숙명이다. 아직 오지 않았지만 이미 그 끝이 결정되어 있기 때문에 '숙명'에는 '이미'와 '아직'이 공존한다. 살아보지 않아도 인생은 괴로울 수밖에 없다는 것을 알고 있기에 아이가 탄생하는 순간의 울음은 '이미' 생을 다 살아본 이가 후회하는 것 같고, 인간으로 태어나는 것을 미리 한탄하는 것 같고, 괴로운 동물의 울부짖음처럼 처절하게 들린다. 마치 아이처럼 허공에 던져진 인간은 고독하고, 신을 회의하고, 육체는 불안하고, 삶은 권태롭다. 신에의 회의, 불안과 권태, 운명이나 숙명을 거부하고자 하는 의지, 부조리한 현실과의 타협 거부는 실존주의를 구성하는 요소들이다.

위의 시는 성경의 유다를 소재로 예수의 의미를 지나 인간의 운명으로, 그리고 실존에 대한 질문으로 나아간다. 기존의 보편적 유다해석은 부정적이었기 때문에 이와 같은 전복적 해석이 독자에게 주는 충격의 효과는 작지 않았을 것이다.

우울한 십자가

1950년대 기독교를 소재로 한 시들에 산재해 있는 내면풍경들을 조각조각 맞추어 보면 당대 학생들은 전쟁의 참상, 전후의 정신적 사회적 혼란, 정치와 경제에 대해 내적·외적으로 억압당하고 있음을 알 수 있다. 이것이 기독교를 소재로 한 시들에 괴이하고 암울한 시상으로 나타났는데, 그나마 냉소적이거나 괴기하지 않은 다음 시 「금요일 – 엘리 엘리 라마 싸바타니?」도 동질의 정조를 보인다.

1. 금요일은 비가 온다.
오일 스토-브의 끄스름이 내리는 길
금요일이면 비가 온다.

김서린 차창에 어린 얼굴들
액스 레이에 비춰인 세루로이드
가기만 하는 길 같다.
가고 나면 돌아오지 못할 길 같다.

2. 길이 탄다.
해뜨라이트에 길이 탄다.
병원의 긴 낭하(廊下)가 탄다

빗줄기 마다 불이 붙어
하늘로 솟는 화살

남기고 가는 것에는 불이 탄다.

가지고 가는 것에도 불이 탄다.
동자(瞳子)에도 묻어 온 불이 탄다.

비에 젖은 길
젖어서 타는 길
금요일에는 밤에도 비가 온다

— 민재식, 「금요일 - 엘리 엘리 라마 싸바타니?」, 『문리대 학보1』, 고려대학교 문리과 대학(1956), 178-179.

앞에서 살펴본 다른 시들이 보편적 성경해석에서 벗어나거나 전복적이거나 회의하는 시선을 견지하지만, 위의 시는 예수의 수난을 묵상하며 고전적 그리스도의 의미를 탐색한다. '금요일에 비가 온다.'가 아닌, '금요일은 비가 온다.'나 '금요일에는 밤에도 비가 온다.'와 같은 수사표현에는 '항상'이라는 의미가 포함된다. 그러나 금요일마다 항상 비가 내린다는 법칙은 없기 때문에 이 금요일이 예수님이 십자가에 못 박히신 고난주간의 금요일임을 추측해볼 수 있다. 고난주간에는 물리적이든 심리적이든 비가 오는 듯 침잠하게 된다. 비 내리는 날의 우울함 같은 성금요일의 적막과 침묵, 가라앉은 마음의 상태를 오일 스토브의 그을음, 엑스레이 셀룰로이드와 같은 잿빛 이미지로 표현한다.

위 시의 화자는 환자이거나 의사일 수 있다. 부활절 전 고난주간이라면 삼월이나 사월 초이기 때문에 진료실에는 오일 스토브가 켜져 있을 것이다. 진료 후 엑스레이 필름을 확인하고 병원의 긴 복도를 지나 정거장으로 간다. 타고 가는 차의 창문에는 김이 서려 있다. 차의 헤드라이트에 비가 반사되어 불이 하늘로 솟아오르는 것 같은 모습을 보며 예수가 남기고 가는 것은 사랑이며, 가지고 가는 것은 인간의 죄라고 생각한다.

예수의 십자가를 대하는 자신의 마음은 '비에 젖은 길'로, 예수의 죽음과 구원은 '젖어서 타는 길', 즉 불과 물의 역설적 융합으로 표현하여 예수의 기도와 눈물 그리고 불같은 사랑을 신비롭게 형상화한다. 십자가의 길은 멈출 수 없고 가면 오지 못할 길이라는 것을 알고 있는데 하나님은 침묵한다. 그렇기 때문에 '나의 하나님 나의 하나님 어찌하여 나를 버리시나이까?'라는 의문형의 제목은 질문이 아니라 고통의 외침으로 보인다. 이러한 표현에서 시의 화자가 예수의 고통을 마음 깊이 내재화하고 있음을 알 수 있다.

그러나 1950년대 학생들의 기독교 소재 시에서는 하나님에 대한 형상화가 부족하다. 실존주의는 신이 차라리 존재한다손 치더라도 아무런 변화는 없을 것이며, 비록 신의 존재에 대한 유력한 증명자일지라도 사람 자신 외에는 사람을 구원하지 못하리라[46]고 주장하기 때문이다. 결국 인간의 주체성을 강조하는 문화에서는 하나님을 담론의 중심에 두는 언어습관[47]은 쉽지 않고, 이 시기 학생들의 기독교소재시는 신앙고백으로 이어지지 않았으며, 믿는 자로서의 기쁨과 감사가 형상화될 수 없었다.

* * *

1950년대 대학생들의 기독교소재시에서 당시 학생들의 내면풍경이 우울, 권태, 괴기함, 파편화된 자아, 현세주의적 태도, 실존주의에의

---

46 장 폴 사르트르, 방곤 역, 『실존주의는 휴머니즘이다』, 문예출판사, 1992, 49~50 참조.

47 허요환, 「초월의 상실－설교에서 사라져가는 하나님의 역할」, 『장신논단』 47-1, 2016, 302.

경도 등으로 구성된다는 것을 살펴보았다. 학생들은 전쟁, 정치 및 경제적 억압에 깊은 분노와 좌절을 품고 있었다. 기독교를 소재로 한 시만 이러한 경향을 보이는 것이 아니다. 교지의 특집[48] 역시 문학의 새로운 기법으로 등장한 난해함, 새로운 지성을 보여주는 실존주의, 유한한 시간과 허무의식 등을 주된 논제로 삼는다.

흥미로운 것은 학생들이 현상을 비판하고 반대하기 위해 기독교의 소재를 사용하였다는 데 있다. 제도적 기독교는 학생들의 암울하고 괴이한 현실 인식의 극복에 직접적인 영향을 미치지 않은 것으로 보인다. 그럼에도 불구하고 그들이 굳이 기독교를 소재로 선택한 이유가 무엇일까. 이는 식민지 시기 그리고 전쟁 중에도 멈추지 않았던 기독교 교육의 결과였을 것이다. 기독교는 젊은 세대에게 "이 땅에서 어떻게 살아야 할지를 고민하는 실천"[49]적 시각과, 세계에 대한 비판적인 시각을 제공하고 더 나은 미래를 희망하게 하였고, 기독교인뿐 아니라 비기독교인에게도 세상과 자아를 볼 수 있는 효과적인 렌즈가 되었다. 학생창작자들은 기독교상징을 전복시킴으로 자신들이 얼마나 고통스러워하는지, 이를 극복하기 위해 얼마나 몸부림치는지 암시적으로 표현하였고 독자들은 이들의 난해한 상징을 이해할 수 있었던 시기였다. 이것이 그들이 성경을 인용하고 재해석하여 그들의 개인적이며 사회적 고통을 표현하고자 했던 이유가 아니었을까 하는 생각이다.

---

48 『문학』 1(서울대 문리대 문학회, 1956)의 특집을 살펴보면, 에세이로 분류된 「유한과 시간과 향락과」, 「난해성에 대하여－그 생성의 일 단면」, 「죽음의 계곡」, 평론으로 분류된 「현대문학의 지성적 분위기」, 「새로움의 의미－신세대문학정신의 기축」, 「허무와 신－싸르트르와 보오드레르」, 「에즈라파운드와 이매지즘 운동－현대시 노오트」, 「현대시와 지성」으로 이루어져 있다.

49 안윤기, 「칸트 철학은 반(反)종교적인가?－최고선을 매개로 관계하는 윤리와 종교」, 『장신논단』 49-1, 2017, 406.

2. 권위주의 시대

4 · 19와 기독교 시인들

12년간의 1인 독재와 억압에 대한 전 국민의 분노, 투쟁 그리고 일주일 후 이승만이 하야한 4 · 19를 전후로 한국의 문학계는 다른 사조를 형성한다. 1950년대 문학이 전쟁의 참상과 전후의 세태, 인간의 불안을 실존주의적 입장에서 그렸다면, 4 · 19 이후 1960년대 문학은 역사인식의 변화, 현실참여와 순수의 논쟁 등 리얼리즘의 시각으로 바뀐다. 이러한 이유로 문학사에서는 4 · 19를 문학의 혁명이라고 본다. 4 · 19가 작가 개인들에게 끼친 영향이 적지 않았음을 알 수 있다.

4 · 19를 소재로 하거나 형상화한 작품은 소설보다 시가 더 많다. 시는 길이가 짧아 접근하기 쉬우며, 서정성을 특징으로 하기 때문에 남녀노소 심지어 무명이라고 표기된 사람들까지 다양한 매체를 통하여 이 날을 기록했다. 1960년만 해도 4 · 19를 기념하는 수십 권의 시집들이 발행되었고 베스트셀러가 되었다. 이 가운데 몇 권을 보면, 『뿌린 피는 영원히』(한국시인협회, 1960)는 4 · 19혁명 희생학생 추도시집이며 4 · 19 한 달 뒤에 발행되었다. 1부에는 초등학생, 고교생, 대학생들의 시가, 2부에는 기성시인의 시가 실려 있다. 『항쟁의 광장』(김용호 편, 1960)은 4월 하순과 5월에 신문과 잡지에 발표된 혁명 기념시를 모은 것으로 기성시인과 대학생의 시를 실었다. 『학생혁명시집』(김동녕 외, 1960)은 4 · 19 혁명기념 현상모집에 당선된 시들로 역시 학생들과 기성시인들의 시가 실려 있다. 대부분의 시집에 기성시인들의 시와 더불어 초등학생부터 대학생과 주부의 시까지 실렸다는 데서 4 · 19가

전 국민의 의거였음을 알 수 있다. 잡지도 특집을 마련하는데, 잡지 『새벽』(1960,5)은 네 명 시인의 공동창작시를 게재하였고, 『사상계』(1960,6)는 「민중의 승리 기념호」 특집을 마련하였다. 공동창작이란 한 마음이 아니면 작업이 불가능하다. 그만큼 4·19에 대한 마음이 같았음을 알 수 있다.

시인들은 자신의 시경향과 별도로 4·19를 형상화하였으며 다음과 같은 특징을 보여준다. 첫째, 당대 지배 세력 비판, 일인 독재와 부패한 정치인을 저주하였으며 시위대에 총기를 난사하여 자신의 죄를 덮으려 한 위정자의 폭력을 고발한다. 둘째, 당일의 치열함과 전쟁과 같은 생생한 현장 묘사, 어린 학생부터 온 국민이 함께한 혁명 참가자들의 용감함과 기개와 열정을 보여주며, 역사의 주체가 되는 민중의 정신을 찬양한다. 셋째, 자유와 정의를 외치다 처절한 죽음을 맞이했던 이들의 희생을 애도한다. 넷째, 4·19의 의의, 역사의 물줄기를 바꾼 혁명의 순수성과 혁명에 대한 감격을 형상화한다. 기독교 시인들의 4·19 시도 이와 크게 다르지 않다.

기독교 시인들의 4·19

박두진(1916~1998)은 누가 뭐래도 자신이 옳다고 생각한 것은 옳다고 보는 시인이었다. 그는 1960년 3·15 마산사건 직후 다른 사람들이 침묵하고 있을 때 "무슨 일이 꼭 일어날 것만 같다가 일어난 것이 마산사건이었다. 그러한 불안한 예감과 피비린내를 풍기는 살벌하고 무거운 공포와 암흑의 분위기 속에 (…) 우리는 우중(愚衆)의 나라가 아니다"(「우리는 우중의 나라인가」, 1960)라며 정권이 이렇게 하다가는 큰일 날 것이라는 예언과 더불어 민중은 정권의 속임수를 파악하지 못하는 미련한 백성이 아님을 말했다. 그리고 4·19 직후 다음과 같은 유명한 시를 쓴다.

우리는 아직도
우리들의 깃발을 내린 것이 아니다.
이 붉은 선혈로 나부끼는
우리들의 깃발을 내릴 수가 없다.

우리는 아직도
우리들의 절규를 멈춘 것이 아니다.
그렇다. 그 피불로 외쳐뿜는
우리들의 피외침을 멈출 수가 없다.

불길이여! 우리들의 대열이여!
그 피에 젖은 주검을 밟고 넘는
불의 노도, 불의 태풍, 혁명에의 전진이여!
우리들 아직도
스스로는 못 막는
우리들의 피대열을 흩을 수가 없다.
혁명에의 전진을 멈출 수가 없다. (…)

우리들이 이루려는 민주공화국. 절대공화국

철저한 민주정체,
철저한 사상의 자유,
철저한 경제균등,
철저한 인간평등의,

우리들의 목표는 조국의 승리,
우리들의 목표는 지상에서의 승리,
우리들의 목표는
정의, 인도, 자유, 평등, 인간애의 승리인,
인민들의 승리인,
우리들의 혁명을 전취(戰取)할 때까지,

우리는 아직
우리들의 피깃발을 내릴 수가 없다.
우리들의 피외침을 멈출 수가 없다.
우리들의 피불길,
우리들의 전진을 멈출 수가 없다.

혁명이여!

— 박두진, 「우리들의 깃발을 내린 것이 아니다」
(『사상계』, 1960,6)

위의 시는 너와 나, 학생과 모든 시민들 즉 '우리'가 함께한 4 · 19는 정의, 인도, 자유, 평등, 인간애, 인민들의 승리인 혁명이라고 한다. 자료를 살펴본 결과 당시 다른 시인들은 4 · 19를 혁명이라고 표현하지 않지만 박두진은 '혁명'이라는 말을 쓴다. 의거에서 혁명이 되기까지 시간이 걸렸는데 박두진은 4 · 19의 의의와 본질을 초기에 파악한 것이다. 대열 앞에 참여한 그에게 군중들의 대열은 불의 노도, 피대열, 전진이다. 그들은 피를 뿜는 절규와 외침으로 민주주의, 사상의 자유, 공평한 경제, 인간의 평등을 주장한다. 여기에 '철저한'이라는 수식어가 붙는다. 역사가 그랬던 것처럼 흐지부지하게 변질되는 것이 아니라 단호한 어조로 철저하게 고쳐야 한다고 말하는 것이다.

박두진에게 4 · 19는 '아직' 끝나지 않은 혁명이었다. 개혁의 의지와 열의는 여기에 멈추어서는 안 되며 더 나아가야 한다. 투쟁의 깃발을 내려서는 안 되고 민주화를 위한 전진을 멈춰서도 안 된다. 4 · 19의 정수와 역사적 의미는 계속되어야 한다. 그래서 시대를 뛰어넘는 현재진행형이어야 한다. 이러한 인식을 가진 그였기에 다른 시인들이 4 · 19 이후 변하지 않는 사회에 분노하고 좌절하지만 박두진은 좌절하지 않는다. 대신 4 · 19의 정신으로 싸웠다. 5 · 16 이후에는 유신을 반대하였고 투옥되기도 한다. 감옥에 갇혔을 때는 항상 성경책을 들고 다녀서 간수들 사이에서 '성경책'으로 불렸다고 한다. 김지하의 『오적』 판결시에도 당당하게 김지하 시인이 잘못이 없음을 말하였고, 1974년에는 민주화운동에 참여했다고 해직되기도 한다. 역사적 사건을 다룬 작품은 비슷한 상황에서 다시 읽힌다. 자신의 시처럼 살았던 박두진이기에 「우리들의 깃발을 내린 것이 아니다」는 1980년대 학생운동이 사회변혁을 향해 치달릴 때 투쟁의 현장에서 다시 낭독되었고, 대학교 교지에 계속 실린다. 그래서 그의 시와 혁명은 항상 현재진행형이다.

박목월(1916~1978)은 당시 지배자의 통치와 억압을 비판하고 4 · 19의 정신을 이어받은 우리가 갖추어야 할 자세에 대해 말한다.

> 불의로써 백성을
> 다스리지 못하며
> 억압으로 백성을
> 짓밟지 못하며
> 권력으로 백성의 어진 마음을
> 송두리째 빼앗지 못하는

이것은
하늘이 마련한 길.
이 창창하고
넓은 길을 벗어나
누가 감히
백성의 우두머리라 하리요. (…)
우리 다시
민주대한의 터를 마련하게 되면
그때는
아예
속이지 말고, 속지 말고
억누르지 말고 눌리지 않고
업수 여기지 말고, 업수 여김을
당하지 말고
남을 힐난하지 말고
허물을 뜯지 말고
이웃은 이웃끼리 서로 사랑하고
돕고
남의 말을 소중히 여기고
권력을 탐내지 말고,
휘두르지 말고,
어리석은 시인의 꿈처럼
황홀한
그 나라를 마련하자. (하략)

— 박목월, 「동이 트는 순간을」(『조선일보』, 1960,4,26)

위의 시에 의하면 위정자들은 불의로 백성을 다스렸고 억압으로 짓밟았으며, 권력으로 백성의 마음을 빼앗았다. 우두머리는 백성을 속였고 억눌렀으며 업신여겼다. 정권을 잡은 자는 서로 힐난하고 헐뜯었다. 하늘의 뜻을 모르는 이는 백성의 우두머리라 할 수 없다. 이들은 백성을 생각하는 마음으로 서로의 뜻을 합하지 못했기 때문에 혁명은 하늘의 뜻이다. 이제 새로운 민주주의 국가는 속이지 말고 억누르지 말고 업신여기지 말고 힐난하지 말고 헐뜯지 말고, 사랑하고 돕고 남의 말을 소중히 여기자고 한다. 그리고 권력자는 권력을 탐내지 않고 휘두르지 않아야 한다고 주장한다. 이와 같은 혁명의 인식은 기독교적인 사유를 바탕으로 하고 있다.

위 시가 혁명의 소용돌이를 묘사한다면, 이승만 하야 성명 후에 발표한 박목월의 다음 시는 감정이 정리되어 있지만 혁명 후에도 변하지 않는 사회를 예견하듯 민주주의의 승리라고는 표현하지 않는다.

학우들이 메고 가는
들것 위에서
저처럼 윤이 나고 부드러운 머리털이
어찌 주검이 되었을까?
우람한 정신이여.
자유를 불러올 정의의 폭풍이여.
눈부신 젊은 힘의
해일이여. (…)
참된 뜻만이
죽은 자에서 산 자로
핏줄에 스며 이어가듯이,
그리고, 4 · 19의

그 장엄한 업적도
바람에 펄럭이는 태극기의 빛나는 눈짓으로
우리 겨레면 누구나 숨결,
숨결의 자유로움으로,
온 몸 구석구석에서 속삭이는
정신의 속삭임으로
진실로 한결 환해질
자라나는 어린 것들의 눈동자의 광채로
이어 흘러서 끊어질 날이 없으리라.

— 박목월, 「죽어서 영원히 사는 분들을 위하여」(1960,6)

시위 참여자들의 죽음을 바라보는 시점으로 당시 상황에 대한 묘사와 분노보다는 부모의 슬픔을 이야기한다. 죽어간 이들의 윤이 나고 부드러운 머리털, 참된 뜻, 태극기의 빛나는 눈짓, 숨결의 자유로움, 정신의 속삭임과 같은 구절에는 격렬함이 정제되어 있다. 혁명 후 아무 일도 없다는 듯 조용한 거리를 보고 '지나간 것은 조용해지는 것이며 그것은 역사의 너그럽고 엄숙한 표정'으로 해석하는데, 이 '너그러움'이라는 단어는 박목월 시의 경향을 반영한다. 박목월은 기독교 소재 시에서 기독교와 신을 어머니처럼 자애로운 품성으로 표현하고 있기 때문이다. 그들의 죽음은 끝나지 않았으며, 숨 쉬는 자유로움과 참된 뜻만이 영원하며, 산자의 핏줄에 스며서, 어린것들의 눈동자의 광채에 이어서 끊어지지 않을 것이라는 기독교적 인식을 보여준다.

황금찬(1918~2017)의 다음 시는 숨져간 영혼들을 위로하는 추모시로서, 지금 이 자리에 없는 그들을 그리워하며, 죽음과 희생을 이어 우리가 그들의 소원을 이루어야 한다고 말한다. 황금찬이 주목하는 것은 혁명의 이상과 주장보다는 죄 없는 그들, 공책 한 권 제대로 사서 쓰지 못한, 더운 밥 한 끼 먹어보지 못한 가련한 그들이다.

가난한 나라에 나서 가난하게 큰
그리고 죄 없는 그대들이 아닌가
언제 더운 밥 한 끼를 제대로 먹어봤으며 공책 한 권을 제대로 사 썼던가
그대들은 그렇게 살아온 가련한 사람들이 아닌가 그런데 누가 그대들을 저렇게 몰아갔단 말인가
아! 말하라 하늘이여 땅이여, 이 사실을 증언하라 (…)
장부(丈夫)는 죽음이 두려워 못하던 역사(役事)를
그대들은 죽음으로써 행동했다. (하략)

— 황금찬, 「학도 위령제에 부쳐」

위 시는 가난한 그들을 '왜 죽였는가'라고 총을 든 이들을 향해 그들의 눈을 똑바로 쳐다보듯 질문한다. 가련한 그들과 장부를 대비하여 장부가 하지 못한 일을 그들은 이루었다며 장부들을 부끄럽게 만든다. 그리고 홍수 같은 4월의 정신은 강물이 되어 흘러 삼천만의 눈동자에 살아 있을 것이라고 예견한다.

박화목(1924~2005)은 시인이며 아동문학가이다. 평양신학 예과와 만주 봉천신학교를 졸업하였고 18세에 동시를 시작하였다. 4·19 당해에 나온 시는 할 말이 많았고 감정이 정리되지 않았기 때문에 호흡이 길고 시도 장편에 가깝다. 그러나 다음 시는 다른 시에 비해 짧으며, 감정적이라기보다는 4·19를 봄과 대비한다.

4월은
거칠은 계절풍이 부는 가운데도

굳은 땅을 뚫고 짓누른 돌을 밀쳐 제치며
어린 푸른 싹이 솟구치는 달이다.

사월은
정녕 생명의 외침을
아무도 막아내지 못하는 달이다.

사람 위에 사람 없고
사람 아래 사람 없고……

그 누가 착하고 어진 우리를 억누르고
한 몸의 영화를 그 속절없는 부귀를 누리려고 했던가?
썩은 권력은 언제든 허물어지고 마는 것을……

한 겨우내 죽은 듯
침묵 속에서 살아온 뭇 생명들
이제 활활이 분화처럼 솟구치나니
아 진정
4월은 부활의 달.

— 박화목, 「4월」(『동아일보』, 1960,4,26)

사람 위에 사람 없고 사람 아래 사람 없기 때문에 인간은 모두 평등하다. 그러나 저들은 속절없는 부귀를 누리기 위해 착하고 어진 민중을 억눌렀다. 썩은 권력이 허물어진다는 것은 진리이다. 4 · 19는 겨울과 같은 날을 침묵 속에서 보내던 생명들이 봄을 맞아 부활한 것이다. 어리고 푸른 싹이 거친 바람을 이겨내고 굳은 땅과 짓누른 돌을 밀쳐

내듯 어린 학생들이 겨울 같은 불모(不毛)의 정권을 거부하였다. 이 같은 인식은 1980년대 저항의 시기에 겨울과 봄, 그리스도의 부활과 민중의 부활이라는 민중시의 계보를 이루게 된다.

김요섭(1927~1997)은 동화 · 동요작가로서 환상동화를 개척한 한국의 안데르센이라는 평가를 받는다. 다음은 33세인 김요섭이 어린 시위대의 모습을 보고 쓴 시인 듯하다.

무차별 사격
커다란 집이 불을 뿜고
그러나 군중들이 몰려다닌
낮에는
조금도 무섭지 않았습니다.
태양이 데모대들을 비쳤기 때문일까요 (…)
그것은 나도
참을 때는 바위
터질 때는 화산
군중의 일부분이기 때문일 것입니다. (…)
아니 누가 묶어 놓은 것은 아닙니다.
군중은 같은 뿌리를
우리 국토에다 박고 있기 때문입니다.

그 뿌리의 이름은 민주주의.

— 김요섭, 「군중 - 4 · 19 의거에 지은 시」

시의 화자는 '일까요?'와 같이 아이가 질문하는 화법을 구사한다. 어리지만 데모대와 같이 몰려다닐 때는 무섭지 않았다. 그러나 아버지 어머니와 같이 잠을 잘 때는 무서웠다. 부모와 같이 있으면 아이는 무서워하지 않는데 왜 그랬을까. 군중은 참을 때는 바위와 같지만 터질 때는 화산과 같다. 내게도 데모대와 같은 외침이 있었기 때문에 그 순간이 무섭지 않았다. 어린 나도 데모대에 참가하였다. 어린아이가 혁명의 의의를 알아서 참가하였을 것인가. 그것은 내 안에 민주주의에 대한 소원이 무의식적으로 내재하고 있기 때문이다. 나도 민주주의에 뿌리하고 있는 군중의 일부이다. 그래서 내게도 두려움이 없는 것이다. 어린이들의 참가를 무시하지 말아야 한다. 김요섭은 동화작가이기 때문에 아이들의 세계와 행동에 관심을 가지고 있었으며, 당시 아이들의 참여를 시로 형상화한 것은 의미 있는 시선이었다.

김현승(1913~1975)은 식민지 시기에 신사참배를 거부하고 투옥되기도 하였지만 1960년에는 4 · 19에 대한 시를 쓰지 않았다. 그리고 1970년대 이후 사회에 대한 문제보다는 자신의 고독과 신과의 문제에 깊이 침잠한다. 이러한 김현승의 다음 시는 4 · 19 이후 일 년 뒤, 5 · 16 직후에 쓰였다.

모든 시내 모든 강물 위에 흘러가는 그 소리와
모든 골짜기 모든 산비탈에 울려 가는 그 노래와
동서로 가는 남북으로 뻗은 모든 길 위에는 통하는
이 우리들의 제목을 위하여 (…)
미소하는 눈짓과
우리네 하늘에 자유로이 나는
모든 생명 있는 것들의 우짖음과
먼 산등에까지 울리는 그리운 공명의 메아리를 위하여. (…)
해마다 피어나는 핏빛 진달래
— 그네들의 부활과

그네를 지키는 천국의 영원한 그네의 조국을 위하여. (하략)

— 김현승, 「우리는 일어섰다」(『자유문학』, 1961, 6)

위의 시에서 김현승의 사색적이고 철학적인 경향을 볼 수 있다. 일년간 그는 잠잠히 4 · 19를 보았던 것 같다. 의미를 부여하기 위해 쓰인 시라기보다는 『자유문학』이 4 · 19 특집을 마련하고 싶어도 과도정부의 혼란스러운 상황이 허락하지 않았고 5 · 16의 추이를 바라보는 가운데 투고 요청에 의한 것이 아니었을까 싶게 차분한 느낌이다. 강물이 되어 힘찬 소리로 밀려가는 민중의 외침이 아니라, 강물 위에 흘러가는 소리, 산을 부수고 바위를 부수는 절규가 아니라 골짜기와 산비탈에 울려가는 노래, '피불' 혹은 '피물'이나 '죽음' 같은 단어보다 '핏빛 진달래', '함성'보다는 '메아리'와 같은 표현은 다른 시인의 4 · 19 초기 시에서는 볼 수 없는 차분함이다. 이에서 4 · 19에 대한 거리감과 4 · 19 이후 좌절된 혁명의 분위기, 그리고 순수와 참여의 선택에 선 시인들의 고민을 읽을 수 있다.

* * *

기독교시인들은 자신들의 기독교소재시, 시창작의 자세, 신관으로 4 · 19를 형상화하였다. 박두진의 기독교시는 치열하고 박목월은 온화하고 김현승은 사색적이다. 황금찬은 시창작 초반에 가난한 아이를 시의 대상으로 하였다. 4 · 19 소재시도 박두진은 치열한 저항을, 박목월은 역사의 너그러움을, 김현승은 사색적인 시점을, 박화목은 부활을, 김요섭은 아이의 시점을, 황금찬은 가난함에 초점을 맞춘다. 이들의 공통은 '죽어서 영원히 산다', 즉 한 알의 밀알이 떨어져 많은 열매를 맺는다는 기독교적 사유를 보여준다. 이러한 인식의 의미는 이후 저항시 · 민중시의 저변에 흐르는 인식, 즉 투사들의 죽음이 새로운 세계를 가져올 것이라는 세계관으로 이어진다는 데 있다.

이후 4 · 19 기념식 등 1980년대 중반까지 시인들은 4 · 19 기념시를 쓰지만 박정희정권 시기에는 5 · 16에 묻혀서, 1980년대 이후에는 민주화운동의 와중에 주목받지 못한다. 그러함에도 4 · 19를 소재로 한 시들의 의의는 '기억'에 있다. 아무리 격렬하고 의미 있는 사건이라도 시간이 흐를수록 신화가 되거나 상징이 되거나 잊힌다. 그러나 4 · 19 직후에 쓰인 시들은 당시 상황과 정신, 그날의 함성, 절규, 감격을 그대로 보여준다. 이러한 시들이 있기에 당시의 정황과 의의를 잊지 않게 되는 것이다.

민중시의 예수담론

1960년대부터 1990년대 초까지 한국은 정권에 의한 억압과 이에 투쟁했던 민중의 시대였다. 이 기간 기독교는 다양한 방면에서 활약하였고 진보적 운동 진영과 사회지도계층에는 기독교계 인사가 적지 않았다. 교회는 노동자, 학생, 지식인들의 크고 작은 시위에 장소를 제공했고, 수배자들을 대변하거나 혹은 의문사 사건의 진상규명 등에 힘을 썼다. 도시산업 선교회, 각 교회나 대학의 기독학생회, 기독교 농민회와 가톨릭 농민회 등이 노동자와 농민 문제를 해결하기 위해서 활동하는 등 사회운동 영역에서 기독교의 역할이 적지 않았기 때문에 이 시기는 '종교의 시대'[50]로 불리게 된다.

자유와 민주와 평등의 가치가 위협받고 있는 상황에서 성서의 교리나 상황을 민중적 관점에서 재해석하여 예수의 해방이나 구원을 현실에서 이룩하는 것을 기독교인의 사명으로 삼는, 이른바 해방신학 혹은 민중신학적 관점이 대두[51]하였다. 그리고 문학 진영에서는 정치와 사회를 비판하거나 풍자하는 시, 즉 '민중시'라 지칭되는 장르가 형성되고 체제저항적인 시를 쓴 시인들은 민중시인이라 규정된다. 민중시인 대부분은 유신정권에 반대해 청춘을 감옥에서 보냈고, 사형선고를

---

50 김수이, 「1980년대 시에 나타난 '기독교'의 의미와 텍스트화 양상 - 김정환, 박남철의 시를 중심으로」, 『한국현대문학연구』 24, 2008, 446.

51 김승구, 「고정희 초기시의 민중신학적 인식」, 『한국문학이론과 비평』 37, 2007, 252.

받기도 한다. 특이한 점은 민중시인들이 기독교 신앙을 가지고 있지 않음에도 그들의 시에 성경 인물과 사건, 교회력 등의 기독교 모티프가 적지 않게 발견된다.

1884년 미국 의사이며 선교사인 알렌이 장로교회를 설립하면서 개신교가 시작된 이후 약 100년 정도밖에 되지 않았음에도 이러한 특성을 보이는 이유는 무엇일까. 이에 대해 김수이는 당시 기독교가 가장 대중화된 종교였다는 것, 민주화운동의 정신적 지주였다는 것, 신과 인간의 관계가 아버지와 아들의 모형에 기초한 가부장적인 것으로 이는 독재정권의 구조와 유비관계에 있었다는 점, 희생양으로서 기독교가 채택되었다는 점[52] 등을 들었다. 기독교는 '역사는 권력자의 것이 아니라 민중에 의한 민중의 역사'여야 한다는 역사관을 제시하기 위한, 정치 · 사회 · 경제 · 교회를 비판하기 위한 장치가 되었다. 이러한 인식들을 바탕으로 1980대의 시에 나타난 예수관을 살펴보고자 한다.

부재하거나 침묵하는 신

성경은 하나님이 천지를 창조하고 인간들의 죄를 대속하기 위하여 예수를 보내셨고 후에 세상을 심판할 심판자로 기록한다. 기독교뿐 아니라 세계 보편종교에서도 신은 절대자이며 전지전능하며, 신의 공간인 하늘은 맑고 푸르며 영적이다. 그러나 다음 인용한 1980년대 시는 이러한 관념을 거부한다. 인용한 시는 모두 부분 인용이다.

이 세상 햇빛이 굳어지기 전에

— 정호승 「시인예수」

---

52 김수이, 앞의 책, 442.

얼어붙은 저 하늘 얼어붙은 저 벌판
태양도 빛을 잃어 아 캄캄한 저 가난의 거리

— 김지하 「금관의 예수」

먹구름 하늘 밑

— 양성우 「저녁종소리를 들으며」

이제는 검은 불티 허공에 날리는

— 양성우 「부활절 속가(俗歌)」

위의 예문들에서 하늘은 푸르고 맑은 공간이 아니라 먹구름이 끼어 있거나 어둡거나 검은 곳, 따뜻하거나 푸근하지 않고 '굳은', '얼어있는'과 같은 딱딱한 이미지이다. 그리고 태양은 빛을 잃고 검은 불씨를 날리며, 별도 빛을 잃어 딱딱하며 어두운 공간이다. 이러한 하늘에 거하는 하나님은 다음 예문에서 볼 수 있듯 전지전능한 신이 아니라 부재하며 무능하고 침묵하며 외면하는 신이다.

잠든 메시아의 봉창이 닫기고

— 고정희, 「누가 홀로 술틀을 밟고 있는가? - 지기의 노래」

하느님이 졸으시는 사이에

— 고정희, 「사랑을 위한 향두가」

도와주시지 않는 우리 아버지의 이름을

— 박남철, 「주기도문, 빌어먹을」

그곳에 아득히 계시는 이여.

당신의 깊은 잠

— 양성우, 「저녁종소리를 들으며」

지금, 하늘에 계시지 않은 우리 아버지 이름을 거룩하게 하옵시며,

언제나 출타 중이신 아버지시여

— 박남철, 「주기도문」

하느님은 어찌하여 나를 버리고

어찌하여 내 얼굴에 침을 뱉는가 (…)

하느님은 어찌하여 한마디 없고 (…)

하느님은 어찌하여 발자국소리도 없이 떠나고

— 양성우, 「내가 살고 있는 것이 실수가 아니라면」

위의 시에서 하나님은 어느 곳에나 편만하지 않으며, 아득하게 멀거나, 출타 중인, 부재하는 신, 우리를 떠났으며, 우리를 버렸고, 도와주지 못하는 늙은 아버지이다. 성경에서 하나님은 인생을 살피느라 졸지도 주무시지도 않지만 위 시에서의 하나님은 잠에 빠져 있거나 졸고 있기 때문에 이 세계가 어떻게 돌아가는지 알 수 없다. 가엾고 무능한 신, 귀먹고 혀가 잘려 대답도 못하고 한마디 말도 하지 못하는 침묵하는 신, 인간의 고통에 얼굴을 돌리는, 인간의 억울함을 외면하는, 존재할 뿐 대답이 없는 신이다. 이렇게 민중의 고통에 침묵하는 신은 인간을 구원할 수 없다. 이러한 시에는 원망의 어조와 더불어 박남철의 「주기도문」과 같이 극단적인 냉소가 개입된다.

기독교 전래 이후 1970년대 후반까지 놀랄만한 교세의 성장을 이루었으며 사회운동에서도 적지 않은 역할을 하고 있었던 기독교였다.

그런데 1980년대 초반부터 위와 같은 신인식이 형성된 것은 당시 광주민중항쟁과 상당부분 연관된다. 무능하고 침묵하는 신인식의 배경에는 수많은 민중들이 죽어갔지만 신은 이에 대해 관여하지 않았고, 간절히 무사를 빌었던 이들을 구원하지 않고 죽음에 이르도록 내버려 두었으며, 심지어 악을 자행한 정권을 심판하지도 않는다는 분노에 기반한다. 하나님이 민중을 유기했다는 인식은 '폭력의 원인으로서의 신의 부재'이며, 하나님이 유기한 인간은 존재론적 수난[53]을 겪을 수밖에 없다. 이것은 1980년대 시에서 새로운 예수상을 발견하는 데로 나아간다.

최하층 민중 예수

1980년대 시인들이 성서나 교리를 읽는 독법은 민중인식을 바탕으로 하는데, 이는 강력한 사회비판성을 지닌 것이었다. 이들의 시에서 예수는 인간 예수, 민중예수, 투사예수라는 세 유형으로 형상화되는데 발전의 단계가 있는 것이 아니라 흩어져 있다. 기독교의 삼위일체 교리는 성부하나님 · 성자예수님 · 성령하나님이 하나라고 가르친다. 그러나 1980년대는 기독론, 즉 예수 그리스도에 대한 관심이 활성화되었던 시대로서 하나님과 예수가 아버지와 아들로 구분되어 인식되었다. 권위적인 정권과 동일시되는 하나님 혹은 무능한 하나님은 거부되고 비판당하지만, 인간을 이해하는 민중으로서의 인간 예수에 대한 탐구는 열을 더해갔다.

정권에 대한 분노와 실망은 예수로부터 하나님을 제거하는데, 아래 인용한 황지우의 시에서는 성모와 성자뿐 아버지 하나님은 누락되었

53 권성훈, 「고정희 종교시의 폭력적 이미지 연구」, 『종교문화연구』 21, 2013, 273.

으며 김정환의 시에서 예수는 “애비 없는 자식”이다.

> 예수는 예루살렘의 더러운 말구유 속에 (…)
> 가난한 마리아의 꿈속으로 간다
>
> — 김진경, 「우리 시대의 예수」

> 성모와 성자와 목수,
> 하루 연탄 두 장과 쌀 여섯 홉을 배급받는 이 성가족
>
> — 황지우, 「92」

> 나는 지금도 어느 여관방에서 애비 없는 자식으로 태어나고 (…)
> 가난한 시골집에서도 태어납니다
>
> — 김정환, 「탄생의 서」

위의 시들은 예수가 연탄과 쌀을 배급받는 최하위 계층이며 가난한 목수의 아들이며, 애비 없는 자식, 가난한 시골집이나 더러운 말구유에서 태어났다는 데 강조점을 둔다. 예수가 태어나는 공간은 ‘성스러운’이나 ‘고귀한’과 같은 형용사 대신 “더러운”, “가난한”의 수식어가 붙어 가난한 민중으로서의 예수가 강조된다. 성모도 ‘순결한’이 아닌 “가난한 마리아”이다. 예수는 최하층 민중이기에 민중의 동지가 될 수 있었다.

민중이 곧 예수라는, 즉 민중이 신이라는 인식은 민중을 신처럼 여기고 섬겨야 한다는 의미이다. 역사적으로 민중은 섬김의 대상이 아니라 착취당하는 대상이었으며 항상 민중보다 우위에 놓인 것들이 더 많았다.

사람이 한울이며 민중이 바로 한울님이다. 천대받는 민중이 바로 가장 고상한 한울님이요 참 생명

— 김지하, 「나는 밥이다」

위 시에서 김지하는 천대받는 민중이 하늘이며 참 생명이라고 말한다. "가장"과 "참"이라는 부사를 사용하여 인간 삶에서 가장 중요한 것은 민중이라는 것을 강조한다. 이를 삼단논법으로 확대시켜 보면 역사와 세상을 이끌어가는 중요한 동력은 민중, 세계를 이끌어가는 것이 신, 고로 민중이 신이라는 성찰이다. '참 생명'의 대립어는 '거짓 생명'이다. 참 생명이 민중이라면 거짓 생명은 반민중적 인물들과 인식이다. 그렇기에 십자가에는 '민중'이 매달리고 민중이 세상의 십자가를 진다.

날마다 십자가에는
낯모르는 사내들이 매달렸다 내려왔다

— 정호승, 「봄편지」

이 시기 민중시는 예수의 고난과 수난, 피흘림과 창에 찔림 같은 사건에 집중하면서 십자가는 민중의 고통과 수난으로 의미가 변주된다. '나의 십자가'는 민중의 해방을 위해 감수해야 할 고통이라는 의미와 같았다.

나는 문득 예수의 이름 위에
너의 얼굴을 겹쳐 놓는다
나이 어울리지 않게 깊이 패인 주름과
움푹 패인 뺨

식민지의 빈민가에 태어나지 않았다면
예수는 결코 그 많은 것을 이해하지 못했으리라
너도 곧 알게 되겠지
학교는 노동하는 마리아의 아들을 위해
아무것도 해주지 않는다는 것을
그리고 너는 공장에서 묵묵히
빵을 위한 십자가를 질 것이다.
깨끗한 분노가 이 세상을 덮을 때까지
식민지의 빈민가에서 태어난 예수들은

— 김진경, 「김병호」

김진경의 시 「김병호」에서 학교는 식민지의 빈민가에서 태어나 노동하는 마리아의 아들을 위해 아무것도 해주지 않는다. 학교 교육은 인간을 구원하지 못했고, 김병호는 학교를 그만두고 공장에 들어간다. '십자가'는 빵을 얻기 위해 일하는 노동이다. 이들이 마리아의 아들 예수이며 이들의 깨끗한 분노가 이 세상을 덮고 새로운 세상을 만들기를 소망한다. 가난한 노동자로서의 예수는 당시 급성장하면서도 소외층을 돌보지 않는 교회를 비판하기 위함이었다.

인간 예수

정호승(1950~)은 권위주의 정권을 비판하기 위해 예수의 신성과 권위를 재고하고 인간적이고 서민적인 예수의 모습, 민중의 친구이신 인간 예수를 그렸다. 정호승의 「서울의 예수」는 당시 사람들에게 회자되었던 시이다. 이 시를 쓴 배경에 대해 정호승은 "「서울의 예수」는 1979년 말에 썼지요. 당시는 현대사의 질곡이 깊었지요. 박정희 대통령 시해 사건과 같은 시대적 배경이 그 시에는 보이지 않게 숨어 있지요 (…) 당시엔 내가 여의도의 한 잡지사에 다니고 있었기에 '한강에서 낚시하는 예수'라는 시상을 떠올릴 수 있었지요."라고 말한다. 예수는 목수였기 때문에 낚시하는 예수는 흔하지 않은 비유였다. 「서울의 예수」는 시대가 원하는, 시인이 원하는 예수의 모습을 그린다. 시가 길기 때문에 한 연씩 보려 한다.

> 1 예수가 낚시대를 드리우고 한강에 앉아있다 강변에 모닥불을
> 피워 놓고 예수가 젖은 옷을 말리고 있다 들풀들이 날마다
> 인간의 칼에 찔려 쓰러지고 풀의 꽃과 같은 인간의 꽃 한 송이
> 피었다 지는데, 인간이 아름다워지는 것을 보기 위하여, 예수가
> 겨울비에 젖으며 서대문 구치소 담벼락에 기대어 울고 있다
>
> — 정호승, 「서울의 예수」

예수는 부활하신 후 고기 잡으러 간 베드로가 허탕을 치고 돌아올 때까지 기다리고 계시다가 피곤한 베드로에게 먹을 것을 주셨다. 베드로의 무너지고 지친 마음이 예수로 인해 회복되었을 것이다. 이천 년 전에 제자들을 기다렸던 예수가 모닥불을 피우고 강가에 앉아 풀의 꽃 같이 나약한 인간, 억압과 압제에 쓰러진 사람들을 기다린다. 인간이 아름다운 것은 인간다울 때이다. 그러나 비인간적인 정권과 사회는 인간이 인간답게 살지 못하게 한다. 이에 저항했던 인물들은 감옥에 갇혔다. 예수는 이들의 억울함을 안다. 죄 없는 혹은 정치범들을 가둔 서대문 구치소 담벼락에 기대어 그들을 불쌍히 여기며 눈물 흘린다.

> 2 술 취한 저녁 지평선 너머로 예수의 긴 그림자가 넘어간다
> 인생의 찬밥 한 그릇 얻어먹은 예수의 등 뒤로 재빨리 초승달

하나 떠오른다 고통 속에 넘치는 평화, 눈물 속에 그리운 자유가
있었을까 서울의 빵과 사랑과, 서울의 빵과 눈물을 생각하며
예수가 홀로 담배를 피운다 사랑의 이슬로 사라지는 사람을 보며,
사람들이 모래를 씹으며 잠드는 밤 낙엽들을 떠나기 위하여
서울에 잠시 머물고, 예수는 절망의 끝으로 걸어간다

— 정호승, 「서울의 예수」

하루의 긴 노동 끝에 취한 걸음으로 집을 향한다. 찬밥처럼 외면당하는 서울 사람들은 고통스러워 눈물을 흘린다. 먹을 것과 따뜻한 마음만 있어도 인간은 행복할 것이지만 빵과 사랑이 결핍된 사람들은 눈물과 모래를 씹으며 잠든다. 하나님은 사랑이시다. 사랑이신 예수가 사랑 없는 사람들의 고통을 안타까워한다. 예수는 담배를 피우며 술 취해서 비틀거리는, 쓸쓸하고 절망감에 사로잡힌 서민과 겹쳐진다. 예수는 서울에서 잠시 머물다가 다른 곳을 돌아보기 위해 떠난다.

3 목이 마르다 서울이 잠들기 전에 인간의 꿈이 먼저 잠들어
목이 마르다 등불을 들고 걷는 자는 어디 있느냐 서울의 들길은
보이지 않고, 밤마다 잿더미에 주저앉아서 겉옷만 찢으며 우는 자여
총소리가 들리고 눈이 내리더니, 사랑과 믿음의 깊이 사이로 첫눈이
내리더니, 서울에서 잡힌 돌 하나, 그 어디 던질 데가 없도다
그리운 사람 다시 그리운 그대들은 나와 함께 술잔을 들라
눈 내리는 서울의 밤하늘 어디에도 내 잠시 머리 둘 곳이 없나니,
그대들은 나와 함께 술잔을 들고 어둠 속으로 이 세상 칼끝을
피해 가다가, 가슴으로 칼끝에 쓰러진 그대들은 눈 그친 서울 밤의
눈길을 걸어가라 아직 악인의 등불은 꺼지지 않고, 서울의 새벽에
귀를 기울이는 고요한 인간의 귀는 풀잎에 젖어 목이 마르다

인간이 잠들기 전에 서울의 꿈이 먼저 잠이 들어 아, 목이 마르다

— 정호승, 「서울의 예수」

위의 부분은 예수님이 십자가상에서 말한 일곱 마디 중 하나인 '목이 마르다'를 소재로 한다. 예수가 목이 마른 이유는 사람들이 불쌍하기 때문이다. 세상의 칼끝을 피하다가 쓰러진 그들은 꿈(희망) 없이 잠이 든다. 이천 년 전의 예수도 현대의 민중도 서울 하늘 아래 어디에 머리 둘 곳이 없다. 어두운 세상에 등불을 들고 걷는 이, 잿더미에 앉아서 겉옷을 찢으며 외치는 선지자 같은 이들이 있지만, 악인의 등불은 꺼지지 않는다.

4 사람의 잔을 마시고 싶다 추억이 아름다운 사람을 만나,
소주잔을 나누며 눈물의 빈대떡을 나눠 먹고 싶다
꽃잎 하나 칼처럼 떨어지는 봄날에
풀잎을 스치는 사람의 옷자락 소리를 들으며,
마음의 나라보다 사람의 나라에 살고 싶다
새벽마다 사람의 등불이 꺼지지 않도록 서울의 등잔에 홀로 불을 켜고
가난한 사람의 창에 기대어 서울의 그리움을 그리워하고 싶다

— 정호승, 「서울의 예수」

소주잔을 나누며 빈대떡을 나눠 먹는 서민들, 가난한 사람들의 창에 기대어 그들의 아픔에 귀를 기울이는 예수, 예수는 이들과 함께한다. 예수는 해방자나 구원자가 아니라 일상에 지친 서민이다. 그렇기 때문에 그들을 이해하고 사랑할 수 있었다. 민중시인들은 천국이 저곳이 아니라 이곳, 즉 현실에 있다고 본다. 정호승 역시 천국은 어디에 있는가라는 질문에 '우리의 마음'에 있다는 일반적이고 관념적인

답 대신 '사람의 나라', 즉 인간답게 사는 그곳이 천국이라고 한다. 현실 너머 다른 세계로서의 천국을 동경하지 않는다.

> 나를 섬기는 자는 슬프고, 나를 슬퍼하는 자는 슬프다
> 나를 위하여 기뻐하는 자는 슬프고, 나를 위하여 슬퍼하는 자는
> 더욱 슬프다 나는 내 이웃을 위하여 괴로워하지 않았고,
> 가난한 자의 별들을 바라보지 않았나니, 내 이름을 간절히 부르는
> 자들은 불행하고, 내 이름을 간절히 사랑하는 자들은 더욱 불행하다
>
> — 정호승, 「서울의 예수」

서울의 시민은 슬프고 불행하다. 애통하는 자는 복이 있다고 배웠지만 우리는 이웃들을 위하여 괴로워하지 않고, 가난한 자들을 돌아보지 않는다. 그러나 예수는 자신이 그렇지 못했다고 고백함으로 우리를 부끄럽게 만든다. 예수의 아내가 창녀였다고 하는 다음 시는 일견 불경하지만, 시인의 의도는 "예수는 이 세상에서 가장 누추한 곳, 엄습한 곳, 타락한 곳에 재림할 것 (…) 또한 그런 곳에 거할 것 (…) 매음과 간음이, 성추행과 성폭행이 행해지는 부정한 곳이라 하여 예수가 외면하지 않을 테고, 외면하지도 말아야 한다는 생각이 이 시를 쓰게 했다."고 말한다.

> 나는 어젯밤 예수의 아내와 함께 여관잠을 잤다 (…)
> 예수가 죽을 때 당신은 어디에 있었느냐고 물었다
> 그녀는 말없이 먹다 남은 김밥을 먹었다
> 친구를 위하여 내 목숨을 버릴 수 없는 나는
> 아무래도 예수보다 더 오래 살 것 같아 미안했다 (하략)
>
> — 정호승, 「가을 일기」

마리아가 창녀이든 아니든 중요한 것이 아니다. 예수는 사랑하는 마음으로 어디에든 찾아 왔을 것이다. 그는 친구를 위하여 목숨을 버리기 때문이다. 그러나 우리는 그렇게 하지 못한다. 여기에서 예수의 사랑실천은 위상이 높아진다. 이처럼 정호승의 시에서 예수는 매력적인 존재이다.

투사 예수

민중시인들은 예수가 십자가에 박제품처럼 박혀 있지 않고 민중의 자리에 있어야 한다고 주장한다. 이 같은 인식을 보여주는 김지하(1941~)의 희곡『금관의 예수』에는 변두리 성당을 배경으로 교인이 헌금을 내느냐 안 내느냐만 관심을 가진 신부, 그와 대립을 보이는 수녀, 그 외에 거지, 문둥이, 창녀, 건설회사 사장, 순경, 대학생 등이 등장한다.

곧 개발되고 허물어지는 사창가가 있는 광장 한가운데 시멘트로 만들어진 예수상이 있다. 배때기 사장은 구걸하는 거지와 문둥이에게 욕을 한다. 문둥이가 무심결에 예수상을 올려다보다가 화가 치민다. 그는 한때 예수를 믿었다. 성경에 보면 예수는 죄인과 여자와 병자의 친구인데, 현실의 예수는 부자와 남자와 건강한 사람들의 친구처럼 보인다. 문둥이는 예수를 팔아서 잘 먹고 잘살려는 예수쟁이들을 욕하다가 예수상 밑에 토하고 쓰러진다. 예수상이 눈물을 흘린다. 문둥이가 예수의 머리에 올려 있는 금관을 팔아볼까 하는 생각으로 금관을 벗기자 예수상이 입을 연다.

예수는 자신을 시멘트의 감옥에 가둔 이들은 가난한 사람들의 굶주림을 외면하고, 박해받는 사람들의 고통스러운 외침에 귀를 막는 바리새인들이라고 한다. 문둥이가 "예수님, 어찌하면 예수님이 해방될 수 있습니까? 다시 살아나실 수 있습니까? 어찌하면 다시 살아나 저희들에게 오실 수 있겠습니까?"라고 묻자 예수는 이렇게 대답한다.

> 눈앞의 모든 백성들이 겪고 있는 비참한 불행을 외면하고 저 혼자서만 천국에 들어가려는 자, 의롭지 못한 자, 불의를 보고도 항거하지 않고, 불의에 몸을 굽히는 의롭지 못한 자는 안 된다. 권력을 가진 악의 무리가 죄 없는 백성을 괴롭히고 착취하고 기만하고 억압하는데도 항거해 싸우지 못하는 용기 없는 자는 안 된다. 기도만으로도 안 된다. 기도와 함께 행동하지 않으면 안 된다. 가난한 사람들을 위해, 억눌린 사람들을 위해 행동하는 사람
>
> — 김지하, 「금관의 예수」

이와 같은 사람만이 민중을 해방시킬 것이며 믿음과 의로움과 민중을 긍휼히 여기는 마음과 행동이 예수를 살릴 것이라 한다. 그 가운데서도 불의와 싸우는 행동하는 믿음에 방점을 둔다. 그리고 예수는 종교인들과 성직자와 재벌과 정치가가 자신을 십자가에 못 박았으니 민중인 "너희가 나를 구원해다오"라고 부탁한다. 그러나 이마저도 실패하고 예수는 다시 시멘트 속에 굳어버린다.

민중시인들은 이처럼 당대에 의미를 갖지 못하는 예수의 신화화를 비판하는데, 이는 민중과 민중의 해방을 위해 온 예수라는 '동시대적인 예수'[54] 해석으로 발전한다. 예수의 삶을 자신들의 투쟁과 같은 선상에서 이해한 다음 김정환의 시는 투쟁하는 예수와 현재 자신들의 반정부 투쟁을 교차 배열함으로 싸움의 역사적 의미를 확보한다.

---

54 차정식, 『한국현대시와 신학의 풍경』, 이레서원, 2008, 224.

너도 나도 만세소리에 일어서 가자
가자가자 피흘리며 곤두서 가자
아우성 속에서 싸이렌 속에서 누가 쓰러지고
쓰러지면 누군가가 다시 일어나
매맞아 터진 어깨로 부딪혀 가자
연기 속에서 이름도 모르는 피를 훔치며
호루라기 속에서 힘없어 원통한 붕대를 처매며 (…)
가자가자 저 창칼의 숲을 달려서 가자

— 김정환, 「입성」

위 시의 제목인 '입성'은 예수가 예루살렘으로 들어가는 종려주일 사건을 지칭하는 것이며 이 행위는 이스라엘 민중의 자유와 혁명을 암시하는 사건이었다. 예수는 예루살렘에서 성전을 숙청하는 행위로 무사안일과 타성에 젖어 있던 유대교를 비판하고 로마의 압제에 저항하면서 민중봉기 운동을 벌였다. 결국 교회지도자들의 증오를 사게 되고 체포된다. 위의 시는 이와 같은 2000년 전 사건을 배경으로 하고 있지만 1980년대 시위현장의 오브제들인 '싸이렌', '최루탄', '연기', '호루라기', '창칼의 숲' 등의 단어로 예수의 예루살렘 입성을 현대 거리에서의 투쟁으로 재현한다. 이 같은 교차배열은 투쟁가 예수와 1980년대 투쟁가들의 싸움을 동일한 것으로 수용하여 투쟁의 역사적 이념적 당위성을 정립하려는 시도이다.

시인들은 시를 '투쟁의 무기'로 인식했고 민중의 해방을 위해 조국의 민주화 제단에 투신한 투사들의 삶을 예수에 투사(投射)해서 노래한다. 이는 신화 속의 사실인 구원과 해방이 바로 오늘의 것, '우리의 과제로 부활'했음[55]을 선포하는 것이었다. 그렇기에 예수의 체포는 1980년대 한국 상황에서 사회운동가들의 체포사건과 겹쳐지고, 다음 시에서 시인들의 투쟁 혹은 투옥 경험은 예수의 투옥과 연관된다.

> 예수는 (…) 강도나 강간 미수의 얼굴을 하고 있다
>
> — 김진경, 「우리 시대의 예수」

> 민들레로 떠도는 사람들을 위하여 드디어
> 칼 쓴 예수가 갈짓자로
> 걸어 들어오고 있다.
>
> — 고정희, 「디아스포라 - 슬픔에게」

독재하에서 인간은 구조 속의 일부로서 인간다운 삶을 영위하지 못하고 체포와 구금과 고문이 뒤따랐다. 예수는 인간답게 살지 못하는 사람들을 위해 싸웠고 투옥된다. 잡힌 예수는 고문을 받아 '갈짓자'로 비틀거리며 들어온다. 감옥에 갇힌 예수는 좁은 감방에서 시대의 어둠을 보고 느끼고 깨달았을 것이다.

시인들은 감옥 혹은 십자가형을 '평등'의 개념으로 풀어내는데, 다음 시는 예수가 다른 도적들과 함께 십자가에서 죽는 것이 평등이라고 본다.

> 우리들의 비음 섞인 비역, 무릎에 머리를 고이는 내외맺음도 맺음이지만
> 도대체 신경질, 쌍욕, 거짓말의 다툼부터
> 골통을 빠쇌 구타, 살인, 강간, 독신의 침 배앝음까지
> 미치게 그리운 거다, 통째로 삶을 사랑한다는
> 벌거벗은 몸짓이.

---

55 김흥규, 「이달의 시」, 『동아일보』 1987,2,25, 10.

다시 비싼 개부랄티 정력제를 상습 복용하는
여기말로 돈 많은 범털부터
시레기국 건더기조차 못 건져 먹는 찌그러진 개털까지 (…)
배부른 만큼이나 드문 설사, 아니면
귀찮도록 가볍게 긁을 잔 피부병이라도
같은 몸부림이고 싶은 거다.

— 김정환, 「칼잠예수」

법 앞의 평등은
모든 따뜻함을 위해서 사람다움을 위해서
예수와 도적의 똑같은 출발점이다

— 김진경, 「이천 원을 위한 변명」

위의 시에서 감옥은 범털부터 개털까지 육체의 질병과 고통도 같이 느끼며, 아픔과 긍휼의 감정을 공유하는 평등의 공간이다. 1980년대 인식에 의하면 예수의 죽음은 하나님이 요구하신 것이라기보다 예수의 거리끼는 메시지와 사역의 결과로 초래된 것[56]이다. 로마인들에게 십자가형은 노예들과 형사 범죄자들과 테러범들에 대한 보통의 사형 수단[57]이었고 예수는 민중혁명을 일으켜서 체포되고 처형당했으며, 십자가는 정치투쟁으로 인한 형벌이었다. 그렇다면 십자가에 매달린 도적은 로마의 전제에 투쟁한 정치범이었을 가능성이 크다. 정치범인 예수와 정치범인 도적이 함께 십자가에 못 박히는 것, 나아가 인류의 구원자와 민중이 함께 매달리는 것, 위의 시에서 김진경은 이것을 법

56 다니엘 L, 밀리오리, 『기독교 조직신학 개론』, 신옥수, 백충현 역, 새물결플러스, 2012, 342.

57 J,I 패커 외, 『지성인을 위한 신앙지침서』, 주욱중 역, 서울: 크리스찬 다이어리, 2000, 122.

앞의 평등으로 해석한다. 그리고 예수와 도적은 따뜻한 세상과 사람답게 사는 세상을 위해 싸우다 죽었기 때문에 법은 평등한 것이라는, 일견 모순적 사유를 통해 1980년대의 법이 지배자와 피지배 계층에게 평등하게 적용되지 않았다는 것을 반어적으로 비판한다.

다음 시에서는 예수의 죽음이 자유를 얻기 위한 저항의 결과이며 이것이 현재의 의미임을 말한다.

우리를 다시 한번 진실과 피의 관계에 대해서
그대가 죽음으로 증거한 것은 이 시대의 보이지 않는 속박
그대의 죽음으로 우리는 좀 더 사람다워지기 위한
완전한 자유의 상징인 것처럼

— 김정환, 「다시 쓰는 추도시」

위의 시는 예수의 죽음이 인간들에게 '속박'을 깨닫게 하기 위한 것이라고 본다. 예수의 죽음으로 사람다워지기 위한 방법이 사랑이라는 것, 그리고 인간답게 산다는 것이 무엇인가 생각하는 기회를 가지게 되었다는 것이다. 이 과정에서 예수의 죽음은 필연적이었다. 모순과 거짓을 밝혀내는 것이 진실이고 이 과정에서 피흘림은 피할 수 없다. 예수의 죽음은 인간들에게 자신들의 속박을 인식시키고 이것은 싸움의 현장으로 나가게 하는 거름이 된다.

지상에 현실할 천국과 새로운 신

인간적 예수관은 내세 해석에도 변화를 가져온다. 기독교에서 천국은 사후에 가는 곳으로, 하나님이 "모든 눈물을 그 눈에서 닦아 주시니 다시는 사망이 없고 애통하는 것이나 곡하는 것이나 아픈 것이

다시 있지 아니하"(요한계시록 21:4)는 곳이다. 애통과 울음과 아픔은 이 세상에서의 고난과 슬픔이다. 민중은 애통과 울음과 아픔이 없는 천국을 희구하지만, 1980년대 상황에서 기독교적 낙원을 회복하는 것이 불가능함을 알게 된다.

다음 『황색예수』의 후기인 인용문에서 김정환은 천국을 지향하는 것은 반민중적이며, 교회에는 구원이 없다고 선언한다.

> 이 글은 우상화된 예수, 우상화된 개인적 고통에 대한 고발이며, 잘못된 성(聖)－속(俗)의 이분법적 개념규정에 대한 수정작업이며, 현세기복적 재벌 종교의 반민중성, 미래지향적 구원종교의 관제적 반역사성에 대한 규탄이다. 그리고 가난한 민중들의 공동체 속에서, 쫓겨난 오늘의 예수를 확인하고, 이루어지지 않은 미래의 어렴풋한 모형을 찾으려는 '의미찾기'이다. 그것은 성서에 나타난 탄생, 사랑, 부활, 구원의 진정한 의미를 찾는 작업과 무관하지 않으리라 믿는다.
>
> — 김정환, 「후기」

김정환은 한국의 기독교를 재벌종교로 규정한다. 재벌이 이익을 위해 민중을 탄압하는 것처럼, 교회도 부자들의 헌금에만 관심이 있고, 재벌이 민중의 삶을 외면하듯 종교 역시 민중을 외면하기 때문에 '반민중적'이다. 이들은 "몇 푼짜리의 선심"(김진경, 「우리시대의 예수」)으로 내세를 약속한다. 현세의 복과 물질을 추구하는 것이 현세기복적 종교이다. 신도는 정성을 다하며 물질의 축복을 빌고 병이 낫기를 기도한다. 교회는 신도들에게 열심히 헌금하고 기도하면 부자가 되고 병이 낫는다면서 미혹하고 속박한다. 김정환은 현재의 고난을 인내하면 천국에 갈 것이라고 말하는 "미래지향적 구원종교의 관제적 반역사성"을 거부한다. 이는 정치권의 선성장 후분배의 이데올로기와 다를 바 없기 때문이다.

문병란은 다음 시에서 세속화된 교회에 예수는 없다고 선언한다.

호화찬란한 교회당
거기에 예수는 없다
은빛 비치는 벽장식의 거대한 십자가
거기에 예수는 없다
수 천만 원이 모이는 바구니 속의 헌금
거기에 예수는 없다
장엄하게 들리는 수 백 명 합창단의 찬송
거기에 예수는 없다 (…)
손발이 마비되고 눈이 먼 불구나
문득 거지가 되어 내미는 손 속에 있고 (…)
예수여, 당신은 의에 주리고 자유를 갈망하는
오늘의 뜨거운 목마름
한국 청년의 손을 묶은 쇠고랑 속에 있다
민주와 통일을 부르는 절규
두 번 다시 죽어야 하는 당신의 십자가에 있다
오! 아직도 옆구리에
피 멎지 않는 예수여
이 땅의 기나긴 고난이여.

— 문병란, 「예수가 계신 곳은」

위의 시에서 문병란은 자본의 논리에 속물화된 교회를 민중주의적 시각에서 비판한다. 호화찬란함, 은빛 거대한 십자가, 수천만 원의 헌금 바구니, 장엄한 수백 명 합창단으로 이루어진 교회는 정권의 하수인으로 전락해버렸다. 그리고 이러한 곳에 예수는 없다고, 구원이 없다고 선언한다. 대신 예수는 장애를 가진 이들, 거지, 자유와 민주 그리고 통일을 외치다 구속된 이들과 함께 있다.

종교는 반민중적 금권(재벌)과 정통성 없는 정권(관제)의 하수인으로 전락해버렸다. 이러한 곳에 "예수는 없다"고 선언한 시인들은 새로운 신관과 내세관을 시적으로 감당한다. 인간의 외침을 외면하는 신에게 기도하는 것은 무의미한 일이다. 그러기에 다음 시의 제목은 기도하지 않는다거나 빌지 않는다는 혹은 기도에 반대한다는 의미의 '반기도'이다.

아들아, 이제는 애원하지 말아라
우리들의 신은 우리들의 고독,
우리들의 신은 우리들의 분노
우리들의 신은 우리들의 고난,
우리들의 신은 우리들 속에 있나니 (…)
우리들의 신은 우리들의 눈물,
우리들의 신은 우리들의 사랑
우리들의 신은 우리들의 고향,
우리들의 신은 우리들 속에 있나니 (…)
대답이 없는 우리의 신,
눈멀고 귀멀은 그의 발 앞에 엎드려
아 신은 존재할 뿐
결코 대답하지 않는다.

— 문병란, 「반기도(反祈禱)」

문병란은 위 시에서 구차하게 부재한 신에게 애원하지 말라고 한다. 대신 인간 실존에 대한 고독, 사회와 민중 현실에 대한 분노, 민중들의 고난, 함께 투쟁하는 민중과 동지, 서로를 불쌍히 여기는 눈물과 사랑 그리고 인간의 근원이자 시원인 고향이 신이다. 1980년대 민중시의 신은 추구해야 하는 것, 고수해야 하는 신념, 공동체적 가치 등으로 대치[58]된다. 분노와 고난의식으로 투쟁하는 것이 신성한 것이며, 눈물과 사랑과 고향과 같이 소중한 것이 신이다. 종교는 인간을 구원할 수 없음을 선포하고, 신에게 기도하기보다 이러한 것들이 이루어지도록 발원해야 한다고 주장한다.

결국 신이 없기 때문에 신이 약속하는 내세도 없다. 대신 민중이 이끌어내는 새로운 세상이 바로 천국이다. 하늘나라는 세상의 고통을 외면하기 위해 제시된 피안의 세계가 아니라 투쟁함으로써 지상에 구현된다. 다음 시는 사람답게 사는 '사람의 나라', 투쟁 후에 쟁취한 세상, 민중이 가난과 억압에서 해방된 곳이 천국이라고 한다.

그리움이 많을수록 사랑함이 치열할수록
부활의 나라는 더욱 넓어지는 것이니라
그리움, 사랑, 이런 것들은 너희가 이 땅 위에서
가장 소중히 실천할 일이나
그것은 부활에 대한 예감일 뿐
이승의 차원과는 다른 것 이니라

— 김정환, 「사두개인들이 부활에 대한 질문에 답함」

---

58 비종교적 인간에게 있어서는 모든 생활체험—성행위, 식사, 노동, 유희 등 무엇이든—이 탈신성화 되고 말았다. 이것은 이 모든 생리적 행위가 정신적 의미를 빼앗겼고, 따라서 그것의 진정한 인간적인 차원을 상실하였다는 사실을 의미한다 (…) 산업사회의 기독교, 특히 지식인들의 기독교에 관해서 말하자면 그것은 중세기까지 지녔던 우주적 가치를 상실한 지 오래된다고 하겠다. (멀치아 엘리아데, 『성과 속-종교의 본질』, 이동하 역, 학민사, 1993, 148, 157.)

김정환은 민중에 대한 그리움과 사랑을 체현하면 부활의 나라로 들어갈 수 있는 문이 넓어질 것이라 한다. '부활의 나라'는 '부활한 민중이 사는 나라'이며 무게중심이 부활이 아니라 민중에 있다. 이는 볼 수 없는 천국보다 현재의 삶에서 민중이 함께 잘사는 물질적, 물리적 세계관에 기반한다. 이들에게 하늘나라는 '지상의 세계를 외면함으로써 지상의 원죄를 속죄함으로써 얻어지는 피안의 세계가 아니라 아픔과 분노와 원죄를 껴안고 지상에 뿌리를 내려 투쟁함으로써 지상에 현실할 미래며 역사의 전망'이다.

* * *

1980년대 시는 예수의 생애 중에서 특히 '고난모티브'에 집중한다. 인간예수가 십자가형이라는 극한적인 고통을 당하면서 죽어갔기 때문에 이 땅의 비극적 상황을 누구보다 잘 알고 있으리라는 신뢰 때문이었다. 그래서 예수를 신이 아닌 사람의 아들, 고난받는 자를 위해 산 사람, 고통받는 자의 친구, 구원자로서의 이미지를 일관되게 제시한다. 그리고 민중으로서의 예수, 민중의 고난을 상징하는 새로운 십자가, 사회적 모순이 사라진 세상이 천국이라는 내세관을 제시한다.

1980년대 시에서의 예수 담론은 사회운동에 적지 않은 영향을 미친다. 이들의 교회비판은 신학적 차원의 문제 제기가 아니었다. 기독교를 비판하고 있지만 궁극적 비판대상은 당대 사회와 역사였다. 이러한 시도의 기독교적 의의는 이것이 문학에서 시도되었다는 것, 인간적 신성이라는 현대 신학의 발전양상을 보여주었다는 것, 기독교 인식을 바탕으로 인간해방문학의 광맥을 형성하였다는 것, 성경을 배경으로 정치 현실과 노동 환경을 고발하고 역사적 비전을 제시했다는 것, 기독교 실존의식에 근거하여 인간성의 회복을 꿈꾸었다는 것, 기독교를 매개로 한 예술과 사회인식의 당대적 통합이라는 데 있다.

민중시의 부활 주체

한국 소설에서 부활사건만을 소재로 하거나 제목으로 한 작품은 거의 없는 편이다. 대부분 예수의 생애와 고난, 그리고 부활 전의 사건을 다루고 있으며 부활은 말미에 사족처럼 붙는다. 예수의 생애를 소설화 한다면 '예언-탄생-소년기-사역-죽음-부활'로 구성될 것이다. 여기에서 '부활'은 소설의 결말에 해당된다. 즉 예수님은 부활해서 하늘로 가셨기 때문에 더 이상 진행될 이야기가 없기 때문일 것이다. 그러나 시는 간략하게 부활신앙을 고백할 수 있고, 다른 해석으로 나아갈 수도 있다. 그래서 부활 소재가 소설에 비해 많은 편이다. 이러한 이유로 이 장에서는 '한국 시에 나타난 부활'을 살펴보고자 한다.

부활을 다룬 시는 크게 두 갈래로 나누어볼 수 있다. 첫째는 기독교 신앙을 가진 시인들의 시이다. 그들은 구원의 감격을 노래하고 자신도 그리스도처럼 부활할 것을 믿는다. 둘째는 상징으로서의 부활시로서 그리스도의 부활을 다양하게 해석한다. 여기에서는 상징으로서의 부활이 가장 특징적으로 나타난 부활을 소재로 한 민중시를 살펴보고자 한다.

민중시는 한국의 민주화운동 기간에 창작된 특수한 장르이다. 민중시에는 저항의식을 가진 사람이 쓴 시, 저항의식을 품고 있는 시, 민중의 삶을 소재로 한 시 등이 포함되기 때문에, 넓게는 저항시로 불러도 될 듯하다. 민중시 가운데 기독교와 연관된 시들은 예수의 생애나 사상이 배경이나 주제로 표출되기 때문에 부활과 연관되는데,

시대에 따라 의미가 변모한다.

이 어둡고 추운 땅에 다시 오시옵소서

신학을 전공한 고정희(1948~91)는 기독교 신앙을 바탕으로 교회와 사회를 비판한다. 아래에 소개할 시는 고정희의 등단작으로서 시작(詩作) 활동 초기부터 부활의 의미에 천착하고 있었음을 알 수 있다.

우리들의 신하는 더 더 밀폐된 숲으로 들어가 (…)
피로 물드는 제국을 가꾸는가 싶더니 (…)
네 부정의 손가락 사이마다 (…)
떨고 있는 혼의 무리
침범된 입술의 가장자리에
우리들의 신하는 죽은 신의 부활을
묻고 또 묻으면서 억울한 슬픔으로 죽어간
진리를 바람에 훠 훠 날린다 (…)
어두운 그늘과 추운 거리를 배회하며
보리떡 다섯 개 물고기 두 마리로
충만한 배부름을 나누던 그 흰 손은
어디로 갔느냐

— 고정희, 「부활 그 이후」

위 시의 제목은 「부활 그 이후」이다. 그리스도가 부활한 후 어떤 변화가 있었는지에 대한 질문의 답이다. 예수의 죽음과 부활로도 세상은 바뀌지 않았다. 시가 쓰인 1975년은 박정희 정권의 독재가 극으로 치닫던 시기였다. 제국은 더 밀폐되었고 피로 물들어갔다. 민중은 독재자의 손짓 하나에 떨어야 했고, 입술은 침묵을 강요당했다. 정권의 하수인들은 부활하신 예수를 다시 묻어버렸고 진리를 바람에 날려버렸다. 백성들은 어두운 그늘과 추운 거리를 배회한다. 위 시는 이 모든 문제의 근원을 불신앙에 있다고 본다. 통치자들에게 부활신앙이 있다면 민중의 삶이 이렇지 않을 것이다.

가톨릭 신앙을 가지고 있는 정호승(1950~)은 부활절을 보내며 현실과 신앙의 관계를 생각한다. 암흑의 시대, 야근하는 청년은 결핵을 앓고, 사람들은 일자리를 찾아 고향을 떠나고, 어머니는 돌아가시고, 집배원은 쓰러지고, 사람들은 이혼하고, 처녀들은 인간보다 돈을 더 사랑하고, 목사는 교회 건축 공사장에서 죽고, 임신한 처녀는 자살하고, 구두 닦는 소년은 공안원에게 끌려가 매를 맞는다. 다양한 사람들이 여러 가지 이유로 힘들어하고 죽어간다. 세상이 왜 이럴까? 정호승은 그 이유를 믿음이 없기 때문이라고 말한다.

아무도 일곱 번씩 일흔 번을 용서하지 않았다
자기의 목숨을 잃지 않기 위하여 누구나
자기의 목숨을 사랑하지 않았다 질경이 꽃들이 시들고
물 위를 걸어가던 베드로가 다시 물에 빠졌다

— 정호승, 「부활절」

그리스도는 일곱 번씩 일흔 번을 용서하라고 했지만, 사람들은 아무도 용서하지 않고 목숨을 바쳐 사랑하지 않는다. 좀처럼 시들지 않는 질경이지만 사랑 없는 세상에서는 시들어버린다. 베드로는 예수를 보고 물 위를 걸었지만 다시 물에 빠져 허우적댄다. 믿음이 없기 때문이다. 마찬가지로 사람들이 그리스도를 진실로 믿으며, 그가 오시고 죽으시고 부활하신 의미를 깨달았다면 사회가 이렇게까지 되지 않았을 것이다. 그러면 어떻게 해야 할까? 부활절의 의미를 생각하는 정호승은 시 「봄밤」에서 "부활절 날 밤/ 겸손히 무릎을 꿇고/ 사람의 발보다/ 개미의 발을 씻긴다"라며 낮은 자세로 섬겨야 한다고 본다. 예수의 죽음과 부활은 사랑의 실천이었다. 이 의미를 아는 사람은 더 낮은 자리에서 개미 같은 이들을 섬겨야 할 것이다.

시 「겨울공화국」 낭독 사건으로 구속되어 옥고를 치른 양성우(1943~)의 다음 시는 제목이 「부활절 속가」이다. 속가(俗歌)란 양반들의 음풍농월적이며 정형적인 노래가 아닌, 서민의 심정과 상황을 자유로운 형식에 실어 부른 노래를 이른다. 따라서 이 시의 제목을 풀어 쓰면 '부활절에 부르는 민중의 노래'라는 의미일 것이다.

평생을 목마르고 창 끝에
찔리고
천만 번 나무 끝에
매달린 사람아

그대의 죽음을 아무도
죽음이라고 말하지 않고
그대의 무덤을 아무도
무덤이라고 말하지 않는다 (…)
아아, 그대가 지른 마지막
비명을
아무도 결코 비명이라고
말하지 않는다
왜냐하면 그대는 순간에 죽고
그렇지만 영원히

살아났기 때문이다 (…)
이렇게 되면 또 다시 그대여
흰 옷자락 날리며
목소리보다 더 뜨거운
몸으로 오라

— 양성우, 「부활절 속가」

생략된 시의 앞부분에서 민중은 쫓기고 있으며 슬픔에 잠겨 있다. 매서운 추위에 떨고 있는 그들은 봄을 기다리지만 겨울이 너무 길다. 그들은 이 땅에 그리스도가 다시 오시길 바란다. 그는 자신들처럼 창에 찔렸고, 사람들이 고난받을 때마다 다시 오셔서 천만 번을 나무 끝에 매달렸다. 그는 영원히 살아났기 때문에 지금 당하는 죽음과 무덤과 비명은 아무것도 아니다. 그가 오신다면 우리들의 슬픔과 아픔도 사라질 것이다. 그는 흰 옷자락을 휘날리며 다시 오실 것이다. 그리고 떨고 있는 이들을 뜨거운 사랑으로 녹여줄 것이다.

너의 죽음과 나의 부활

4·19 이후 싸움의 앞에 섰던 사람들은 죽음으로 맞섰다. 누구나 자신의 목숨을 귀하게 여길 것이다. 그런데 이들이 죽음을 두려워하지 않은 이유는 무엇일까. 한 알의 밀알이 죽어 많은 열매를 맺듯이, 자신의 죽음이 새로운 세계를 이끌어올 것이라는 믿음에 있었다. 이 말씀에 의지하여 그리스도의 사랑을 실천하는 사람들은 기꺼이 자신의 목숨을 버렸다.

문익환(1918~1994)은 부활절 아침 마리아의 슬픔을 묵상하다가 전태일의 죽음으로 나아간다.

빛은
무덤에서
새어 나온다 (…)
생명은
무덤에서
돋아난다

'평화시장'에서 시들어가는
아까운 꽃송이들을
사랑하다가 (…)
한 줌 재가 된 (…)
'전태일'의 꽃 같은 마음에
풀씨들은 울먹이며
더듬더듬
새 봄을 마련하는
곳

— 문익환, 「부활절 아침에」

부활한 그리스도의 빛을 무덤을 막고 있는 돌이 막지 못하듯 전태일의 죽음에서 생명이 나온다. 전태일은 평화시장의 어린 노동자들이 살인적인 환경에서 작업하는 것을 안타까워하였다. 노동법을 공부하고 노동청을 방문하고 대통령에게 편지도 썼으나 받아들여지지 않자, 1970년 11월 근로기준법 화형식에서 '근로기준법을 지켜라! 우리는 기계가 아니다.'며 분신하였다. 전태일의 죽음은 재야 지식인과 학생들에게 충격을 주었다. 전태일의 꽃 같은 마음에 꽃씨들이 울먹이며 새 봄을 마련하듯, 학생들은 노동의 현장으로 나아가 야학 등에서 노동자들과 함께 고민하였고, 1980년대 노동자 대투쟁의 불씨가 된다.

전태일의 분신 이후 많은 이들이 자신을 불태우고 뛰어내리고 죽어갔다. 민중시는 이들의 죽음이 대중을 '각성'하게 하였기 때문에 그들의 '넋이 부활한 것'이라 해석한다. 양성우는 「그대들의 부활」(1982)에서 "칠흑의 무덤 열고 지금쯤 동트는 산마루 넘어 넋만 살아 오는가 밀물처럼 오는가"라며 죽음으로 항거한 그들의 육체는 죽었지만 정신과 넋이 부활했다고 말한다. 그리고 문익환은 시 「전태일」(1978)에서 세상의 모든 것이 다 전태일이라고 한다. 전태일의 사랑과 개조의 정신이 온 세상의 사람과 행동, 동물과 식물에 깃들어 있다는 생각들은 보편적으로 수용된다. 그리고 그들의 넋이 '나'를 일어서게 하고, 이것은 나의 부활이라는 생각으로 나아간다.

민주화운동 시기 죽어간 학생들의 추모시를 전담하기도 한 김정환(1954~)은 시집 『황색예수전』(1983)을 '성년식', '행전', '부활'로 구성하였고 다음 시는 3부 '부활' 장에 속해 있다.

외마디 비명처럼 네가 치솟고
마침내 네가 쓰러지던, 그 기나긴 단식의 복도

너는 너 아닌 것들을 한 치도 구원하지 못한 것처럼 보이고
그러나 난 다시 일어서려 한다 (…)
난 다시 일어서려 한다

네가 쓰러진 그 자리에서
쓰러져 단지 거름으로 썩는
바로 그 자리에서

— 김정환, 「부활제」

위의 시는 마태복음 16장 말씀을 인용하고 있지만, 성경구절을 빼고 읽으면 구속되어 고문당하고 단식하고 분신으로 항거하는 투사의 모습을 보는 듯하다. 실제로 이 시는 1975년 유신철폐를 주장하며 할복 자결한 김상진을 추도하기 위해 김정환이 쓴 「다시 쓰는 추도시 – 김상진 열사에게」와 같은 시, 즉 제목을 달리한 같은 시이다. 투사를 추모한 시를 그리스도의 부활에 그대로 인용한 것이다. 이는 열사의 죽음은 그리스도의 죽음과 같다는 인식을 엿볼 수 있는 단서가 된다. 예수의 죽음에도 세상은 변한 것이 없어 보인다. 예수는 살아나지 않는다. "단지" 거름으로 썩을 뿐이다. 이것이 예수의 죽음이 가진 의미이다. 예수가 죽은 그 자리에서 예수의 사상을 행동으로 보여줄 내가 일어선다. 나는 결코 억압에 굴복하지 않을 것이다. 그것이 너의 부활이고 나의 부활이다.

우리의 부활과 부활하는 땅

앞에서 살펴 본 양성우의 1980년 시 「부활절 속가」는 오시기를 바라는 그대가 그리스도였지만, 1986년의 다음 시에서는 부활의 주체가 '우리'로 바뀐다.

> 우리는 살기 위하여 죽고 죽었다가 남몰래 살아난다 (…)
> 우리는 떳떳하게 죽기 위하여 살아왔다 죽음은 곧 삶이다 (…)
> 우리는 우리의 밥상을 지키기 위하여 (…)
> 모조리 무덤에서 일어서고, 껍질 앞에 알몸으로 맞선다 (…)
> 우리는 날마다 죽는다 그리고 다시 태어난다 (…)
> 거름이 되리라
>
> — 양성우, 「부활의 땅」

우리는 밥상을 지키기 위해 알몸으로 맞선다. 모순과 억압과 핍박이 사라진 세계가 우리의 생명보다 더 귀하기 때문에 죽는 것이 두렵지 않다. 우리의 죽음은 사회를 변혁시킬 것이다. '부활의 땅'이란 우리의 죽음으로 부활하게 될 새로운 세상이다.

독일을 동과 서로 나누던 장벽이 무너지자 한국은 세계에서 유일한 분단국가로 남았다. 1980년대 말 한국은 통일운동이 한창이었고, 공식·비공식적인 북한 방문이 빈번하던 시기였다. 고정희는 부활절을 보내며 생각한다.

그리스도는 (…)
고요히 엎드려 죽으신 채 (…)
죽음을 생명으로 바꾸라 (…)
혁명을 이루라 (…)

약속의 땅에 죽어계신 그리스도
군몰장병 묘지 (…)
휴전선 철조망 (…)
사일구 묘역 (…)
망월동 묘지 (…)
이웃의 신음 속에 죽어가는 그리스도는 (…)
침묵의 세월, 복종의 세월을 끝장내라 (…)
분단 (…)
지역 갈등 (…)
차별 (…)
분당 파당의 벽을 허물라 (…)
통일의 꽃씨 (…)

해방의 꽃을 예비하라 하십니다 (…)
거짓말 홍수 속에 익사하신 그리스도는
죽어도 죽지 않으신 채 (…)
죽음을 살림으로 바꿔달라 (…)
교회의 첨탑 속에 매장당한 그리스도는
부활절에도 부활하지 않으신 채 (…)
미사일을 비둘기로 살려내라 (…)
외치십니다

— 고정희, 「베를린 장벽이 무너지듯: 부활절에」

그리스도는 허술한 밥그릇과 빈약한 월급봉투와 투쟁의 행진 속에 엎드려 죽어 계신다. 군몰장병 묘지, 4·19 묘역, 망월동 같은 곳에 민주화와 조국을 위해 죽어간 이들이 묻힌 곳에 함께 계신다. 권세 잡은 자들의 거짓말이 그리스도를 익사시켰고, 부자들만의 교회가 그리스도를 매장했다. 그래서 예수는 죽어도 죽지 않으신 채, 부활절에도 부활하지 않으시고 부활시켜야 할 것들을 말씀하신다. 죽음을 생명으로, 총칼을 꽃으로 바꾸고, 분단의 벽, 지역갈등과 차별, 분당과 파당의 벽을 허물고, 통일과 해방의 꽃씨를 심고, 싸움을 평화로 부활시키라고 명령하신다. 그러면 희년과 같은 세상이 부활처럼 올 것이다.

도종환(1955~)은 다음 시에서 '아직까지 오시지 않는 그리스도'를 기다리며 부활절 예배보다는 싸움터로 발을 돌린다.

오늘은 햇빛 맑은 부활절이었습니다 (…)
그러나 저는 싸움터로 갔습니다 (…)
오지 않는 그분을 기다리며 (…)
눈물 없는 곳이 없는 이 땅에 (…)

최루탄 터지는 소리
끊이지 않을 이 땅에 부활은 정녕 언제 오는 것입니까
언제나 외롭고 가난하고 천대받는 이들과 함께 계시어
그들의 편에 서서 십자가를 마다하지 않으시던 당신을 따라
오늘도 많은 이들이 죽음의 언덕을 피눈물로 넘습니다
이 세상을 위해 아름다운 일을 하는 사람들을
도와주시리라 약속했던 당신의 말씀을 따라
오늘도 많은 이들이 피를 흘리며 끌려가고 있습니다
그러나 언제쯤 우리 모두의 부활은 이 땅에 새로이 오는 것입니까

— 도종환, 「다시 부활을 기다리며」

예수가 부활하였어도 방 한 칸 구하지 못하는, 농사짓다 한숨짓는, 일터에서 쫓겨나 굶주린 이들이 있다. 이들과 함께 최루탄에 쫓기며 싸운다. 이들을 보면 마음이 아파 기도할 수 없다. 예수는 외롭고 가난하고 천대받는 이들과 함께하셨고 그들을 위해 십자가를 지셨다. 예수의 말씀을 실천하는 이들은 죽음의 언덕을 넘고, 피를 흘리며 끌려간다. 이러한 현실에 시의 화자는 "이 땅에 부활은 언제 오는 것인가" 질문한다. 부활은 핍박당하고 억눌린 자가 회복된 세계이다.

* * *

민중시의 어조에 의하면 이 세상의 모순은 부활신앙과 실천하는 신앙이 없기 때문이다. 그래서 부활은 2000년 전의 사건으로 끝난 것이 아니며 이 암울하고 척박한 땅에 예수가 다시 오셔야 한다. 그리스도의 사랑과 죽음은 투사의 실천적 죽음으로 맺혔다. 이들의 넋과 정신이 부활하여 남은 자들을 일깨웠고, 그 죽음을 헛되지 않게 하기 위해

나와 우리가 투쟁으로 나아간다. 우리는 죽음을 두려워하지 않고 싸울 것이다. 우리의 죽음은 세상의 변화라는 열매를 맺을 것이기 때문이다. 그 이후에는 억압과 모순이 사라진 새로운 세상이 부활할 것이다.

부활의 주체가 그리스도-투사-나-세상으로 변해가는 것을 알 수 있다. 이는 저항의 주체가 기독교인-학생-노동자-여성, 사무직, 생태운동 등으로 확산되고, 결국 세상의 변화를 이끌어냈던 당시 민중운동의 변화와 궤를 같이한다. 후반으로 갈수록 기독교와는 다른 노선을 걷는 것처럼 보인다. 그러나 민주화와 저항의 근원이 기독교였다는 사실은 21세기의 초반을 살아가고 있는 우리에게 사회 내에서의 교회와 성도의 역할을 고민하게 한다.

신학생들의 자아정체성 투쟁

한국 대부분의 대학교에서는 매해 한 권 내지 두 권의 교지를 발간하기 때문에 교지를 통사적으로 살펴보면 시대에 따라 변화하는 특성을 발견할 수 있다. 예로 들면 1950~1960년대 교지는 학교 대표지로서의 성격을 갖고 있었고 학생들은 교지를 통해 자유로운 사상을 전개하였다. 1970년대 이후 청년 대학생들의 문화가 형성되었을 때, 교지는 교양이나 성문제 등 당대의 유행과 문화 혹은 언어 사조를 반영하였다. 1980년대 이후 학생운동이 활발해지자 학생운동진영은 교지를 정치적이자 이념적 노선을 표방하는 선전 매체로 활용한다. 이에 따라 1950년대부터 지속적으로 보여주었던 서클이나 취업 등의 주제는 1980년대 중반 이후 거의 사라지고, 대부분의 담론이 운동화(運動化)되고 변혁운동의 시각으로 사회문화를 바라본다.

변혁운동 시기에 교지는 진보적인 학생들이 주도해서 발간하는 경우가 많았으며 신학교도 비슷한 경향을 보인다. 교지는 운동매체로서의 성격을 가지고 있었기 때문에 논의가 반정부적이었다. 따라서 기성잡지와 마찬가지로 검열에 의해 글이 삭제되기도 했다. 예를 들면 『봉림문화』 8(창원대학, 1987)에 실린 글 「한국정부와 미제유착의 역사」 중 '미군정하의 반미운동' 부분이 34쪽에서 40쪽까지 삭제되어 있으며, 빈 페이지에는 "본 논문은 지도교수 한 분에 의해 검열 · 삭제되었습니다. 아픔은 드러낼 때 빨리 치유될 수 있기에 부끄러움을 무릅쓰고 그대로 여러분께 내보입니다."라는 안내 글이 있다. 신학교 교지라고 예외일 수는 없었다. 감리교신학대학에서 발간된 교지 『냉천』 2(1985)에 실린 「열려진 대학사회를 위하여(권두언)」와 「실천하는 양심으로 선도적 지성인임을 확인하자(발간사)」 두 글에는 검은 표시로 삭제된 부분이 있다.

이 글에서는 학생운동이 가열화되고 역사변혁의 중심으로 학생운동세력이 넓어져 가던 1970~1980년대 신학교에서 발간된 교지에 나타난 신학생들은 어떤 인식을 보이는지 특히 학생이자 청년이면서 신학생인 그들이 모색했던 자아청체성은 어떠한지 살펴보고자 한다.

교지 텍스트의 중요성이 부족했던 시기이기 때문에 연구 텍스트로 선정된 1970년대 교지는 122권, 1980년대 교지는 85권이다. 이 가운데 신학교에서 발간한 교지로 구교에서는 대건신학대학교, 개신교에서는 감리교(감리교신학대학), 성결교(성결교신학대학), 장로교(고신대학, 장로회신학대학, 한국신학대학, 호남신학대학), 침례교(침례교신학대학), 대한기독교신학교에서 발간된 교지를 선택하였으며, 신학생들이 창작한 문학(시, 소설, 수필)을 중심으로 고찰하였다.

예언자로서의 자아정체성

신학생들의 예언자 논의로 들어가기에 앞서 학생운동의 전개 과정을 간략히 보기로 한다. 1970년대의 학생운동은 1980년대에 비해 낭만적 사회운동이라는 평가를 받는다. 함석헌과 같은 민중 사상가에게 영향을 받은 학생들은 민중과 민족에 대해 진지한 관심을 가졌으며, 노동자와 농촌문제에 대한 연구, 우리 문화의 뿌리를 찾아 재창조하려는 "문화적 작업"[59]을 주로 하였다. 이 시기 신학생들도 감정적 차

---

59 임춘식, 「1970년대의 사회상황과 학생운동」, 『한국민주시민교육학회보』 6, 2001, 31.

원에서 농촌, 농민, 노동자의 경제(가난)에 관심을 보인다.

학생들의 저항운동은 1980년 5·18을 기점으로 분명한 이념과 노선을 가지고 "정치권력을 대체"[60]하고자 하였다. 1985년 상반기까지는 광의적 관점에서 마르크스주의의 맥락에 서 있는 이론들에 의존한다. 이에 따라 당시 서클이나 학회를 중심으로 한 학생운동권에서는 정치경제학, 유물론적 역사인식, 소련이나 중국 등의 사회주의 건설과정 학습이 보편적으로 이루어진다.

1980년대 중반 이후 학생들은 마르크스-레닌 혹은 주체사상으로 운동을 과학화하고, 운동의 조직화를 통하여 3민(민주, 민중, 민족)을 핵심어로 하여 자신들을 '정의' 혹은 '선'으로, 독재정권을 '부정의' 혹은 '악'으로 규정한다. 그리고 '혁명가'로서의 자아정체성을 확고히 한다. 학생운동은 반미와 통일운동 등으로 대중의 지지를 받게 되고 1987년 6·10 민중항쟁이라는 결과를 가져온다.

학생운동가들은 민주화라는 최종 목표를 세우고 자신들의 활동을 정치, 경제, 구조적으로 모순된 사회를 변혁시키는 '운동'으로 파악한다. 독재치하인 현 사회는 모순으로 점철되어 있기 때문에 사회를 변혁시켜 민주화를 성취해야 한다는 것이다. 1985년부터 운동권이라는 용어가 등장[61]하고, 운동가학생들은 자신들을 선봉에선 투사 혹은 전사로 생각한다. 이는 당시 학생들의 저항가요(민중가요) 「임을 위한 행진곡」의 "앞서서 나가니 산 자여 따르라"나 「선봉에 서서」와 같은 제목에서도 드러난다. 학생운동가들은 "민중을 계발해야 하며 그들을 각성시키고 그들의 활력의 진격방향을 가르쳐주어야 한다"[62]는 "사회적 엘리트의식"[63]을 가졌다. 이렇게 선봉에 서서 나가고자 했던 학생

---

60 이수인, 「행위복합성과 의도하지 않은 결과」, 『한국사회학』 42-7, 2008, 33.
61 황광우, 『잎새에 이는 바람에도 나는 괴로워했다』, 거름, 1992, 10.
62 김지하, 『풍자냐 자살이냐, 타는 목마름』, 창작과 비평사, 1982, 151.

들은 자신을 운동가, 활동가, 혁명가로 표현[64]했는데 시간이 지날수록 혁명가로서의 자아정체성 인식을 확고히 한다.

세속학생운동가들이 혁명가로서의 자아정체성을 가졌다면 1970년대에서 80년대 신학생들은 예언자를 이상적 자아로 규정하고, 예언자로서의 사명을 감당하는 자가 되어야 한다고 주장한다. 성경에서 예언자들은 "왕이 정치적 · 종교적 정도(正道)를 벗어났을 때"[65], "공동체가 윤리적인 죄악을 범했을 때 멸망을 선포"[66]했다. W. 브루지만에 의하면 예언자란 왕들이 질서 지은 세계에 도전하는 자, 왕들에 의해 현실로 치부된 세계는 사실과 다르다는 점을 가르치는 자라고 한다. 그리고 우리들은 거짓말을 배워왔고, 이 거짓말을 믿게 된 것은 무력과 언론을 손아귀에 쥔 사람들이 세계는 이런 것이라고 우리들에게 말해주었기 때문이라는 사실을 밝혀주는 자[67]라고 정의한다. 즉 예언자란 권세를 잡은 자가 잘못했을 때 그를 비판하고, 정권에 의해 민중이 미혹되었을 때 민중을 깨우치는 역할을 하였다.

1984년 장로회신학대학에서 발간한 『장신』 24권의 특집은 "예언자"이다. 하위분류로 「예언자 의식이란」, 「이상과 현실의 대립구조로서의 예언자 정신과 선비정신」, 「예언자의 삶과 사상」, 「예언자의 역사의식과 책임의식」, 「예언자의 사회의식」 다섯 편의 글이 실려 있는데 저자는 모두 신학교 3학년 학생들이다. 예언자 특집의 일부분 글을

---

63 백낙청, 「새로운 창작과 비평의 자세」, 『창작과 비평』 1966 겨울, 23.

64 김진명, 「언어 의미체계의 분석을 통해서 본 대학생 저항문화」, 『현상과 인식』 43, 1998, 124.

65 윤동녕, 「고대근동과 이스라엘의 예언에 나타난 왕과 예언자의 관계연구 – 신앗시리아의 예언과 나단의 예언(삼하7:4~17)을 중심으로」, 『장신논단』 44-4, 2012, 52.

66 배정훈, 「성전 멸망을 선포한 예언자 – 예레미야와 예수」, 『장신논단』 47-1, 2015, 50쪽 참조.

67 W. 브루지만, 김쾌상 역, 『예언자적 상상력』, 대한기독교출판사, 1985, 100.

살펴보면, 김주범은 「예언자 의식이란」에서 1970년대 초 정치바람이 거셀 때 신학자들은 예언자라는 단어에 관심을 가지게 되었다고 전제한다. 예언자 인식이 1980년대 갑자기 부각한 것이 아님을 알 수 있다.

> 정치적 압박과 타협에 대해서 교회는 예언자 의식을 가져야 한다. (…) 위정자와 지도자들이 국민을 억압하고 인권과 인간성을 무시하며, 권력의 유지를 위해 무고한 백성의 피를 흘리고, 탄압한다면 (…) 예언자 된 자는 마땅히 말씀을 기초로 한 오늘의 말씀으로서 그들을 비난하고 비판하면서, 하나님의 말씀을 경청하도록 (…) 나아갈 길을 제시 (…) 권력에 아부하는 거짓 지도자들을 경책 (…) 사회가 부패하고 부정이 횡행하는 것을 비판 (…) 기업이 고용인들을 부당히 대하고 임금을 착취하며 억압 (…) 말씀으로서 비판하고 경책 (…) 말씀보다는 인기에, 진리의 길을 가기보다는 왜곡된 말씀을 전파하는 교회지도자들 비판 (…) 상거래의 문란성 (…) 스포츠의 광란성 (…) 인간성의 상실을 유도하는 것 (…) 문화적인 퇴폐와 도덕성의 파괴에 대해서 (…) 인간의 기계화에 대하여
>
> — 김주범(신학과 3), 「예언자 의식이란」, 『장신』 24, 장로회신학대학, 1984, 22~31.

위의 글은 예언자가 비판해야 할 대상을 인간과 세태로 나눈다. 인간에 대한 비판은 국민을 억압하고 인권과 인간성을 무시하며 권력을 유지하기 위해 백성의 피를 흘리고 탄압한 위정자와 지도자, 고용인들을 부당히 대하고 임금을 착취하는 기업, 권력에 아부하는 거짓 지도자, 진리의 길을 가기보다 왜곡된 말씀을 전파하는 교회지도자들에게 멸망을 선포해야 한다고 주장한다. 세태비판은 사회가 부패하고 부정이 횡행하는 것, 상거래의 문란, 스포츠의 광란, 인간성의 상실을 유도하는 것, 문화적 퇴폐, 도덕성의 파괴, 인간의 기계화 등 구체적

으로 제시한다.

허강대의 「예언자의 역사의식과 책임의식」[68]은 역사 인식과 예언자 인식을 연결해서 한국교회가 역사인식을 갖지 못했기에 예언자 의식도 없으며, 예언자 의식이 없기에 사회의 불의에 침묵하고 교회 밖의 외침을 등한히 했다는 것, 그래서 현재 교회의 외침이 설득력을 갖지 못했다고 주장한다. 그리고 사회의 실질적인 면에 있어서 예언자적인 의식을 일깨우고 그에 상응하는 책임을 다할 때에야 하나님의 대리자로서 역할을 바르게 수행하는 것이라고 결론 맺는다.

남은우는 「예언자의 사회의식」에서 예언자의 역할은 자기 시대에 봉사하는 것, 사람들에게 어떻게 살 것인가를 가르치고, 어떻게 종교적 원리를 정치적 사회적 생활의 제반 문제에 적용하느냐 하는 것을 가르치는 것이라고 전제하고 다음과 같은 논지를 펼친다.

> 예언자는 불의와는 결코 타협할 수 없었고 왕에게라도 공박을 하는 것을 주저하지 않았다 (…) 예언자들의 임무는 유대인 개인의 문제가 아니고 민족 전체의 의를 고취시키려는 데 있었다. (…) 예언자의 사회의식은 정의가 메마른 거치른 들판에서 정의를 외치게 하였고 사랑이 메마른 가시밭에 사랑의 꽃을 심게 했다.
>
> — 남은우(신학과 3), 「예언자의 사회의식」, 『장신』 24, 장로회신학대학, 1984, 78.

위의 글에서 남은우는 예언자는 봉사하고 교육하는 자이며 불의와 타협하지 않아야 하며, 민중을 교육하고 잘못된 지도자를 비판하면

68 허강대(신학과 3), 「예언자의 역사의식과 책임의식」, 『장신』 24, 장로회신학대학, 1984, 68.

민족을 살릴 수 있고, 예언자가 정의를 실현할 때 삭막한 현실이 변화될 것이라 피력한다. 결국 『장신』 24권의 예언자 특집은 억압과 무시와 탄압이 이루어지는 현 시대에 예언자는 비판하고 가르치고 억압받는 이들을 돌봐야 한다는 말로 요약된다.

신학생들은 절망과 무료가 어둠처럼 깔린 시대에 우리들의 예언자는 지금 어디에 있는가[69]라고 질문한다. 그리고 예언자의 후예인 신학생들은 예언자로서의 사명감을 가지고 참된 자유를 선포[70]해야 하며, 말이 안 되면 죽음으로라도 하나님의 메시지를 보여주어야[71] 하며, 예언자 선언은 마지막 보루[72]여야 한다고 부르짖는다.

비판자로서의 예언자

신학생들은 예언자 의식으로 당시 비인간적 세태, 위정자의 탄압, 정치의 모순, 세속화된 교회를 비판한다. 앞의 글에서 남은우는 예언자의 의무가 상류계급의 사치와 방종, 가난한 자들을 압박하는 것, 지주들의 강탈, 부녀자들의 사치 등을 비판[73]하는 데 있다고 말한다. 사치를 두 번 강조함으로 당대 집권층의 사치풍조를 비판한다.

1960년대 중후반부터 시작된 월남 파병과 일본의 경제원조 혜택은 소수 정치 · 경제 고위층으로 들어간다. 정부는 1969년 이후 가정의례준칙을 제정해서 허례허식 행위를 법적 규제대상으로 하였지만 고위

69 임한섭(학생장), 「어둠 속의 늪을 타고(발간사)」, 『갈멜』 4, 장로회호남신학교, 1984, 21.

70 남택률(문예부장), 「출발(권두언)」, 『갈멜』 3, 장로회호남신학교, 1983, 19.

71 금상호(문예부장), 「기다리는 原型」, 『장신』 24, 장로회신학대학, 1984, 14~15.

72 박경양(신학4), 「실천하는 양심으로 선도적 지성인임을 확인하자(발간사)」, 『냉천』 2, 감리교신학대학, 1985, 13.

73 남은우(신학과 3), 「예언자의 사회의식」, 『장신』 24, 장로회신학대학교, 1984, 78.

층은 호화로운 삶을 지속하고 있었다. 이들이 동빙고동 일대에 호화 주택을 짓자 주변 마을 사람들은 이곳을 도둑질해서 지은 집이라는 의미를 내포한 '도둑촌'이라고 불렀다. 그리고 이 사실이 당시 야당 신민당 기관지인 『민주전선』에 실렸고 이는 김지하 시인의 시상을 자극해 담시(譚詩) 『오적(五賊)』(1970)이 나오게 된다.

김윤철[74]은 이 도둑촌의 사치하는 계층과 구두닦이 소년을 비교한다. 구두닦이 소년은 허례허식을 배제하고 허기진 배를 달래가며 싸게 제공하는 칼국수 두 그릇으로 하루를 연명하며 백여 만 원을 저축한다. 그리고 대통령으로부터 금일봉을 받는다. 이 이야기 뒤에 "허기야 이 정도는 도둑촌의 멧돼지들의 한 끼 요리의 금액"이라며 고위층을 비판한다. 당시 100만 원은 2020년 현재 2,000만 원 정도이다. 현재 상황에서 보아도 엄청난 빈부 격차이다.

신학생들은 예언자 인식으로 당시 세태를 비판한다. 1960년대부터 정부 주도로 도시화, 근대화, 산업화가 추진된다. 근대화란 후진 사회에서 선진 사회로 변화하는 과정을 이르며 진보의 의미를 함축한다. 근대화의 결과 1953년 1인당 국민소득 67달러였던 것이 1960년에는 80달러, 1971년에는 292달러로 급속하게 상승한다. 근대화가 한국인들의 삶에 편리함을 가져왔지만 전통사회가 붕괴되고 인간관계와 성 인식이 문란해진다. 신학생들은 당시 풍조와 세태를 비판하는데, 다음 예문은 성의 문란과 성인식 변화의 기점을 6·25로 본다.

> 처참한 6·25의 등에 업혀 들어온 인간불신의 무드와 생명에 대한 가치저하라는 비인간화의 물결 (…) 순진하고 정직한 사람들의 혼을 흐려

---

74 김윤철(신과 3년), 「넉두리일랑 하지 마라(산문)」, 『코이노니아』 17, 한국신학대학, 1972, 62.

놓았다 (…) 뒷집의 순이가 스무 살이 되기도 전에 아이를 낳았다. 아기의 아빠는 파견나온 어느 XX, 순, 영, 옥, 숙 (…) 모두 그렇게 가버렸다 (…) 인간은 sex의 노예 (…) 동네 장부들은 불같은 대낮에 놀음을 즐겼다

— 정명섭(신 4년), 「나의 이야기(일기문)」, 『코이노니아』 16, 한국신학대학, 1971, 76~78.

미군과 함께 인간불신, 생명의 가치 저하 현상, 비인간화의 물결이 밀려들었다고 보는 관점은 '반미'의식을 반영한다. 순이는 스무 살이 되기도 전에 아이를 낳았는데 아이의 아빠는 파견된 미군이다. 도시화는 우선 도시를 중심으로 진행되었기 때문에 시골 여성들이 도시 공장이나 술집, 부잣집 가정부로 취직하기 위해 고향을 떠난다. 사람들은 성의 노예가 되었으며, 근대화 전에는 순진하고 정직했던 사람들이 노동의 가치를 상실하고 대낮부터 노름을 한다. 세상은 편해졌으나 희망은 없어졌다.

날로 각박해지고 살벌해져서 "손톱도 들어가지 않는"[75] 세상에서 인격적인 만남은 불가능해진다. 나와 그들은 사무적인 만남을 가지며, 거대한 조직 속에서 개인은 부분품에 불과[76]하고, 불신 풍조, 생명 가치 저하, 비인간화 등의 폐단이 발생한다. 그러나 인간관계가 사무적이고 서로 무관심한 것이 타인의 삶에 큰 해를 끼치지는 않지만, 물신의 노예가 된 인간들의 신종범죄들은 타인의 삶과 건강에 해를 끼친다. 다음 인용문은 당대인들이 돈을 벌기 위해 행한 부도덕함의 목록이다.

---

75 권지호(대학원 2), 「바보 그리스도(수필)」, 『새아름』 1, 대건신학대학, 1977, 186~190.

76 강윤철(4년), 「A.P. Chekhop의 고민(독후감)」, 『새아름』 1, 대건신학대학, 1977, 201.

> 음식에다 독을 넣어 싸게 대량 생산을 하여 돈을 벌자는 속셈 (…) 하이타이로 맥주를 (…) 농약으로 콩나물을 (…) 썩어가는 물고기에 파리약을 (…) 고춧가루에 빨간 톱밥 (…) 카바이트와 시궁창물로 막걸리를 (…) 두부에 횟가루를 (…) 가죽을 양잿물로 불려 불고기를 (…) 눈깔사탕에 유해색소를 (…) 단돈 400원 때문에 (…) 택시운전사가 (…) 구멍가게 주인이 칼부림
>
> — 권지호(대학원 2), 「바보 그리스도」, 『새ᄋᆞ람』 1, 대건신학대학 호국단, 1977, 187~188.

다음 「어느 벽보의 한」은 벽보가 화자인 수필이지만 소설에 가깝다. 시골 생활에 권태를 느끼고, 집안에서의 불평등, 사역, 푸대접, 몰이해 등에 불만을 품고 가출한 소년들을 사기 벽보로 꾀어내는 어른들, 사익을 채우기 위하여 타인의 약점을 이용하는 기성세대를 비판한다. 사원모집 벽보는 무료침식 제공, 모범사원 해외 취직 알선(특히 기술 습득을 위한 초보자 환영), ㅇㅇ수출품 가공회사와 같은 그럴듯한 말로 가출 소년들을 현혹한다. 소년은 엉터리 내용을 읽고 회사의 문을 두드린다. 그러나 안으로 들어가면 다음과 같은 일이 벌어진다.

> 노예생활 (…) 몽둥이 (…) 주먹세례 (…) 행상, 껌팔이, 신문배달, 구두닦이, 넝마주이 등 (…) 오늘도 곳곳에서 능숙한 솜씨로 강도, 사기, 날치기, 폭행 등 (…) 못된 짓을 거리낌 없이 계속
>
> — 최봉원(대학원 2), 「어느 벽보의 한(수필)」, 『새아름』 1, 대건신학대학, 1977, 191~195.

이러한 세상은 "천지창조 이후 가장 아름답게 보이지 않는 그림"[77]이며, 1970년대 근대화의 그늘이었다. 이처럼 1970년대 신학생들은

예언자적 시각으로 인간과 세태를 비판한다. 윤리관의 무너짐을 비판하는 것으로 윤리의식의 회복을, 인간과 인간 사이의 사무적 · 부분품 · 비인격화를 비판하는 것으로 인격적인 만남을 촉구하였으며, 인간을 경시하는 풍조를 비판하는 것으로 창조자에 의해 창조된 인간의 본질이 무엇인지 생각하게끔 하였다.

신학생들은 "고민하고, 미래의 비전을 제시해야 하는 책임"[78]을 가진 자로서 당대 교회지도자들의 부패, 즉 인기에 골몰하고 왜곡된 말씀을 전파하는 교회지도자를 비판한다. 교회는 "약한 자의 편"[79]에 서야 하는데 그렇지 못함을, 예수는 고난의 길을 갔지만 한국교회는 "고난을 등지는 길"[80]을 걷고 있다고 비판한다. 이를 요약해서 보여주는 다음 소설은 예수가 하나님께 한국으로 보내달라고 청하면서 시작된다. 하나님은 고민하다가 예수를 한국으로 보내주는데, 이러한 과정에서 묘사한 한국교회의 모습은 다음과 같다. 논지를 위해 필요한 부분만 인용하였다.

> 한국이란 곳에서는 교회들이 엄청나게 커져서 '예수' 없이도 운영(?)이 잘 된다는 긴박한 상황이라고 (…) 여의도 (…) 수상기를 통해 예배에 참여 (…) 할렐루야! 아멘! (…) 헌금 시간
>
> — 임기수(4년), 「나자렛 예수 한국 방랑기(소설)」, 『갈멜』 4, 장로회호남신학교, 1984, 233~240.

교회에는 예수가 없다. 본질은 사라지고 껍데기만 남은 "긴박한 상

77 구현희(1년), 「20세기의 밀림(수필)」, 『갈멜』 3, 장로회호남신학교, 1983, 169.
78 허태호(학생장), 「고난의 레일 위에(발간사)」, 『갈멜』 5, 장로회호남신학교, 1985, 20~21.
79 강윤철(4년), 「A.P. Chekhop의 고민(독후감)」, 『새아름』 1, 대건신학대학, 1977, 201.
80 허태호, 앞의 글, 20~21.

황”에 예수는 한국교회로 내려가기를 하나님께 청한다. 신도 수가 폭발적으로 증가해 수상기를 통해 예배하는 현상을 보여줌으로 대형교회와 예배의 본질에 대해 생각하게 하고, 헌금에 관한 부정적 인식은 교회와 금권에 대한 생각으로 이끈다. 더 나아가 다음 예문은 이보다 더 큰 문제의식을 보여준다.

> 공의와 사랑보다는 편협과 착취가 교회 (…) 안과 밖에 펼쳐져 있으니 (…) 교단주의에 빠져 장점만을 고집 (…) 잘못을 고백할 줄 모르는 바리새인
>
> — 문영복(3년), 「고통(수필)」, 『갈멜』 5, 장로회호남신학교, 1985, 210.

교회는 공의와 사랑을 선포하기보다는 가진 자에게 더 마음을 쓰는 편협성을 보여준다. 위에서 주목되는 표현은 “착취”이다. 교회는 억눌린 자에게 자유를 선포해야 한다. 그러나 민중의 착취에 정치·경제와 더불어 종교가 동참하고 있다는 비판은 세상 가운데 세워진 교회의 의미를 생각하게 한다. 신학생들이 파악한 교회는 ‘운영’되는 회사와 같이 경제의 논리에 지배당한다. 교단주의에 빠져 자신의 교단만 옳다고 주장하며, 바리새인과 같이 예수를 믿지 않으며, “돈의 유혹”[81]을 뿌리치지 못하고, 성실히 하나님의 말씀을 전하지 않는다.

---

81 편집부, 「서시」, 『갈멜』 5, 장로회호남신학교, 1985, 교지 앞부분으로 페이지 번호 없음.

소외계층에 관심을 가진 예언자

대학생들은 1960년대부터 민중에 대한 논의를 전개하는데, 민중에는 지배 권력이나 자본가 등에 의해 억압 혹은 착취 받는 노동자와 농민 그리고 빈민, 정치사회 구조에서 배제된 세력, 즉 재야운동가와 운동권 학생이 속한다는 데 합의한다. 이러한 민중관으로 정치 · 경제 문제, 소외층, 노동운동, 농민, 도시빈민, 철거반대 등에 관심을 보인다.

이러한 인식은 교지에 「농민봉기의 재조명」(『개척자』, 경상대학교, 1984), 「도시빈민지역의 실태」(『아주문화』, 아주대학교, 1987), 「노학연대의 현단계」(『봉림문화』, 창원대학, 1988) 등의 특집을 마련하고 관심을 노동자와 도시빈민의 삶에 초점을 맞추는 것에서 볼 수 있다. 그리고 문학담론에서는 저항문학, 노동문학, 농민문학, 노동해방문학 등과 같은 민중문학 논의[82]의 장을 형성한다. 1984년 한신대학에서 발간한 교지 『한신』 3권 역시 「계급, 민족 그리고 문학-노동문학의 논리」, 「폭력과 문학, 단호함의 시정신-김남주의 시세계」, 「지식인의 민중지향과 그 한계-김정환의 시」와 같은 민중문학 담론의 글을 게재한다.

세속학생운동가들이 민중을 노동자와 농민 등으로 보았다면 신학생들은 이들을 "강도 만난 자"[83], 하나님께 호소하는 "아벨"[84]로 규정

---

82 「휴머니즘과 저항문학」(『형성』 7-1, 서울대학교, 1974), 「한국의 저항문학」(『연세』 9, 연세대학교, 1974), 「학생공동연구-80년대 노동문학」(『이화』 42, 이화여자대학교, 1988), 「참여문학과 한국문학사」(『인하』 17, 인하대학, 1981), 「민족문학론의 성립」, 「민족주의와 문학」(『광운』 14, 광운대학교, 1984), 「농촌현실과 농민문학의 역할」(『봉림문화』 9, 창원대학, 1988), 「노동해방문학을 찾아서」(『창원문화』 8, 창원전문대학교, 1989)

83 임한섭(학생장), 「어둠 속의 늪을 타고(발간사)」, 『갈멜』 4, 장로회호남신학교, 1984, 21.

84 이 땅 노동자들의 신음은 아벨의 기도가 되어 우리의 목을 죈다-이경로(편집부

한다. 한국신학대학 출신 시인 고정희도 시 「이 시대의 아벨」(1983)에서 광주 민중항쟁의 희생자들이나 억압받는 민중을 불쌍한 아벨이라 이름 짓고, 정권과 침묵하는 교회가 아벨을 죽였다고 질타[85]했다. 신학생들은 강도 만난 자와 같은 민중을 만나고 그들을 살리는 것이 고난받는 역사에 응답하는 것이며 예언자로서의 사명이기에 "눈먼 자, 가난한 자, 벙어리, 소외된 자들을 찾아"[86] 민중 속으로 들어가야 한다고 주장한다. 여기에서 가난한 자와 소외된 자는 세속학생운동가들의 민중 인식과 같지만, 신학생들은 눈먼 자나 벙어리 같은 불구의 이미지로 정의한다. 이 같은 인식은 다음 시에서도 발견할 수 있다.

> 한쪽 다리를 절면서/ 비틀거리는 발걸음들은 어디로 가는가 (…) 웅크려 앉은 문둥이, 절음발이, 결핵환자들
>
> — 박우원(신 1), 「우리들의 대합실(시)」, 『미스바』 10, 고신대학, 1985, 302~303.

위에서 눈먼 자와 벙어리, 문둥이, 절름발이, 결핵환자들은 사회정화라는 명목하에 형제복지원이나 삼청교육대와 같은 공간에 격리된 실제적 민중이며, 시대를 상징하는 기호이다. 눈먼 자는 정치적 암흑의 시대를, 벙어리는 강요된 혹은 자발적 침묵, 언로가 폐쇄된 시대를

장), 「광야에 흙먼지 날리며(책을 내면서)」, 『갈멜』 5, 장로회호남신학교, 1985, 18~19.

85 오 아벨은 어디로 갔는가/ 너희 안락한 처마 밑에서/ 함께 살기 원하던 우리들의 아벨,/ 너희 따뜻한 난롯가에서/ 함께 몸을 비비던 아벨은 어디로 갔는가/ 너희 풍성한 산해진미 잔치상에서/ 주린 배 움켜 쥐던 우리들의 아벨/ 우물가에서 혹은 태평 성대 동구 밖에서/ 지친 등 추스르며 한숨짓던 아벨/ 어둠의 골짜기로 골짜기로 거슬러 오르던/ 너희 아벨은 어디로 갔는가? — 고정희, 「이 시대의 아벨」

86 남택률(문예부장), 「출발(권두언)」, 『갈멜』 3, 장로회호남신학교, 1983, 19.

상징한다. 불구의 이미지를 보여주는 민중은 당대의 불구적 상황, 즉 제대로 굴러가지 못하는 역사, 중심을 잃고 뒤뚱거리는 한국 사회를 은유[87]한다.

신학생들의 이러한 인식은 소록도[88], 애향원[89], 기지촌[90], 고아원, 재활원, 탄광촌, 구치소, 농아학교[91]와 같은 나병환자, 고아, 미군위안부, 병든 자, 감옥에 갇힌 자, 불구자 등이 거주하는 현장의 관심으로 이어진다. 이곳은 정상/비정상의 나눔이나 가부장 혹은 권위주의적인 인식으로 소외되고 버려진 민중들의 공간이다.

이 가운데 기지촌과 탄광과 구치소의 예를 보면, 기지촌은 미군 주둔지 근처에 형성된 촌락으로 파견군인들을 위한 상업시설과 소위 양공주라고 불리는 이들의 윤락촌이 함께 형성되어 있었다. 기지촌에서 발생한 미군에 의한 한국인의 생계 위협이나 기지촌 여성들의 사망[92] 사건으로 인해 기지촌 소재 문학은 '반미'인식의 전형이 된다. 기지촌 소재 반미문학에서 미군에 의해 학대당하는 양공주들의 성(性)은 미국에 억압받는 피식민지로서의 한국을 상징하였다. 다음 시의 화자는 자신을 '갈보'로 소개하고 이야기를 이어간다.

---

87 정경은, 「민중시에 나타난 장애양상 고찰」, 『비평문학』 63, 2019, 177~180쪽 참조.

88 김영숙(1년), 「소록도에서(시)」, 『갈멜』 4, 로회호남신학교, 1984.

89 김형식(2년), 「여수 애양원을 다녀와서(기행문)」, 『갈멜』 5, 장로회호남신학교, 1985, 227.

90 김수영(신학4), 「빨래(시)」, 『냉천』 2, 감리교신학대학, 1985.

91 편집부, 「기획취재, 여기 이 사람들, - 형제복지원, 에바다 농아학교」, 『미스바』 10, 고신대학, 1985.

92 1964년 2월 세 명 술 취한 미군, 윤락녀를 미군부대 안으로 유괴, 강간, 1967년 10월 유니스 2세, 매매춘 후 화대 요구한다고 목 조르고 불 지른 후 도주. 1968년 9월 미군용백, 손남숙 씨로 추정되는 변사체 발견, 1969년 1월 미군부대 뒷산, 미군 위안부 목 졸려 죽은 채 발견, 이틀 뒤, 같은 마을 위안부 피투성이 알몸 사망, 1970년 10월 미군 매추스, 직공여성 살인, 1971월 2월 브라운, 기지촌 여성 없다고 화재, 1971년 10월 10여 명 미군, 한 여성 집단 강간, 1977년 6월 스티브 외 두 명, 기지촌 여성 목졸라 죽인 후 불 질러 사체 유기 등등.

휘어진 가난 (…)
철거민촌 (…)
누런 가난을/ 팔기 시작 (…)
노린내의 양키들 (…)
낙원의 땅 아메리카에서
살 수 있기를 (…)
원하는대로 길들여지지요 (…)
내 이름은 스잔 (…)
오년 연하의 마이클 (…)
본국으로 귀환해도
초청장을 보내
나와 함께 살리라며 (…)
노랑내가 나면 어떤가요
튀기가 태어나면 어떤가요.
철거민촌의 누런 가난을 씹으며
합판공장에서 빼빠질을 하다
현기증으로 쓰러질 때보다야
낫지 않은가요 (…)
마이클/ 그 새끼가
봄바람에 개털 날렸어요 (…)
썩은 폐수를 따라 (…)
아가미가 검게 타죽은
붕어떼가 떠내려가는
양산천

— 최해성(신학과 4년), 「양산천」(시) 『한신』 4,
한신대학, 1987, 64~66.

위 시의 화자인 스잔은 기지촌으로 오기 전에 철거된 마을에서 살다가 기지촌으로 왔다. 사람들은 양공주라고 손가락질하지만 가난이 싫고 공장에서 일하다가 재해를 입는 것보다는 낫다고 생각한다. 파견 미군 마이클과 낙원인 아메리카로 갈 꿈을 꾸며 그가 원하는 대로 길들여지지만 버림당한다. 당시 수많은 기지촌 여성들이 한국에서 그리고 미국 공항에서 버림받아 어른 고아가 되어 타국에서 고난의 삶을 살았다는 기록은 여러 곳에서 발견된다.

사북은 1980년 4월 강원도 사북광업소 광부들이 열악한 근로조건과 생활여건 개선을 요구하며 총파업을 일으켰던 곳이며 공권력을 동원한 진압으로 비판받았던 곳이다. 교지 편집자들은 사북을 출구가 없는 외로운 이들의 공간이며, 제도 속에서 소외당한 사람들[93]이 사는 곳으로 표현한다. 취재해서 교지에 싣는 것만으로도 사북 지역 광부들의 노동력 착취를, 생존에 대한 정당한 요구의 묵살을, 이러한 결과를 산출한 구조의 고발이었다.

서대문 구치소는 식민지 시기 이후로 체제에 저항했던 사람들이 갇힌 곳이다. 필명이 "증인"인 학생의 시 「갇힌 새 - 서대문 구치소를 지나며」의 화자는 구치소에 갇힌 이가 창살에 갇힌 새, 자유를 속박당한 새와 같지만 결국에는 포박당한 이 역사를 끝내 거부할 수 있는 힘[94]이라고 노래한다. 세속학생운동가들은 갇힌 자와 포로 된 자의 자유를 주장하는데, 신학생들은 좀 더 나아가 거짓 자유가 아닌 "참된 자유"[95]를 선포한다. 거짓 자유가 전시행정, 정책적, 임시방편의 자유라고 한다면, 참 자유란 이들의 정치 경제적 속박뿐 아니라, 가부장적 사회와 정상(正常)에 대한 편견으로부터의 참된 자유를 의미한다. 그리고 이러

---

93 편집실 취재부, 「탄광촌을 찾아서 - 사북을 중심으로」, 『한신』 4, 한신대학, 1987, 71.
94 증인, 「갇힌 새 - 서대문 구치소를 지나며(시)」, 『냉천』 2, 감리교신학대학, 1985, 221.
95 남택률(문예부장), 「출발(권두언)」, 『갈멜』 3, 장로회호남신학교, 1983, 19.

한 선포가 저항하다 "죽은 이들에게 부끄럽지 않도록 민중의 삶을 논해야 하는 그리스도의 길"[96]이며 십자가의 길이라고 생각한다.

자아정체성 모색

해방신학 혹은 민중신학에서 주목하는 투쟁가 예수는 혁명가들의 모범이 되었다. 운동가들은 예수처럼 민중의 해방을 위해 죽으리라 결심하며 투쟁의 현장으로 나아갔다. 그런데 신학생들은 예언자로서의 정체성과 더불어 자신을 도피자로 규정한다.

1980년대 기독학생들도 마르크스-레닌의 저작물 등을 통해 사상학습을 하였고, 물의 신학(유물론에 입각한 신학)을 주창한다. 1980년대 사회변혁의 현장에서 기독학생들의 예수대행진이나 찬양운동과 같은 "문화"[97]투쟁은 세속학생운동가들로부터 가퐁적[98]이라는 비판을 받았고, 기독학생들은 무력감을 느낀다. 기독학생운동도 과학적이어야 한다고 주장하는 안팎의 요구, 신학은 낡은 것이라거나 관념적이라는 인식이 대두되는 상황에서 신앙과 운동이 병립하기는 어려웠다.

---

96 이경로(편집부장), 「광야에 흙먼지 날리며(책을 내면서)」, 『갈멜』 5, 장로회호남신학교, 1985, 18~19.

97 이종철, 「80년대 기독학생운동사 4 - 학생자발적인 연합운동과 진보적 복음주의 운동」, 『복음과 상황』 1992,12, 130~131 참조.

98 러시아 정교회의 가퐁신부(George Gapon, 1870~1907)는 진보적이었으나 유물론자는 아니었다. 노동자들이 동맹 파업에 들어갔을 때 노동자의 생활 개선을 니콜라이 2세에게 청원하기 위해 데모를 지휘하였다. 1905년 1월 22일 '피의 일요일' 20만 명이 넘는 노동자와 가족들이 모였다. 그들은 '체제전복'이나 '혁명'이 아닌 황제의 초상화를 들고 찬송가를 부르며 자비를 구하러 가는 길이었다. 그리고 3,000명 정도 총에 맞아 사망하였다. 이처럼 가퐁신부는 예언자 운동, 행진 등으로 체제에 저항했지만 러시아 볼세비키 혁명의 과정에서 차르의 실체를 정확히 파악하지 못했다는 이유로 혁명가들에게 비판받았다. 이는 세속학생운동가들이 기독학생운동가들을 보는 시선, 즉 1986년 서울대 예수대축제 사건을 보는 세속학생운동가들의 시선과 비슷하다.

그리고 점차 학생운동은 탈기독교 사회운동을 강조하는 쪽으로 나가게 된다.

1970년대 말부터 시작되어 1980년대 초 최고조에 달했던 기독학생들의 정체성 논쟁은 당시 운동노선과 기독운동으로서의 기독성에 대한 신앙적 정체성 확보의 문제였다. 기독학생들은 IT그룹(Identity그룹, 신보수주의적 경향)과 비(非)IT그룹(연맹파)으로 분열된다. IT그룹은 대학 내에서 대중적 기독학생회 건설에 주력한다. 기독사상과 마르크스주의의 갈등을 인정하면서도 김교신, 본회퍼, 틸리히 등 기독교 인물과 성서신학에 강조점을 두었다. 非IT그룹은 강한 이념성과 조직성, 투쟁성(민중적 당파성과 과학적 이론, 전투적 실천)의 확보가 필요하다고 주장한다. 정치투쟁 우선론, 소수정예론, 학생운동 주도론, 마르크스주의 등을 적극 수용하면서 학생운동에 깊이 개입하였고 정치투쟁을 선도[99]한다. 이러한 과정에서 신학생운동가들은 다층의 신관과 자아관을 모색한다.

예수대행진을 비판했던 시선과 일치하는 다음 소설 「미뉴에트 작품 27」의 예수는 민족의 해방보다 낙관적 내세론으로 민중을 무기력하게 만드는 자이다. 대신 이스라엘의 장군 아리오크는 지얼럿(열심당)이다. 그는 로마의 압제로부터 민족을 구하고자 애쓰면서 민중에게 참된 자유를 주기 위한 위대한 영혼이다.

> 아리오크는 (…) 이스라엘의 로마 압제 때 지얼럿의 한 사람, 훌륭한 장군 (…) 메시야를 자칭하는 민족의 지도자 (…) 예수더러 자기와 함께 로마의 압제에서 민족을 구하는 데 힘을 합치자고 (…) 아리오크는 예수

---

99 이종철, 「80년대 기독학생 운동사 5－진보적 기독교운동」, 『복음과 상황』, 1993,1, 125~126 참조.

가 자신과만의 싸움에 골몰하는 자요 (…) 민중을 무기력하게 만드는 자일 뿐 (…) 기독교는 구속(救贖)이 아니라 구속(拘束) (…) 그 어떠한 것에도 구속되지 않는 인간 영혼의 참된 자유를 주기 위해 인류의 영혼을 하나씩 하나씩 불러내고 있는 저 위대한 힘! (…) 아리오크의 혼령

— 윤교식(신학과 2), 「미뉴에트 작품 27(소설)」, 『장신』 24, 장로회신학대학, 1984, 274~283.

위의 소설은 김동리의 소설 『사반의 십자가』(1955~1957)에서 사반이 묘사한 예수[100], 기독교는 인간을 구속하는 종교라는 이문열의 소설 『사람의 아들』(1979)[101]과 같은 어조를 따라간다. 예수보다는 장군 아리오크가 더 혁명가이자 예언가적 면모를 보인다. 이는 당시 IT그룹의 주장, 즉 무력한 예수행진을 비판하면서 강한 혁명가로 나서야 한다는 인식을 따라간다.

다양한 신관의 모색

신학은 우리의 삶과 역사와 사회를 신의 계시의 관점에서 그 실재를 이해하고자 하는 학문으로서 신에 대한 이해를 주목적으로 하며,

---

100 사반은 화가 버럭 치밀었다. 제 자신의 생명도 구하지 못하는 자가 죽음에 들어서 남을 이끄느냐 싶었던 것이다. (…) "비겁한 자여. 나는 유대 나라와 너의 생명을 버리고서 어디서 낙원을 찾고 있느냐" 하고 예수를 꾸짖었다.(김동리, 『사반의 십자가』, 하서, 2000, 388.)

101 당신은 인간의 죄를 사하러 온 게 아니라 더하러 왔소. 지난 날 당신이 보였던 기적의 반만 가지고도 이 불필요한 고통에서 벗어날 수 있는 당신이 굳이 비참한 모습으로 그걸 감수하는 것은 바로 더 따가운 죄책의 가시를 인간의 마음에다 찔러 넣겠다는 거지요? (…) 인간들로 하여금 하느님의 아들을 학대하고 죽인 죄를 짓게 하고 그 죄의식과 공포로 떨며 그 분을 향해 달려가게 — 이문열, 『사람의 아들』, 민음사, 1981, 152.

이에 비추어 역사와 사회와 삶을 이해하고자 하는 학문[102]이다. 그러나 신학을 공부하는 신학생들은 IT논쟁과 정체성 정립의 과정에서 다양한 신관을 모색한다.

기독교는 한국의 민주화 과정에 긴밀히 관계하였으며 1980년대 중반까지 기독교에 대한 일반인들의 신뢰도는 높았다. 그런데 광주민중항쟁에서 사람들이 죽어갔을 때 신은 무엇을 하고 있었는지 회의하는 목소리가 대두된다. 이어 문학에서는 침묵하는 신 이미지가 일반화되었다. 이와 같은 신관이 신학생들의 소설과 시에서도 엿보이는데, 최용길의 소설 「신의 침묵」[103]에서 소설의 화자는 하나님의 뜻이 무엇인지 물으며 "우리가 당신의 도마 위에 올려놓은 고긴 줄 아느냐"고 화를 내며, "모든 것이 당신으로부터 출발하였다면 악의 씨를 뿌린 자도 바로 당신이 아니냐, 인간을 무슨 당신의 노리개감으로 아느냐"고 고함친다. 이 소설과 같은 해에 만들어진 노래, 저항의 현장에서 불린 민중가요 「민중의 아버지」는 당시 연세대학교 신학과 학생인 김흥겸이 작사하고 작곡하였으며, 1983년 거리극 「누가 예수를」의 주제곡으로 처음 소개되었다. 이후 투쟁을 정리하는 자리에서 많이 불린 이 노래의 가사는 다음과 같다.

> 우리들에게 응답하소서 혀짤린 하나님 우리 기도 들으소서 귀먹은 하나님 얼굴을 돌리시는 화상당한 하나님 (…) 늙으신 아버지 하나님 당신은 죽어버렸나 어두운 골목에서 울고 계실까 쓰레기 더미에 묻혀버렸나 가엾은 하나님
>
> — 김흥겸 작사, 작곡 「민중의 아버지」

---

102 권진관, 「역사와 상징-역사 참여적 신학을 위한 한 방법론 고찰」, 『장신논단』 40, 2011, 189.

103 최용길(신 2), 「신의 침묵(소설)」, 『미스바』 8, 고신대학, 1983, 291~300.

노래의 화자는 하나님에게 혀가 잘려 말을 못 하시는지, 귀가 먹어 민중의 탄식을 듣지 못하시는지, 화상 당해 부끄러워서 우리들의 상황에서 얼굴을 돌려버리시는지, 이제 늙어버려 힘이 없어서인지, 아니면 당신은 죽어버렸는지 묻는다. 실존에 대한 질문이라기보다 처절하게 민중 속으로 다가가고 민중을 이해하고자 했기에 더욱 고뇌하는 신학생의 외침으로 들린다. 그렇기 때문에 신학생 작사자는 민중이 불쌍해서 우는 하나님으로 귀결 짓는다. 이 지점에 세속학생운동가와 기독학생운동가의 차이가 보인다. 이는 다음과 같은 글에서도 발견된다.

> 당신의 아들을 죽이는 자들 앞에 참으로 무능했던 그분을, 참혹한 박해로 당신의 자녀들이 무참히 죽어갈 때에도 끝내 침묵을 지키신 그분을 만나기 위해 우리는 이 어둠 속으로 들어가야 한다.
>
> — 임한섭(학생장), 「어둠 속의 늪을 타고(발간사)」 『갈멜』 4, 장로회호남신학교, 1984, 21.

예수가 십자가에서 처형되는 순간 하나님은 무능해서 침묵했으며, 수많은 사람들이 박해받아 죽어갈 때도 신은 침묵하셨다. 여기에서 고민은 깊어진다. 세속학생운동가들이 종교는 민중을 구원할 능력이 없다고 보고 신을 떠나 자신이 민중의 구원자가 되고자 했던 것과는 다른 길의 모색, 즉 신학생은 답을 듣기 위해서라도 그분을 만나기 위해 어둠 속으로 들어가야 한다고 결론짓는다.

1970년 전태일이 분신하면서 했던 말, "대학생 친구 하나 있었으면"이 지식인들에게 전파되자 민중운동은 전환을 맞게 되고 지식인 학생들 소위 '학출(학생출신노동자)'들이 노동현장으로 들어가게 된다. 이후 민중은 지식인들이 도와주어야 하는 탄압받고 소외당하는 계층이 되었다. 그러다가 1980년대 민중은 소외된 사회적 약자의 이미지를 넘어 대안적 사회의 주체로 상정된다. 이러한 인식은 1960년대 후반부터 한국사회에 영향을 끼친 해방신학의 영향으로 볼 수 있다. 1970~80년대 교지의 특집을 보면 '제3세계', '민중', '종속이론', '해방신학'과 같은 키워드가 주를 이루고 있다. 이 가운데 기독교와 연관된 글은 「신학 측면으로 본 민중」(『성심』, 성심여자대학교, 1980), 「성서 속의 민중」, 「제3세계의 종교」(『행당』, 한양대학교, 1985) 등이다. 당시 대학생들이 제3세계의 경제, 문학, 종교에 관심을 갖는 이유는 한국도 1세계에 의해서 종속된 3세계라는 인식과 한국의 민주화운동에 끼친 기독교의 영향으로 볼 수 있다. 이들의 글은 신학대학에서 논의하는 것만큼 다양하고 심도 있게 접근한다.

신학교 역시 해방신학과 관련된 논의가 활발하였다. 특집으로 「민중신학에 관한 연구」, 「민중과 한국신학」(『미스바』 8, 고신대학, 1983), 「한국의 민중신학에 있어서 "민중"의 이해」, 「기독교 사회참여에 대한 한국적 고찰」(『갈멜』 4, 장로회호남신학교, 1984), 「해방운동을 위한 영성신학」, 「해방신학의 이해」(『갈멜』 5, 장로회호남신학교, 1985), 「해방신학의 신학적 특성과 그 문제점」, 「민중운동 속에 나타나는 예수」, 「민중적 삶을 위한 신학」, 「민중신학 서설」, 「민중신학의 형성과정」, 「제3세계 신학 서설」(『냉천』 2, 감리교신학대학, 1985[104])과 같은 해방신학을 다룬다.

이후 민중신학 혹은 해방신학이 신학의 영역이 아닌 일반 사회에서 논의되었다. 서남동이나 안병무와 같은 신학자들의 저서가 종교서적 부문이 아닌 일반서적 부문의 베스트셀러가 되었으며 운동권학생들의 스터디 목록에 오른다. 이러한 현상은 1980년대 세속학생운동가들의 예수관과 민중관에 영향을 끼친다. 그것은 시대가 처형한 이 땅의

104 신학대학교나 일반대학교 교지에 실린 글들이 모두 1985년 이전의 글들이라는 것은 시사점을 준다. 1985년 하반기부터 세속학생운동가들과 기독학생운동가들이 분리되기 시작하기 때문이다.

민중[105]이 예수이기 때문에 이들을 예수처럼 섬겨야 한다는 인식이었다. 기성시인들의 시에서도 같은 인식을 발견할 수 있는데 이는 본 책의 앞 장 '1980년대 민중시의 신관과 민중관'에 실린 기성시인들의 시에서 확인할 수 있다. 신학생이 창작한 소설에서도 민중이 곧 예수라는 인식을 보여주는 소설이 발견된다.

> 얼마 만에 활짝 웃어본 예수의 얼굴 (…) 세상 돌아가는 형편이 예수 얼굴에서 웃음을 뺏아 갔기 때문 (…) 무거운 짐을 어깨에 지고 가다가 쓰러진 노동자 (…) 틀림없는 예수 (…) 판자촌 동네로 (…) 심한 폐결핵 (…) 종로3가 (…) 인권예배가 있은 뒤 해산 (…) 노래와 함성 (…) 한 청년이 피범벅이 된 채 개끌려오듯 끌려와 닭장차에 실렸다 (…) 예수였다 (…) 부산에서 노동자들과 함께 생활 (…) 영등포공장에서 직공생활 (…) 종로5가에서 붙들려 콩밥 (…) 인근 공장에 다니는 청소년들에게 야학을 개설하여 봉사하고 있는 그 교회 목사님 (…) 예수는 자기 모습을 거울 속에서 발견한 것만큼이나 즐거워하며 만족 (…) 나는 예수가 왜 미쳤는지 안다 (…) 시내에 나가면 길바닥에 쓰러진 예수를 만날 것
>
> — 임기수(4년), 「나자렛 예수 한국 방랑기(소설)」, 『갈멜』 4, 장로회호남신학교, 1984, 233~240.

한국과 한국교회의 상황에 미쳐버린 예수는 웃음을 잃어버렸다. 그렇지만 민중을 위해 힘쓰는 목사를 만나면 즐거워한다. 동시에 예수는 노동자, 판자촌에서 사는 하층민, 인권운동가, 공장 직공이며, 굶주림으로 길가에 쓰러진 사람, 폐결핵을 앓고 있는 병자, 끌려가 감

105 정경은, 「1980년대 한국 종교시에 나타난 인간적 신관과 신적 인간관」, 『문학과 종교』 21-3, 2016, 213.

옥에 갇힌 저항가, 제대로 돌아가지 못한 사회를 보고 미쳐버린 사람이다. 곧 탄압받고 소외되고 갇힌 민중의 총체가 예수였다.

민중이 곧 예수라는 인식에 이어서 민중의 역사, 인간의 삶이 곧 성경이라고 보는 다음과 같은 해석도 보인다.

> 광야를 걷던 영혼들의 몸부림, 그건 땅에 대한 애착, 아니 하나님 나라의 새로운 건설 (…) 사막에 모래바람 일어 발자욱은 지워져도 그들의 행진은 성경 (…) 역사 (…) 인간들의 삶이다 (…) 가장 인간적인 것이 가장 신적인 것임을.
>
> — 이경로(편집부장), 「광야에 흙먼지 날리며(책을 내면서)」, 『갈멜』 5, 장로회호남신학교, 1985, 18~19.

민중은 하나님께 호소하는 아벨들이며, 그들의 몸부림은 하나님 나라를 건설하기 위한 것이었기 때문에 성경이며, 가장 인간적인 것이 가장 신적인 것이라는 해석은 민중에게 더 가까이 가기 위한, 민중의 삶에 의미를 부여하고자 했던 신학생운동가들의 몸부림으로 읽힌다.

탄압받아 죽어가는 민중을 보면서도 침묵했던 하나님, 민중인 예수, 투사가 되기보다는 내면과 내세를 말하는 예수는 과학적으로 보면 하나의 관점이 아니다. 그러나 신은 여러 속성을 가지고 있으며 운동방향에 따라 그중 하나의 모습을 취했다고 볼 수 있다. 그렇기 때문에 다층의 신인식 모색은 신학생으로서의 정체성 모색 혹은 정체성 투쟁과정에서의 고민으로 해석된다. 예언자 인식으로 충만해서 세태와 교회를 비판하고 민중에게 가까이 다가가고자 애를 썼던 신학생들이지만 이와 더불어 도피자로서의 자아인식이 공존하기 때문이다.

도피자로서의 자아인식

신학생들의 시와 산문은 목회자의 길에 대한 소명인식, 구원의 감격, 참된 신앙인으로서 살고자 하는 자세 등 이상적 소명관을 보인다.

> 사제가 된다는 것은 얼마나 은혜로운 일인가! 새아기(사제)가 잉태할 날을 손꼽아 기다리면서 나는 마냥 기대에 차 있다. 그러나 젊다는 젊음의 상표가 있기에, 신념과 하느님의 보살핌이 있기에 자위하면서, 아니 도전하면서 오늘을 살고 싶다. 스스럼이 걸려있는 석양이 지나간 것들을 회상케 하고 '죽어가는 모든 것'까지 사랑하게끔 재촉한다.
>
> — 김윤근(대학원 2), 「졸업을 앞둔 가을 어느 날(수필)」, 『새아름』 1, 대건신학대학, 1977, 181.

이들은 윤동주의 시 「서시」를 읊조리며 죽어가는 모든 것들을 사랑하겠다고 다짐한다. 그러나 이들의 소명의식과 예언자인식은 현실 혹은 현장으로 나아갔을 때 인간적인 생각, 두려움, 약한 육체를 가진 자로서의 한계와 마주한다. 앞에서 신학생들의 관심은 고아원, 양로원, 소록도와 같은 곳에 있음을 보았다. 신학생들은 사명을 가지고 이들을 방문하지만 "누추하고 역겨운 그 분위기"[106]에 식사를 하지 못했다고 자책하며, 소록도를 방문해서는 "혹시나 악수를 하는 동안 나병이 옮아오는 것은 아닌가? 꺼림칙한 생각"을 했다고 고백하고 "불쌍한 이웃을 보면 코끝이 찡하며 눈에 이슬이 맺히어 어떻게 도와줄 수 없을까?를 생각"[107]했었던 예언자로서의 모습은 어디로 갔을까라며 자

106 이영미(기독교 교육과 3년), 「재활(수필)」, 『미스바』 8, 고신대학, 1983, 278.
107 송제현(1년), 「예수그리스도의 대명사(수필)」, 『갈멜』 5, 장로회호남신학교, 1985, 212~215.

신을 책망한다.

김영호의 소설 「걸음마」에서 특수학교 교사 인철은 정박아와 지체부자유아와 일정 기간 보낸 후 "이런 날을 보내다간 자신도 아이들처럼 저능인이 될 것 같았다. 매일같이 일반 초등학교 2~3학년 정도의 과정을 맴도는 것이 도무지 지겹고 역겹기만 했다"[108]면서 이번 달로 학교를 그만두어야겠다고 생각한다. 그러자 인철을 특수학교에 오게 한 형태는 다음과 같은 말을 한다.

> 학창시절은 다 어데 갖다 팔아 묵었노 (…) 니 입으로 (…) 세상이 부패로 가득 찼다고 기성세대와 사회를 욕하며 데모를 주동하던 그 정신은 다 어데다 처박아 (…) 까뮈라는 작자는 페스트가 만연하여 무고한 어린애들까지도 처참하게 타죽는 걸 보고 '나는 죄 없는 어린이들이 괴로움을 당하는 창조는 죽어도 거부한다'꼬 신 앞에 당당히 항거했다 (…) 까뮈는 그래도 나름대로 최선을 다해 노력하면서 소위 그 당시 사회인과 종교인들의 나태와 오류에 항거하기 위해 '신의 부재'를 부르짖었다. 그런데 신의 사랑을 믿고 있다는 우리는 뭐하노?
>
> — 김영호(4년), 「걸음마」, 『새아름』 1, 대건신학교, 1977, 214.

모든 죽어가는 것들을 사랑하겠다고 다짐했던 신학생들이었지만 정작 민중 속으로 들어가 그들과 함께 한다는 것이 생각과 같지 않다는 것을 알게 된다. 위 소설의 화자는 친구 형태의 입을 빌려 말과 행동이 다른 신학생들의 모습, 정의를 외치며 데모하였고, 민중 속으로 가야 한다고 주장했던 신학생이었지만, 신이 없다고 주장하며 기성사회와 종교를 비판했던 이들에 비해, 신의 사랑을 믿는 신학생이

---

108 김영호(4년), 「걸음마」, 『새아름』 1, 대건신학교, 1977, 210.

더 사랑 없음을 절규한다. 이는 신학생들의 자조적인 자아비판이다.

나아가 신학생들은 자신을 "요나"[109], "도피자"[110], "방관자"[111]로 규정한다. 이들의 공통분모는 무관심이다. 사회와 교회의 부조리를 보며 분노하며 예언자의 사명으로 살아가고 싶지만, 또 다른 자아는 도피하고 싶어 한다. 신학생은 이 지점에 서서 자신이 예언자의 '흉내'[112]를 내는 것이 아닌지 고민한다. 더 이상의 사유를 허락하지 않는 마르크시즘을 바탕으로 고민 없이 현장으로 몸을 불살라 뛰어들었던 세속학생운동가들과 달리, 신학생운동가들은 묻고 회의하고 자신을 바라보았다. 그러나 세속학생운동가들은 이를 신앙과 운동 사이에서 머뭇거린다고 보고 신학생들을 (저항)의식이 없다고 비판한다.

> J신학대는 타 대학에까지 의식이 없기로 유명한 곳 (…) 학생데모에 참가한 학생 수는 고작해야 50여 명을 넘지 못했다
>
> — 윤교식(신학과 2), 「미뉴에트 작품 27(소설)」, 『장신』 24, 장로회신학대학, 1984, 274~283.

같은 시대 같은 공간을 살아가는 다른 학교 학생들과 비교하면서 자신을 비하하고 괴로워하였지만 물러서지 않고 절뚝거리면서도 앞으로 나아가려 힘을 썼던 신학생들이었다. 앞의 글에서 가장 인간적

---

109 신현숙(기독교 교육과 4년), 「신의 존재를 알리고(수필)」, 『성결』 1, 성결교신학대학, 1982, 283~284.
이금란(기독교 교육학과 1년), 「이 모습 이대로(수필)」, 『미스바』 13, 고신대학, 1988, 293.

110 문용동, 「있음(시)」, 『갈멜』 3, 장로회호남신학교, 1983, 156.

111 최덕기(4년), 「나는 역사의 방관자(수필)」, 『갈멜』 3, 장로회호남신학교, 1983, 170.

112 유한희(1년), 「엔도우 슈사꾸의 "침묵"을 읽고(감상문)」, 『갈멜』 5, 장로회호남신학교, 1985, 224.

인 것이 가장 신적인 것이라고 했다. 이러한 시기 신학생들은 예언자로서의 자아정체성을 모색하면서 동시에 인간적인 모습을 보여주었던 참 민중이었다.

* * *

1970년대에서 1980년대 한국의 민주화와 변혁 운동과정에 대학생들과 기독교의 역할은 지대하였다. 이 과정에서 세속학생운동가들은 운동의 과학화와 조직화를 통해 혁명가로서의 정체성을 견고히 한다. 대학생이자 신학생들은 혁명가의 신학적 번역인 예언자로서의 정체성을 보여준다. 그리고 예언자 인식을 가지고 당시 세태와 교회를 비판하고 민중에의 관심으로 나아간다.

세속학생운동가들이 1980년대 말 전 세계 사회주의권의 몰락 이후, 학내 민주화의 과정에서 대중의 지지를 상실하고 일정 부분 민주화된 1990년대 후반에 가서야 회고적이며, 투쟁의 변화에 대한 고민의 모습을 보인 반면, 신학생들은 1980년대 중반 이후부터 중간자, 요나, 방관자, 도망자, 무의식, 강자를 흉내내는 자 등 정체성의 혼란을 보여준다.

예언자 인식과 도피자 인식이 공존한다는 것은 흥미로운 점이다. 이유가 무엇일까. 그 가정 첫째는, 신학생(신자)들이 실존적으로 가지고 있는 죄인이자 의인 의식으로 해석할 수 있다. 나는 죄인이고 동시에 의인, 악인이면서 동시에 선인[113]이라는 성경적 정체성의 영향으로 볼 수 있다. 두 번째는 1980년대 기독학생회의 IT논쟁, 레닌-마르크시즘 혹은 주체사상과 신앙과의 괴리로 해석해 볼 수 있다. 종교의

113 이환진, 「죄인인 나더러 의인이라 하더이다」, 『기독교사상』, 2011,6, 41.

힘을 빌지 않은 운동이 가능한 시대, 세속학생운동가들과 같은 길을 걸을 것인가 하는 고민이었다. 운동하는 이들이 신학을 버리지 못한 경우 운동과 신앙은 다른 길을 걷게 되었고, 종교와 영적 기반이 없는 각 학교의 진보적 기독학생회 활동은 사그라들고 만다. 그리고 신학대학들은 정체성을 분명히 하지 못하고 운동력을 이어가지 못했다.

결국 1970~1980년대는 신학생과 기독학생운동가들의 정체성 투쟁의 시기라고 볼 수 있다. 이를 각 교단 신학교의 특성과도 비교해야겠지만 논의가 크므로 다음 연구자에게 미루기로 하고 이만 글을 마친다.

한국 시의 엘리 엘리 라마 사박다니

기독교인이 아닌 작가들의 작품에도 종종 언급되는 성경의 소재는 '베드로와 닭 울음소리', '유다의 입맞춤', '엘리 엘리 라마 사박다니'이다. 이 사건들이 믿지 않는 이들에게도 유명한 일화임을 알 수 있다. 이 가운데 '엘리 엘리 라마 사박다니'는 소설과 대부분의 종교시에서 예수의 마지막 서사 가운데 정확하게 인용된다. 그러나 이 글에서 살펴보고자 하는 세 편의 시, 이상과 김춘수 그리고 박남철의 시에서는 원문의 의도와 전혀 다른 의미로 해독되거나 혹은 이 구절이 왜 사용되었는지 난해하다.

나를 구원해주소서

본명이 김해경인 시인 이상(1910~1937)은 천도교 계통의 보성고보, 총독부 관립 전문학교인 경성고등공업학교를 나왔기 때문에, 식민지 시기 기독교 교육을 받은 적이 없다. 그리고 기독교 신자였는지 불확실하지만 잡지 『가톨릭 청년』에 글을 투고하는 것으로 문학을 시작하였다. 이상이 문학에 집중한 이유는 1933년 폐병 진단이 한 원인이다. 당시 폐병은 불치병이었고 이상은 절망을 이기기 위해 문학에 몰두한다.

이상의 시는 대부분 어렵고 무슨 말을 하는지 쉽게 해독되지 않는다. 1934년 '제 1의 아해가 무섭다고 그리오'로 시작되는 시 「오감도」

를 연재할 때도, 독자들이 난해하다고 항의를 하는 바람에 연재를 조기에 접을 정도였다. 이상은 독자들의 비난에 자신은 시 2천 점 중 30점을 고른다고 하면서 '언제까지 쉬운 시만 읽으려 하는가'라며 안타까워했다. 그의 시가 생각 없이 쓴 것이 아니라 치밀하게 계획하고 구성한 것임을 알 수 있다. 다음 시 역시 난해하다. 읽기 전에, 이상이 원래 띄어쓰기를 거의 하지 않았다는 것을 밝힌다.

하이얀 천사 이수염난 천사는 큐피드의 조부님이다

수염이전연(?)나지 아니하는천사하고흔히결혼하기도 한다.

나의 늑골은 2떠-즈(ㄴ). 그하나하나에노크하여 본다. 그속에서는해면(海綿)에젖은더운물이끓고 있다. 하이얀천사의펜네임은성피-타-라고. 고무의전선똑똑똑버글버글 열쇠구멍으로도청.

(발신(發信)) 유태사람의임금님주무시나요?

(반신(返信)) 찌-따찌-따따찌-찌(1) 찌 · -따찌-따따찌-찌-(2)

찌-따찌-따따찌-찌-(3)

흰페인트로칠한십자가에서내가점점 키가커진다. 성피-타-군이나에게 세번식이나알지못한다고그런다. 순간닭이활개를 친다……

어억크 더운물을 엎질러서야 큰일 날 노릇 —

— 이상, 「내과(內科) - 자가용복음서(自家用福音) - 혹은엘리엘리라마싸박다니」(창작 연도 미상)

이상은 학생시절 미술반에서 활동하였으며 여러 잡지의 표지를 그릴 정도로 실력이 수준급이었다. 위의 시는 그림으로 치자면 추상화에 가깝다. 추상화의 해석이 보는 이에 따라 다르듯, 이상의 시 역시 해석이 제각각이며 어떤 경우 정반대의 결론을 보이기도 한다. 위의 시 역시 '한국 기독교를 야유한 시'라는 의견도 있다. 부제인 '자가용 복음서'가 '기독인들이 마음대로 해석한 복음서', 즉 성경이 허구라는 입장의 해석이다. 그러나 이상의 다른 시에서 반기독교적 정서나 기독교를 야유하는 흔적을 찾기 어려우므로 이러한 해석은 무리가 있다. 시의 한 문장 한 문장을 풀어보고자 한다.

백의의 천사는 간호원이나 의사의 대유법이다. 큐피트의 조부는 제우스이다. 신들의 왕 제우스와 같은 권위를 가진 의사는 수염이 전연 나지 않는 천사인 여성 간호원과 결혼하기도 한다. 의사는 열쇠구멍으로 도청을 하듯 늑골 24개 하나하나에 청진기를 대고 들어본다. 늑골 안에는 해면 같이 구멍 뚫린 폐가 물이 끓듯 요동치고 있다. 베드로가 예수를 부인하는 것처럼 의사 역시 나의 병을 모른다고 하기 때문에 의사를 성 베드로라는 별명으로 부른다. 링거병의 고무관을 통해 수액이 똑똑똑 떨어지고 마음이 급해진다. 제자들은 파도치는 바다의 배에서 주무시고 계시던 예수를 다급히 깨웠다. 시의 화자도 유다사람의 임금 예수 그리스도에게 '주무십니까, 나를 살려주세요.'라고 발신해본다. 그러나 모르스부호 같은 알지 못하는 말이 찌따찌따 반신될 뿐이다. 신호음을 내는 의료기기일 수도 있다. 흰 페인트로 칠한 십자가 같은 침대에서 병세가 점점 더 나빠진다. 환자는 병에 대해 물어보지만 의사는 세 번씩이나 알지 못하겠다고 그런다. 의사는 병세를 알려주지 않는다. 베드로가 마지막 예수를 부인한 순간처럼 닭이 활개를 치듯 속으로부터 피가 솟구쳐 오른다. '어억' 더운 피를 또 넘겼으니 큰일 날 노릇이다. 이제 가망이 없어 보인다. 즉 이 시는 '내과'에서 진찰받는 장면과 폐병 진단을 받고 병세가 악화되어 가는 과정을 성경의 몇 장면으로 은유한 것이며, 띄어쓰기 없는 문장 배열은 폐의 질환으로 자유롭지 않은 호흡상태를 이미지화했다고 읽을 수 있다.

부제인 '자가용 복음서 – 혹은 엘리엘리라마싸박다니'를 보면, 자가용은 "전용으로 사용하는 자기 소유의 자동차, 자기 집이나 회사 따위에서 전용으로 쓰임"이라는 의미이다. 시의 내용으로 보아 자동차는 아닌 것 같으므로 '전용'에 초점을 맞추면 '나의 전용으로 수용한 복음서'로 볼 수 있다. '혹은'은 앞뒤 구절의 의미 비중이 같을 때 사용하는 단어이므로, 예수의 마지막 말을 자신에게 전용하여 '하나님 하나님 어찌하여 날 버리시나이까, 이 병에서 나를 구원해주세요.'라는 간절함으로 해석된다. 이상이 죽음을 두려워했으며 생에 집착했다는 것은 「오감도 제4호」의 '진단'과 '용태에 관한 문제'와 같은 표현, 연작시 「위독」(총 12수, 1936)의 '초조', '출혈', '혈청', '오들오들 떤다.', '묘혈'과 같은 병리적 표현에서 뚜렷해진다. 결국 위 시의 '엘리 엘리 나마 사박다니'는 한 번도 쉬지 않고 숨 가쁘게 '엘리엘리라마싸박다니'라고 외치며 자신을 구해달라고 간절히 기도하는 내용이다. 이상은 1936년 결혼해서 일본으로 갔지만 1937년 사상불온 혐의로 투옥되었고 병보석으로 출감한 후 얼마 있지 않아 27세에 폐병으로 사망한다.

배신과 충격

'내가 그의 이름을 불러주기 전에는 그는 다만 하나의 몸짓에 지나지 않았다'로 시작하는 시 「꽃」으로 유명한 김춘수(1922~2004)는 부유한 가정에서 태어나 호주 선교사가 운영하는 유치원에 다녔다. 그래서 "어릴 적부터 기독교가 정서적으로, 감각적으로 몸에 배었다"고 한다.

김춘수의 시는 역사와 이데올로기로부터 거리를 두는데, 특히 1960년대의 시는 의미를 배제한 '언어유희'의 시기로 규정되고, 이 시기의 시들은 의미가 없는 '리듬의 언어' 및 '주문의 언어'라는 평가를 받는다. 시에서 의미가 소거되면 나무아미타불과 같은 진언, 혹은 마술사의 수리수리 마하수리와 같이 의미 없는 주문과 비슷해진다. 다음 인용문은 이 '무의미의 시' 시기에 쓴 시이다.

> 저
> 머나먼 홍모인(紅毛人)의 도시
> 비엔나로 갈까나,
> 프로이드 박사를 찾아갈까나,
> 뱀이 눈 뜨는
> 꽃 피는 내 땅의 삼월 초순에
> 내 사랑은
> 서해로 갈까나 동해로 갈까나,
> 용의 아들
> 나후라(羅睺羅) 처용아빌 찾아갈까나,
> 엘리엘리나마사박다니
> 나마사박다니, 내 사랑은
> 먼지가 되었는가 티끌이 되었는가,
> 굴러가는 역사의
> 차바퀴를 더럽히는 지린내가 되었는가
> 구린내가 되었는가,
> 썩어서 과목(果木)들의 거름이나 된다면
> 내 사랑은
> 뱀이 눈 뜨는
> 꽃 피는 내 땅의 삼월 초순에,

— 김춘수, 「타령조(打令調)2」

난해한 위의 시 중간에 '엘리엘리나마사박다니'가 박혀 있다. 평자들은 이 역시 의미 없는 주문과 같다고 본다. 그러나 김춘수는 예수가 "예수 시대 이후의 인종이나 민족을 초월한 사람들에게 빚을 남겨놓고 갔다고 할 수 있다. (…) 예수의 이름으로 지금도, 아니 미래에도 끊임없이 에고이즘과 에고티즘이 오로지 그들의 힘을 뻗어가기만 한다면? 겟세마네에서 기도한 예수는 지금도 그 모양 그대로 홀로일 뿐일는지도 모른다."라고 예수의 개혁정신과 그로 인한 고독을 이해했다. 에고티즘은 바리새인과 같이 자신의 욕망이나 이익을 희생하면서 자신을 수행자나 고행자로 미화한다. 주문과 같이 타성에 젖은 에고티즘을 비판한 김춘수이기에 한 자 한 자 짚어가며 리듬의 언어가 잡아내지 못하는 의미를 찾아보고자 한다.

타령조란 판소리나 잡가, 타령 같은 전통 곡조이다. '타령조'는 사랑을 잃은 자의 타령이다. 남녀가 사랑을 속삭이는 봄이지만 화자는 황망한 마음에 무엇인가를 찾아 여기저기 헤맨다. 홍모인은 머리털이 붉은 사람이란 뜻으로, 서양 사람을 경멸하여 일컫던 말이다. 이 땅을 떠나 서양으로 가볼까, 심리학자 프로이트를 찾아가서 상담을 받아볼까, 동해나 서해로 떠나볼까 하는 생각으로 어지럽다. 마지막 도달한 결론이 처용이다. 김춘수는 시집명에 『처용』이 있을 정도로 처용에 깊이 몰두했는데, 평자들은 처용이 김춘수 자신을 투사한 것이라 한다. 처용의 이야기는 『삼국유사』에 의하면 '동해 용왕의 아들 중 하나인 처용의 아내는 아름다웠다. 한 역신이 처용의 아내와 몰래 잠을 잤다. 처용은 춤을 추면서 노래를 부르고 사라졌다. 역신은 그 마음에 감동하여 앞으로는 당신의 얼굴이 있는 그림만 보아도 그 문 안에는 들어가지 않겠습니다라고 말하고 물러났다. 이후 사람들이 처용의 모습을 그려 문에 붙여 악기를 물리치고 경사스러운 일을 맞아들이게 되었다'는 설화이다. '나후라'는 묵묵히 실천 수행한 석가의 제자이다.

역신이 자신의 아내를 범한 상황 앞에서도 분노하지 않고 말을 아꼈기 때문에 처용을 나후라와 같다고 생각한 듯싶다. 그러나 정말 처용이 웃으며 물러났을까. 아내를 사랑한 이라면 이 현장에서 배신감과 충격이 컸고 역신보다는 아내에게 더 실망을 느꼈을지도 모른다. 예수의 마지막 외침을 신에게 버림받음을 광의의 배신으로 본다면 이를 하나님의 배신으로도 해석할 수 있을 것이다. 신에게 버림받은 것과 같은 배신감으로 인해 아내를 향하던 순결한 사랑이 먼지, 티끌, 지린내, 구린내, 거름으로 변한다.

김춘수는 예수의 고통에 대해 "그 두려움과 그 아픔을 견뎌낸 사람의 말씀은 또한 한없이 두렵고, 간혹은 아픔으로 다가온다. 가슴을 우빈다."고 하였다. 예수의 십자가 고통은 처절한 것이었으며 그의 "말씀"이 가볍지 않다고 말하고 있는 그가 '엘리엘리나마사박다니'를 의미 없이 인용하지는 않았을 것이다. 예수의 마지막 말의 무게와 고통을 아는 김춘수였기 때문에 처용의 고통은 하나님에게 버림받은 예수의 고통과 비슷하다고 생각했을지도 모른다. 그래서 '나의 하나님 나의 하나님 어찌하여 나를 버리시나이까'라고 말한 뒤, 호흡을 정리하고 다음 행에서 다시 '나마사박다니', 즉 '어찌하여 나를 버리시나이까'를 한 번 더 반복하는 것으로 자신의 고통을 드러낸다. 결국 위의 시는 실연의 노래로서, 배신에서 받은 충격의 마음이 예수의 마지막 외침과 같았다는 의미로 해석할 수 있다.

산스크리트어와 아람어의 충돌

박남철(1953~2014)은 첫 시집 『지상의 인간』(1984)부터 야유와 풍자, 욕설의 시어로 세상의 비틀림을 고발해서 독자들을 놀라게 하였다. 이후 그는 시의 형식을 파괴하고 분노를 직설적으로 표출했고, 문단으로부터는 "도덕이나 관습 같은 기존 질서를 파괴하고 부정한 해체시 혹은 실험시"라는 평가를 받는다.

그는 「주기도문」, 「감사기도」, 「맏아들의 기도」, 「주기도문, 빌어먹을」 등 기독교를 소재로 한 시에서도 신성모독적 표현을 서슴지 않는다. 빌어먹을 주기도문이라는 욕설시 「주기도문, 빌어먹을」에서는 '지금, 하늘에 계신다 해도 도와주시지 않는 우리 아버지의 이름을 아버지 나라를 우리 선불리 믿을 수 없사오며'라며 하나님은 도와주지 않는 아버지, 고통을 주는 자, 사랑이 없는 자이기 때문에 선불리 믿지 않겠으니 우리를 이제는 내버려두라고 한다. 그리고 '믿습니다? 믿습니다를 일흔 번쯤 반복해서 읊어 보시오'라며 믿습니다만 외치는 맹목적인 신앙을 야유하고, '대개 나라와 권세와 영광은 이제 아버지의 것이 아니옵니다.'로 끝을 맺는다. 기독교에 대한 이러한 인식들로 보아 신앙이 있다고 생각되지 않는 그가 엘리 엘리 라마 사박다니를 다음과 같이 해석한다.

> 낮 열두 시부터 온 땅이 어둠에 덮여 오후 세 시까지 계속되었다. 세 시쯤 되어 예수께서 큰 소리로 "엘리 엘리 라마 사박다니" 하고 부르짖으셨다. 이 말씀은 "나의 하느님, 나의 하느님, 어찌하여 나를 버리셨나이까"라는 뜻이다. (마태오 27: 45~47)

> 티베트 라마 불교 진언 중에는 "성자의 위대한 바른 지혜의 총지"라는 뜻으로 "엘리 엘리 라마 삼약[삼막] 삼보리 다라니 Eli Eli Lama Sammach Sambori Daranii"라는 구절이 있다. (안경전 지은 『다이제스트 개벽』 제45면 중에서 요약)

신비여…

역사여…

나는 위의 충격적인 충돌을 이루고 있는 두 문헌의 인용구 사이에서 한없는 사막의 실크로드 위를 오늘도 한없이 타박타박 걸어가고 계시는 우리 주님의 발길을 본다. 오오오, 내 주님이시여…

— 박남철, 「엘리 엘리 라마 사박다니」

박남철은 성경과 라마불교의 진언을 비교하여 예수가 마지막 순간에 라마불교의 주문을 암송한 것이라는 해석을 인용한다. 그 근거로 제시하는 것이 증산도 종도사 안경전의 『다이제스트 개벽』이다. 이 책은 대학 종교 서클 '증산도가'에서 발간한 책으로서 "예수는 인도를 거쳐 티베트로 유학 가서 인간의 평등을 주장한다… 이에 승려들은 예수가 인도의 카스트제도를 파괴한다고 정죄한다… 네팔로 피신한 예수는 불교에 매혹되어 승려가 되는데… 예수의 불교식 이름은 이사(issa)이다… 인도 티벳 고승으로부터 심령치료의 비법을 전수받고 29세에 귀국한다."는 내용을 적고 있다.

어떤 이에게는 새로운 발견이며 충격이라 할 수도 있다. 그러나 아람 방언과 산스크리트어는 다르다. 일종의 동음이의어일 뿐이다. 불교에서 깨달음의 지혜 또는 지혜를 얻기 위한 수도 과정을 뜻하는 산스크리트어 '보리(Bodhi, 菩提)'가 한국어 '보리(麥)'와 발음이 같은 것이 그 한 예이다. 결국 의미 없는 해석을 하고 있는 박남철의 의도는 무엇일까. 마지막 연의 '한없는 사막의 실크로드 위를 오늘도 한없이 타박타박 걸어가고 있는 우리 주님의 발길'에 주목하며 본다. 실크로드는 아시아와 유럽을 잇는 길로서 이 길을 통해 이슬람 문화와 인도의 불교가 중국과 우리나라 그리고 일본까지 전해지고 중국의 비단 직조 기술과 제지술이 중앙아시아와 유럽 그리고 아프리카까지 전해졌다.

마태복음과 티베트 라마불교의 사이, 실크로드 위를 타박타박 걷는 예수라는 표현에서, 힌두교의 신이나 불교의 신이나 이슬람의 신이나 기독교의 신은 궁극적으로 하나이며 모든 종교가 하나의 구원의 길로 통한다는 다원론적 신관을 보여주고자 한 것은 아닐까 해석해 볼 수 있다.

* * *

성경에서 예수가 하신 말은 많은데 시인들이 유독 이 말에 관심을 보이는 이유가 무엇일까. '엘리 엘리 라마 사박다니'는 4·2·4조 리듬에 유음으로 구성되어 술술 읽힌다. 한번 들으면 쉽게 잊히지 않는 구절이기 때문에 외우기에 어렵지 않다. 그리고 아들이 아버지 신에게 철저히 버림받았다는 사실은 충격이었을 것이다. 사건 당사자에게도 적지 않았을 고뇌가 그대로 독자에게 전이되는데, 이 감정은 신의 것이 아니라 인간의 것이다. 신의 위엄으로 묵묵하게 십자가를 진 것이 아니라 마지막 순간 인간적인 외침, 인간적인 고통과 고독은 신앙 없는 시인들도 그 무게를 감지할 수 있을 정도로 절망적이었다. 그리고 신은 왜 버렸는지 답을 주지 않는다. 추상화와 같다. 결국 시인들은 이 말을 각자의 입장으로 읽어낸 것은 아닐까….

3. 1990년대 이후

한국 문학의 시한부 종말론

기독교 문학에서 이단을 소재로 한 작품은 흔하지 않다. 신자가 아닌 독자들에게는 흥미있는 소재가 아니고 흥미를 유발하려면 본질에서 멀어지기 때문이다. 이단에는 여러 종류가 있지만 이 글에서는 한국문학 속의 시한부 종말론을 중심으로 살펴보고자 한다.

시한부 종말론은 1980년대 말부터 2012년 지구 종말설, 노스트라다무스의 예언, Y2k 등의 분위기를 타고 한국사회에 퍼지더니 1991년 걸프전을 계기로 본격 확산되었다. 이때 다양한 시한부 종말론 단체들이 일어났고 1992년 10월 28일 휴거설이 유포되는 데는 이장림이 주도한 다미선교회의 영향이 컸다. 결과를 보면 휴거는 없었고 이들의 종말론적 성경해석이나 어린 종들의 직통계시는 허구로 드러났으며 이장림은 구속되었다.

시한부 종말론의 결말이 어떻게 되었는지는 알고 있기 때문에 이를 어떻게 형상화하느냐에 따라 이야기가 달라진다. 정찬의 「종이날개」(1995), 조성기의 「거대한 망상」(1998), 이승우의 「그의 광야」(2005) 등의 단편은 1인칭 관찰자의 시점으로 시한부 종말론에 빠질 수밖에 없는 인물들의 사회적 요인과 내적 심리, 시한부 종말론이 허위로 드러났음에도 빠져나올 수 없는 종말론 공동체 등을 소재로 하였다. 4년 동안 작업한 윤흥길[114]의 『빛 가운데로 걸어가면』(1997)은 2권으로 이루

114 윤흥길(1942~)은 전주사범과 원광대 국문과를 졸업하였다. 1968년 한국일보 신

어진 장편으로 단편보다는 세밀하고 다양한 시각으로 종말론 단체를 그린다. 앞의 단편들이 다소 무거운 내용과 어두운 분위기라고 하면 『빛 가운데로 걸어가면』은 종말론단체와 신봉자들을 밝은 색채와 해학적으로 보여준다.

『빛 가운데로 걸어가면』은 윤흥길의 1983년 작품 『완장』의 속편이기 때문에 먼저 『완장』의 줄거리를 살펴본다. 땅투기에 성공한 최사장은 양어장을 만들고 관리를 동네 건달 종술에게 맡긴다. 종술은 생전 처음 맛보는 완장의 힘을 과시하기 위해 저수지에서 낚시질하는 남녀에게 기합을 주기도 하고, 고기를 잡던 초등학교 동창 부자를 폭행하기도 한다. 읍내에 나갈 때도 완장을 두르고 활보하면서 자아도취에 빠지지만 주점 작부 부월에게는 위력이 먹혀들지 않는다. 급기야 종술은 자신을 고용한 사장 일행의 낚시질까지 금지하는 바람에 해고된다. 그리고 가뭄 해소책으로 저수지의 물을 빼야 한다는 수리조합 직원과 경찰에게 행패를 부리다가 완장의 허황됨을 일깨워주는 부월의 충고를 받아들여 완장을 저수지에 버리고 부월과 함께 패물을 훔쳐 고향을 떠난다.

『빛 가운데로 걸어가면』은 이들이 야반도주해서 서울로 온 후 전개되는 이야기이다. 포장마차를 하다가 망한 종술과 부월은 한강에서 동반자살하려는 순간 박장로를 만나게 된다. 기독교에는 관심 없던 두 사람은 박장로의 집에서 분에 넘치는 대접을 받고 한 달여를 지내다가 가정 일을 돌보는 구집사와 박장로의 아내 손권사를 통해 성경

춘문예에 단편소설이 당선되어 문단에 나왔으며, 한국문학작가상, 현대문학상, 한국일보문학상, 요신문학상 등을 수상했다. 저서 『장마』, 『완장』, 『황혼의 집』, 『아홉 켤레의 구두로 남은 사내』, 『직선과 곡선』, 『창백한 중년』 등에서 현대사에 대한 예리한 통찰로 역사, 현실, 시대, 삶의 부조리와 모순을 다루었다. 작품은 절도 있는 문체를 구사하며, 독특한 리얼리즘적 기법을 사용한다는 평가를 받는다.

을 읽고 기독교를 접하게 되어 교회에 나가게 된다. 그리고 얼마 되지 않아 성령체험을 한 부월은 우연한 기회에 술집 작부로서의 방탕한 생활을 간증하고 좋은 반응을 받아 다른 교회에도 초청받는 유명인사가 된다. 이후 종말론을 접하게 되고 여기에 빠져들어 간증하고 다니다가 더 큰 종말론 단체 들림선교단의 하목사에게 가두 선교사로 스카우트 된다. 그리고 눈치 빠른 부월의 시선을 통해 종말론 공동체의 실상, 종교지도자의 허위, 공동체와 가족들의 불화, 1992년 10월 28일 사건이 자세히 서술된다.

윤흥길은 작가의 말에서 『완장』의 주인공들을 다시 불러들인 이유에 대해 임종술이나 김부월 같은 잡놈, 잡년들이라면 "종말론 바람에 편승해서 한몫 잡으려고 거추없이 설쳐댈 것 같았다."고 밝힌다. 소설은 이 과정을 충실히 따라가며 두 부부의 행동을 통해 이단과 한국사회와 한국교회를 생각하게 한다.

시한부 종말론 단체

『빛 가운데로 걸어가면』은 이단들의 특성을 구체적으로 하나씩 짚어가며 전개된다. 첫째, 정통성 논란이다. 1992년 다미선교회 외에도 50여 개 종파가 시한부 종말론을 퍼트렸는데, 여기에 현혹된 사람들은 2만여 명에 달했다. 종말론 단체들은 자신들만이 하나님의 직통계시를 받았다고 주장하며 다른 종말론 단체와 기성교단을 마귀의 소굴이라고 주장한다. 여러 단체가 난립하고 있다는 것을 알게 된 부월은 시한부 종말론이 "단벌이 아니고 여러 벌"임을 파악하고 자신의 간증활동에 돈을 더 주는 곳을 선택한다.

들림공동체의 하목사 역시 다른 시한부 종말론 교파들을 헐뜯는데, 이장림의 다미선교가 거짓선지자라는 하목사의 논리는 다음과 같다.

> 기왕 어린애들을 이용해서 사기칠 바에는 이제 갓 돌이나 지난 젖먹이를 선지자로 내세우는 편이 차라리 나을 걸 그랬다 (…) 성경말씀을 엉터리로 잘못 풀이한데서 온 터무니없는 망발 (…) 반드시 중고생 나이 이전의 어린아이들이라면 천국에 들어갈 수 있고 또 천국 백성 가운데서 큰 자라는 말씀은 성경의 어디에도 없다.

그리고 자신이야말로 육신의 나이는 많은 편이지만 영혼의 나이는 어린아이같이 순결해서 선지자로서의 사명을 감당하기에 전혀 부족함이 없다는 것이다. 하목사의 논리 가운데 자신의 정당성에 대한 논리는 터무니없지만 다미선교회의 이단성에 대한 분석은 비교적 정확하다.

또한 종말론 단체들은 기성교회 역시 이단이라고 주장한다. 종술이 부월에게 들림선교단이 이단이라고 하자, 부월은 "각각 보기 나름이고 생각하기 나름"이라고 한다. 어린 감람나무 선지를 따르는 택하신 백성들은 박장로와 같은 기성교회 교인들을 이단이라고 주장하고 있으며 이것은 성경구절로 증명할 수 있다고 배운 대로 반박한다. 부월과 하목사의 논리는 당시 종말론 공동체의 정통성 시비와 일치한다.

이단들의 두 번째 특징은 헌금을 과도하게 강조한다. 들림공동체 하목사 역시 전 재산을 공동체에 갖다 바치지 않으면 된서리를 맞을 것 같다는 두려움이 들 정도로 헌금을 강요한다. 재산을 팔아 교회에 헌납하는 이유는 귀한 재물을 땅에 쌓아 놓지 말고 좀도 녹도 도적도 없는 하늘에다 쌓아둬야 된다고 성경이 말했다는 것이다. 그리고 잘못된 교리를 진리로 착각하며 잘못 믿고 있는 "진짜 불쌍한 영혼들"인 기성교회 교인들을 포섭해서, 그것도 가급적이면 부자성도들만 공동체로 데려와야 한다고 설교한다. 그 이유는 성경에서 부자가 천국에 들어가기란 낙타가 바늘구멍을 통과하기보다 어렵다고 했기 때문에 가난한 사람에 비해 더 불쌍한 부자부터 먼저 구원할 필요가 있다는 주장이다.

종말론 공동체의 정체를 일찌감치 파악한 부월은 "휴거 좋아하네"라고 비웃으며 종말론 단체가 순진한 사람들의 쌈짓돈이나 털어먹는 "돈 놓고 돈 먹기 야바우판"의 날강도 사기꾼이며, "솔찮이 벌이가 잘 되는 신종사업"으로서 "교회가 아니라 교회 탈을 쓴 주식회사"라고 간파한다. 그리고 전 재산을 교단에 내놓는 신도들을 이용해서 한 몫 잡아보고자 공동체에 뛰어든다.

눈치 빠른 부월이 세상이 망하면 돈이 필요 없는데 왜 헌금을 거두냐고 다그치자 하목사는 "큰 꿈" 있다고 한다. 자신은 다른 의인들이 모두 휴거된 다음에도 혼자 남아서 칠년대환란(천년 왕국이 오기 전 말세 칠 년 동안 받는다는 큰 환난)이 죄악 세상을 휩쓰는 동안 주님의 우편에 서서 적그리스도 세력에 맞서 최후 순간까지 "성전"을 벌이다가 결국 순교하도록 운명이 정해져 있다는 것이다. 그리고 성전을 치르는 데는 막대한 군자금이 필요하기 때문에 선교헌금 명목으로 "정결한 재물"만을 골라서 받았다고 한다. 또한 하목사는 마지막 날이 가까워 오자 집단으로 유언장을 작성하기를 요구한다. 아직도 처분하지 않은 재산이 있는 의인은 그 목록을 적은 위임장과 함께 인감도장을 교단에 맡겨 혹시라도 휴거되지 않는 의인이 생겨날 경우 그들로 하여금 공동인수하게 해서 칠년대환란을 치르는 동안 관리를 책임질 것이라고 말도 안 되는 논리를 편다. 그럼에도 종말론 신자들은 이러한 일들을 의심하지 않고 받아들인다. 그들의 영혼이 바람 들었기 때문이다.

박장로는 부월이 이단에 빠진 것을 "영혼이 바람"난 것이며 육체의 바람보다 인간을 더 골병들게 한다고 말한다. 윤흥길은 이단에 빠지는 것을 김부월이 몸을 팔았던 작부로서의 이력, 즉 수시로 상대를 바꿔가며 씀씀이가 헤픈 단골손님들에게 웃음을 팔던 작부시절과 다를 바 없는 난잡스런 행태로 서술한다.

> 박장로를 생명의 은인으로 섬기는 동안에는 박장로의 소개로 만난 예수그리스도한테 흠뻑 빠져 인사불성이 될 지경이었다. 최전도사를 통해 어린 감람나문지 뭔지를 알게 된 다음에는 곧바로 예수 그리스도를 밀어내고 그 대신 그 자리에 감람나무를 되똑 올려 앉혔었다. 목사를 자칭하는 하아무개란 자가 나타나 노골적으로 유혹의 손길을 뻗히자 이번에는 예수도 감람나무도 말짱 다 소용없고 오로지 하목사만이 진짜라는 식

부월뿐 아니라 준재벌급 기업의 회장 며느리이자 사장부인이었던 여성은 종말론 공동체에 들어와 이혼한 위자료를 하목사에게 헌금하려 한다. 이를 보며 종술은 무엇이 아쉬워서 잘난 서방을 마다하고 어린 자식까지 팽개치고 종말론 속에 푸욱 잠겨 허우적거리는지 이해할 수 없다며 "창아리 빠진 잡년!"이라며 욕한다. 윤흥길은 들림공동체의 여성들을 "예수 재림을 보기 위해 이 세상에 태어난 사람들"로 묘사한다. 그녀들은 성경에 나타나 있는 종말의 예언을 털끝만큼도 의심하지 않았고, 신행주대교와 팔당대교의 붕괴사고, 걸프전쟁, 천재지변 등으로 예정된 종말의 역사는 한 치의 착오도 없이 차근차근 진행되는 중이라고 여긴다. 나중에는 "늙은 감나무에서 철퍼덕 떨어지는 농익은 홍시를 보고도 어김없는 종말의 증거라고 벅벅 우겨댈 판"이었다. 그녀들은 하목사의 성추행에도 그의 정체를 파악하지 못할 정도로 영혼이 잠식되어 간다.

이단의 세 번째 특징은 가족의 분열이다. 이단들은 예수가 평화를 주러 온 것이 아니라 검을 주러 왔다는 성경말씀을 근거로 가족들과의 불화를 당연하게 여기도록 한다. 10월 28일 저녁이 되자 최후의 만찬 이후 마지막으로 육친들과 작별을 나누는 시간을 가지는데, 다

음 지문은 철조망을 사이에 둔 부자간의 대화를 긴박감 있게 보여준다.

> "귀열아 네 뜻대로 안 되더라도 부디 극단적인 행동만을 자제해다오. 살아서 건강한 몸으로 다시 시작하자…"
>
> "아버님하고 저는 길이 너무 다르니까 절대로 그런 일은 없을 거예요. 주님은 오래 참고 기다릴 줄 아시는 분입니다. 이제라도 늦지 않았으니까 잘못 믿은 죄를 회개하고 어서 구원의 길에 합류하세요"
>
> "몇 시간 후면 진리가 어느 쪽인지 곧 판명이 될 거다. 귀열아, 우린 널 여전히 사랑하고 있단다. 휴거가 불발되더라도 제발 경거망동하지 말고 살아서 하나님 품으로, 가족들 품으로 돌아오기 바란다."
>
> "아버님, 용기를 내셔서 한 발짝만 안으로 들어와 보세요. 거기가 바로 천국과 지옥을 가르는 경계선이라구요!"

당시 가족들의 걱정은 휴거가 없을 경우 아들이나 딸이 혹시 자살하지 않을까 하는 것이었다. 당시 경찰 추산으로 자살 2명, 직장 사직 7명, 학업 중단과 가출 21명, 이혼 등 가정불화가 24명 발생하였다. 두 명이나 자살하게 하였지만 공동체를 이끌던 지도자는 도망가 버렸거나 살아 있다. 삯꾼 목자와 선한 목자의 차이일 것이다.

한국교회

윤흥길은 6·25 때 신앙을 가지게 되었는데 교회가 신앙문학을 요구하자 문학과 신앙이 별개라는 생각으로 교회를 떠난다. 그러다가 1980년대 중반 갑작스러운 좌반신 불수의 치유 과정에서 신앙을 회복한다. 그리고 "창조주의 피조물인 인간을 여실하게 잘 형상화하는 것이, 곧 신의 섭리를 드러내는 것"이라는 생각을 가지게 되고 기독교 문학에 대한 기존의 생각에서 벗어난다. 그의 소설 『빛 가운데로 걸어가면』은 표면상으로는 김부월과 임종술의 완장콤플렉스와 허황된 인식 그리고 종말론 공동체를 고발하고 있는 듯 보이지만, 심층적으로는 이단 문제를 통해 현대교회의 문제점들, 불투명한 재정, 카리스마적 권위를 가진 지도자 등을 비판하고 있다.

『빛 가운데로 걸어가면』을 통해 볼 수 있는 현대 한국교회 문제는 첫째, 쇼가 되어가는 말씀과 예배이다. 부월은 교회에서 간증 사례비를 받고, 들림공동체에서는 간증만 하면 월급도 준다고 하니 "거짓말도 양념을 치고 간을 맞추어 감칠나게 잘만 하면 제법 괜찮은 돈벌이가 될 수 있다는 사실"을 알게 되고 신이 나서 간증한다. 이에 대해 박장로는 "간증이 얼마나 어렵고 조심스러운 건지를 모르고 그저 아무나 입만 벌리면 술술 쏟아지는 것이 간증인 줄로 착각"한다며 간증은 만담이 아니며 잘못된 간증은 하나님에 대한 불경이고 간증에 대한 모독이라고 한다. 그리고 간증이란 "지은 죄를 자백하고, 그 죄를 회개하고, 회개를 통해 자신의 믿음을 증거해야" 한다고 강조한다.

박장로의 우려대로 부월은 간증이 반복될 때마다 처음에는 다섯 명이던 남편 수가 열한 명까지 늘어나고, 종술의 이력 역시 처음에는 전과 5범이었다가 7범까지 증가한다. 그리고 종술에게 "예수쟁이들 불러먹기는 참말로 일도 아니드라고. 내 죄가 주홍보담도 붉으요, 허고 왜장만 쳐대면 주여, 주여, 험시나 깜박깜박 속아 주드란 말여."라면서 세상천지에 예수쟁이들만 득실거린다면 손끝에 물 한 방울 하나 안 묻히고 편하게 살 수 있겠다고 말한다. 그리고 종술에게 "자기도 요담에 유치장 드나든 겡험을 살려서 간증 쪼깨 혀보면 으떨꼬?"라고 제안한다.

한국교회의 두 번째 문제는 올바른 종말관을 제시하지 못했다는 것이다. 다음 인용문은 부월이 최전도사를 통해 1992년 10월 28일 예수의 공중재림을 주장하는 시한부 종말론을 처음 접하게 되는 순간 휴거가 무엇인지 묻는 장면이다.

> "심판 날에 예수님이 공중재림 하실 적에 믿는 자들이 하늘로 올라가는 현상. (…)"
>
> "오매 땅에다 두발 붙이고 살어가는 사람들이 무단시 왜 들려서 하늘로 올라가게 된다요?"
>
> "멸망으로부터 구원받는 큰 축복이랍니다, 자매님"
>
> "나도 예수깨나 믿는다고 믿는 사람인디, 그런 소리는 금시초문이구만요"
>
> "아 그렇습니까? 예수를 믿어도 정확히 알고 제대로 믿으셔야지요. 믿는다고 무조건 다 구원받는 건 아닙니다, 자매님"
>
> "아아니 그렇다 허이면 댁은 제대로 믿고 나는 안 제대로 믿는다, 그런 말씸이요?"
>
> "그렇습니다, 자매님"

부월은 위의 대화를 통해 기독교에 관한 한 모르는 게 없어 보이는 최전도사에게 빠져든다. 윤흥길은 그 이유를 "많은 사람들 앞에서 간증행사를 자주 갖는 기독교인의 한 사람으로서 분명히 저보다 한 수 윗길인 동업자를 두고 느끼는 선망의 감정"으로 묘사한다. 이후 빛의 사자로 변신한 부월은 고속버스터미널 앞에서 "정처 없이 헤매는 불쌍한 사람들 손에 일일이 빛을 쥐어주는 새로운 생활"에 말할 수 없는 보람을 느낀다. 부월이 성령을 받고 믿음을 가지게 된 것은 분명해 보이지만 성령체험 후 제대로 된 교육이 이루어지지 않았음을 알 수 있다. 성경과 신앙에 대한 교육이 미비한 결과 이단으로 넘어가는 성도들이 적지 않았으며, 결과적으로 이단들이 종말에만 매달리기 때문에 교회가 건강한 종말론적 신앙을 교육하고 강조하는 것이 모호하게 되었다.

셋째, 사랑이 없는 교회 비판, 『빛 가운데로 걸어가면』은 이단에 빠진 이들은 미혹된 것이기 때문에 교회가 사랑과 인내로 잘 가르쳐야 한다고 말한다. 박장로는 두 부부가 이단에 빠진 이유가 그들을 교회와 직장에서 내쫓은 자신 때문이라고 자책한다. 그리고 종술과 부월을 찾아와서 사죄한다.

> 입으로는 늘 형제애를 들먹이고 이웃 사랑을 외치면서 몸으로 실천하지 못한 날 용서해주게 (…) 내가 바로 죄인이네. 자네를 집에서 내쫓고 회사에서 내쫓고 교회에서 쫓아서 결국 종말론이란 막다른 골목으로 몰아붙인 장본인이 바로 나라는 사실을 나중에야 깨달았네

박장로는 시한부 종말론의 발생 원인이 사랑해야 한다고 말로만 떠들었지 제대로 실천하지 못했던 자신의 탓이라고 한다. 그리고 이들을 비판하거나 판단하지 않고 이단에서 구원하고자 노력한다. 10월 28일이 지나도 아무 일이 없으면 돌아오라고 하자 부월은 교회 사람들이 자신들을 동냥아치처럼 대하면서 축객하더니 이제는 왜 돌아오라 하느냐고 그 잘난 신사 숙녀 교인들이 자기를 쫓아냈다고 쏘아 붙인다.

> 광암교회가 앤경잽이 여편네 같은 못된 지집 사내들로 꽉꽉 차서 더 배겨낼 재간이 없습니다. 억지 춘향이맨치로 멍석 깔어서 자리 맨들어 놓고 여러 서방 섬긴 간증질 시키고는 은혜시럽게 잘헌다, 잘헌다, 대고대고 앞에서 부추킴시나 뒤로 돌아서는 (…) 죄많은 사마리아 예펜네가 부끄럼

이 뭔지도 몰르고 서방 여럿 섬긴 것이 무신 베실이라고 뻔뻔시럽게 광고 돌리냐고 찌리찌리 뫼야서들 숭이나 봄시나, 저런 음란마귀허고 같이 예배드릴 수 없으니께 교회를 딴디로 욍기든가 무신 수를 내야 쓰겄다고 쑤근거리는 소리가 주일마다 내 귀에 들립디다.

위의 인용문은 교회 안에서도 재산과 학식에 따라 계급이 나누어진다는 것, 그리고 신앙 공동체 안에서 자신의 잘못을 공개적으로 회개한 것이 인신공격의 빌미가 될 수 있다는 것을 보여준다. 부월의 말에 박장로는 교인들 모두 잘못을 뉘우치고 있기 때문에 이제 그리스도 안에서 진정한 사랑의 교제를 나누게 될 거라고 하지만 부월은 쳐다보지도 않는다.

* * *

1992년 10월 28일 12시, 아무 일도 일어나지 않았다. 망연해하며 앉아 있는 공동체 사람들에게 하목사는 "예정된 시간에 휴거가 이뤄지지 않은 것은 우리의 기도가 부족한 탓"이며 "혹여 실수로 하나님의 계시를 잘못 해석하는 바람에 날짜가 약간 틀렸는지도 모른다!"고 하고는 도망가 버린다. 임종술과 김부월은 종말론 신자들과 가족들로부터 폭행당한다. 그리고 한강에서 자살하고자 할 때 다시 박장로가 나타난다. 처음 장면과 같은 구조의 열린 결말인지라 임종술과 김부월이 회개하고 제대로 믿을지, 그들의 자세와 삶이 바뀔지 알 수는 없다. 처음과 다른 것은 박장로의 생각과 믿음이 바뀌었다는 것이다. 그의 사랑과 인내로 두 성도의 신앙이 성장하고 바르게 되기를 바랄 뿐이다.

이주노동자 문학과 기독교

2000년대 한국시는 소재와 배경이 한국과 한국인을 넘어선다는 특징을 보인다. 1970년대 말부터 전 지구적으로 본격화된 시장의 자유화와 개방, 탈규제, 민영화가 빈익빈 부익부 현상과 환경파괴를 가속했다는 것이 일반적인 평가이다. 결국 주변국은 외채부담을 줄이고 외화자산을 늘리기 위해 노동이주를 장려하고 일자리를 찾아 국경을 넘는 사람들이 많아졌다. 이들은 임금이 상승하기 시작한 1987년을 기점으로 한국에 들어오기 시작한다. 그리고 1990년대 말부터는 서서히 문학에도 모습을 드러낸다.

하종오의 시집 『입국자들』(산지니, 2009)은 탈북자, 중국동포, 외국인 이주노동자들과 그들의 가족을 중심으로 이들이 고향에서 어떠한 삶을 살았는지, 왜 고향을 떠났는지, 한국에서 어떻게 보내고 있는지, 그리고 고국으로 귀환한 이후 어떤 생각을 하고 있는지 보여준다.

그들이 고향을 떠난 까닭

한국에 들어온 이주노동자들은 대대로 고향에서 농사 혹은 목축을 업으로 하였다. 그러나 20세기 말부터 한 국가나 한 세대에만 국한되지 않고 아버지에서 아들로 대를 이어 가난이 상속된다. 갑작스럽게 닥친 가난이 이들을 밀어내지 않았더라면 양이나 염소를 키우며 느리게 가는 시간에 감사했을 것이다. 이러한 상황에는 여러 가지 이유가 있겠지만, 하종오는 위에서 밝힌 신자유주의 경제정책의 한 결과인 환경문제를 제기한다. 신축되는 대규모 공장이 자연을 파괴하면 물이 부족하고, 물이 부족하면 초지가 마르고, 초지가 마르면 사막화되어 가축을 키울 수 없게 된다. 결국 삶의 기반을 잃은 사람들은 일자리를 찾아 한국으로 베이징으로 들어간다.

남한에선
북한출신 젊은 여자가 (…)
황사 바람 부는 봄날

북한에선
남한 출신 늙은 여자가 (…)
황사 바람 부는 같은 날

중국에선
북한에서 도망친 남자가 (…)

몽골에선
양을 키우는 청년이
초원이 모래에 덮여 점점 줄어드니
한국 가서 공장 다녀야겠다고 작정하고 있다

— 하종오, 「국경너머」

남한, 북한, 중국, 몽골 등 동남아시아 어디에도 황사바람이 분다. 하종오가 "기후난민"이라고 규정한 이들은 이 황사가 어디에서 연유되는지도 모르고 힘들어한다. 높은 곳에서 진행되는 일을 아래에서는 알 수가 없다. 아이들은 한국 사람들이 고비사막을 구경하러 가면서 물이 가득한 PET병을 잔뜩 싣고 가는 것이 부럽다. 그들이 물병으로 쓰고 버리는 PET병이나 플라스틱통은 어린이나 여성이 물을 퍼서 나르기에 적합하기 때문에 아이들은 하루 종일 관광객들이 지나가기를 기다린다. 이 플라스틱통을 만들기 위해 숲의 나무를 베어내고, 공장을 짓고, 공장으로 인해 대기와 토양이 오염되었기 때문에 물길이 끊기고 마실 물이 부족해진다는 것을 알지 못한다. 어떤 이주노동자들은 사이클론이 마을을 휩쓸어버려 동네가 사라지자 일자리를 찾아서 한국으로 들어왔다. 하지만 자신이 다니는 공장이 지구 온난화를 불러일으켜 사이클론이 발생했을지도 모른다는 생각에는 이르지 못한다. 몽골 시골에서는 한국산 중고 펌프로 지하수를 끌어올려 농사를 지어보지만, 이렇게 쓰다보면 지하수도 고갈되고 초원이 사라지고 가축을 키울 수 없고 곧 있어 사람도 사라질 것이다.

이주노동자들이 고향에 대해 가지고 있는 기억은 퍽퍽한 먼지 바람과 가난뿐이다. 개울이 말라붙고 곡식이 자라지 않는 몽골 시골이 싫고, 농사짓는 것이 싫고, 고향의 가난한 청년과 결혼하는 것이 싫은 그들에게는 황사 바람도 없고 "마을마다 푸르다는"(「접경지대」) 한국이 기회의 땅이다. 말을 팔고 아버지가 일구던 밀밭과 어머니가 기르던 염소를 팔아, 돌아올 돈도 생각도 없기 때문에 "편도"(「봉급」) 여비만 마련해서 한국으로 온다. 이들의 꿈은 소박하다. 월급을 모아 "아파트 가장 높은 꼭대기에 집을 장만"(「장맛비」)하고, "중고 택시 한 대 사서 몰며 색시도 얻고 자식도 낳고 싶다"(「전업」)는 소망을 가지고 있다. 그래서 늘 황사 먼지로 가득한 한국의 변두리지만 "몽골 황량한 고향보다 더 정이 간다."(「변두리 동네」)

가족의 해체와 새로운 가족의 형성

이주노동자들은 고향에 남편이나 아내 혹은 자녀들을 남겨두고 왔다. 중국동포 종업원은 일하다가도 연변에 두고 온 처자식을 생각하고, 한국에 들어와 하우스에서 일하는 탈북여성은 중국 사내에게 몸을 숨기고 살다가 출산한 경험이 있지만 지금 자신에게 청혼하고 있는 한국인 농촌남성에 이 사실을 말하지 못한다. 부모만 고생하는 것이 아니다. 탈북소년은 양식을 구하러 나갔다가 돌아오지 않는 어머니를 찾아 일 년, 다시 아버지를 찾아 일 년을 보낸(「비 내리는 날」) 후 이제는 부모를 기다리지 않는다.

티베트 출신 아버지는 네팔 시골 사탕수수밭에서 일하고, 네팔 출신 아들은 한국 지방도시 과자공장(「난민」)에서 일하면서 타국을 떠도는 동안 가족이 해체된다. 가족이 해체되면 마을이 해체되고 일 년 사이에 "텅텅 비어"(「이주」) 공동화된다.

> 중국 조선족소학교에는
> 한국 공장으로 일하러 간 선생도 있고
> 한국인한테 개가한 어머니 찾아간 학생도 있다 (…)
> 한국 간 그들은 마음 두지 않는다 (…)
> 선생도 학생도 줄어든
> 빈한한 조선족 소학교
>
> — 하종오, 「아이 몇몇」

선생이 한국으로 간 이유는 한국에 가서 있는 조선족 아이들을 가르치기 위한 것이 아니다. 선생도 한국에 와서는 공장에서 일한다. (남편이 없는 여성이길 바라지만) 조선족 어머니는 한국인에게 개가

하고 아이는 엄마를 찾아 고향을 떠난다. 이들은 마을이 어찌되던 마음에 두지 않는다. 선생도 학생도 줄어든 조선족 소학교는 점점 축소되고 아이 몇몇이 학교를 지킨다.

고향은 해체되고 공동화되지만 쇳가루가 자석을 중심으로 모이듯 자본의 주변으로 재배열하여 모인다. 아이들이 부모를 찾아 한국으로 들어오고, 이주민 남녀끼리, 한국인 여성과 이주민 남성, 이주민 여성과 한국 남성이 가족을 이루어 새로운 가족과 공동체가 형성된다. 아버지와 아들이 타국으로 노동력을 팔러 다니는 동안 어머니와 딸은 "팔자를 바꾸려고 새로운 곳을 찾아"(「푸른 하늘」) 떠난다. 사랑과 신뢰로 이루어진 결혼이 아니라, 살기 위해 혹은 돈을 벌기 위해 결혼한 여성들은 행복하지 않다. 사진만 보고 결혼시켰는데 사돈은 가난한 늙은 농사꾼이고, 반신불수의 중년 사위는 임신하지 못하는 딸에게 주먹질을 한다. 그래도 딸을 불러들이지 않는다. 다른 마을에서는 한 캄보디아 여성이 아들을 낳지 못한다고 구박당하거나 폭행당하고 가족들은 이주 여성이 도망가지 못하게 여권을 숨겨놓고 허드렛일을 시킨다. 모든 다문화 가정이 이런 것은 아니다. 서점에 가서 베트남어 사전을 빼들고 커뮤니케이션을 시도하는 시어머니와 베트남 며느리(「사전」)도 있기는 하다.

노동현장에는 우즈베크, 미얀마, 인도, 타이, 네팔, 베트남, 방글라데시, 필리핀, 캄보디아, 러시아, 인도네시아 등 다양한 국가의 노동자들이 들어와 있다. 그동안 이주노동자들의 불법체류 문제와 산업재해, 그들에 가해지는 폭력 등은 여러 매체를 통하여 밝혀졌으므로 굳이 이 지면을 통하여 자세히 말하지 않아도 그 심각성을 알 것이다. 다음은 미얀마인 마웅다웅탄의 돌연사에 대한 주위 동료들의 증언이다.

공장장이 내일도 주먹질할까
공장에서 언제 쫓겨날까 (…)
한 베트나미즈는 봉급을 못받아 빌려쓰더라고했고
한 스리랑칸은 불법체류자 신고 위협을 받았더라고 했고
한 네팔리는 한 달 연이어 야근했더라고 했다

— 하종오, 「돌연사」

이주노동자들의 모든 문제를 마웅다웅탄 혼자 짊어지고 있는 듯 보인다. 이주노동자들의 부모는 "이미 가난해 보았던 한국인들이 이해하고 반드시 자신에게 기회를 줄 것"(「취업」)이라고 믿지만, 100여 년 동안 노동송출국이었던 우리는 아버지 혹은 할아버지가 독일이나 사우디, 하와이나 일본 등지에서 이방인으로 살아왔던 세월을 잊어버린 듯하다. 한국인들은 이북 사투리를 쓰거나 연변 말투를 쓰면 외면하거나 수군거린다. 이들을 보면 단일 민족임을 내세우며 우리의 땅에서 우리의 딸들이 낳은 혼혈아에게 대했던 지난날이 떠오른다.

다음 시는 서로 외로운데 모두 한 핏줄처럼 살자고 말한다. 동남아 청년 넷이 밴드를 만들어 저녁 무렵 도심 지하보도에서 공연을 한다. 노인네들이 몰려와 둘러서고 허름한 옷차림을 한 연주자들이 낡은 악기로 로큰롤 음악을 연주하자 노인들이 몸을 흔들어댄다.

미소 짓던 동남아 청년 넷은
저마다 고국에 계신 노부모님에게
이런 자리를 마련해준 적 없었다 싶으니
더 정성껏 연주하고
노인네들은 저마다 자식들이
이런 자리를 마련해 준 적 없었다 싶으니

더 홍겹게 춤을 추었다

— 하종오, 「밴드와 막춤」

막춤을 신나게 추던 노인네들은 청년들이 브루스를 연주하자 잠시 얼떨떨해하다가 살포시 껴안고 춤을 춘다. 음악으로 하나가 된 동남아 청년들에게는 노부모가, 노인들에게는 자식들이 생겼다.

귀국자들

불법체류자로 신고를 받거나 발각되어 강제 출국당한 이들은 고향에 돌아가도 행복하지 않다. 그들의 소망은 다시 "한국 가서 돈 벌어 돌아오고 싶다"(「속울음소리」)는 것이다. 손가락 두 개가 잘려 고향으로 돌아갔지만 세 개의 손가락이 마저 잘릴지도 모르는데 "불법체류해서라도 직장 잡아 한국 프레스 공장에 한 번 더 일하러 갈 방법을 궁리"(「우기」)한다. 가족도 고향도 이들에게 위안을 주지 못한다. 행복의 조건은 어느덧 돈으로 옮겨갔다. 가족과 고향과 폭력과 신체손실보다 앞서는 자본의 위력이다.

고향의 부모는 자식들이 한국으로 갔다고 생활의 수준이 나아지는 것은 아니다. 자식을 보내기 위해 진 빚을 갚지 못해 고생하고, 딸이 보내온 돈은 늙은 부모의 약값으로 다 나간다. 어떤 부모는 아들이 이 공장 저 공장 떠돌며 덜 먹고 덜 입고 모은 목돈을 달마다 손에 쥐자 힘에 부친 농사일을 줄인다. 자식이 송금한 돈은 다달이 생활비로 쓰고 이제 "어슬렁거리며"(「신출」) 돌아다닐 뿐이다. 아들이 불법체류자로 쫓겨나거나 불구가 되어 고향에 돌아왔지만 그동안 보냈던 돈은 어디로 갔는지 알 수 없고, 아들은 할 수 있는 일이 없어 빈둥거린다. 또 다른 문제는 고향에 가서 한국에서 배운 기술을 "써먹을 공장이 없다"(「알 수 없는 일」)는 데도 있다. 결국 현지의 가난은 해결되지 않는다. 한국이 기회의 땅이라고 하지만 가난의 고리를 끊을 수 없다.

반면, 한국에 청년으로 들어왔다가 중년에 고향으로 돌아가서는 소자본가가 되는 사람도 있다. 다음 시는 자신이 당했던 대로 또 다른 억압자가 되는 이주노동자 이야기이다.

> 쩐주이호안 씨는
> 수리공들 일찍 출근시키고 늦게 퇴근시키고
> 봉급 적게 주며 미루었다가
> 제풀에 지쳐 떠나가게 만들었어도
> 오토바이는 제때 고치도록 했다
>
> 한국인들이 하던 그대로
> 베트남인들에게 똑같이 하니
> 저절로 손님들이 꼬여서
> 장사 잘된다는 쩐주이호안씨는
> 신형 오토바이타고 다니며 거드름 피웠다

— 하종오, 「소자본가」

한국에서 배운 대로 하였더니 부자가 된 이가 거드름을 피운다는 표현으로 한국인들이 이주노동자들을 대했던 방식을 비판한다. 그러나 다음 시의 주인공은 고향에 가서 한국에서 배운 대로 베푸는 노동자이다.

> 암펀 씨가 화분 만드는 공장에
> 입사하여 퇴사할 때까지

공장주는 제 때 월급을 지불했고
암펀 씨의 아내가 아기를 낳을 땐
공장주의 부인이 해산바라지도 하였다. (…)
암펀 씨 부부는 장사에 서툴러도
공장주 부부가 자신들을 대했던 대로
성심성의껏 손님들을 대하면
언젠가는 성공하리라고 믿는다

— 하종오, 「금의환향」

이주노동자들은 산업현장 여기저기에서 한국인들보다 더 적게 받고 더 많이 일한다. 한국에서 어떻게 대하느냐에 따라 그들이 고향으로 가서 어떤 삶을 사느냐가 결정되기도 한다. 공장주 혹은 한국의 이주노동자 정책 관리자들은 이들의 미래를 책임을 지는 리더십을 발휘해야 할 것이다.

이주노동자 소재 문학과 현대 한국

이주노동자를 다룬 문학들은 한국에서 더 이상 관심이 되지 않는 산업재해와 사업장의 실태 등 노동현장의 문제를 다시 제기한다. 1987년 노동자 대파업으로 작업장의 조건과 노동자의 처우가 개선된 듯하고, 1990년대 중반 이후 이러한 문제가 문학화 되는 것이 드물기 때문에 해결된 것같이 호도되었던 것은 아닌가 하고 돌아본다.

한국인들은 사고 후에 포장마차라도 할 수 있다는 것이 다를 뿐 여전히 산업현장에서는 재해가 있다. 한국 남성이 베트남에서 아내를 구하는 것과 베트남 여성이 남편을 구해서 한국에 오는 것도 달라 보이지 않는다. 직장을 구하지 못하는 한국의 "중년 사내도 동남아인들도"(「구직자들」) 서글프기는 한 가지이고 한국인 비정규직 노동자들의 위태위태한 삶은 불법체류자와 마찬가지이다.

한국인 노동자도 외국인 노동자도
봉급에 별 차이가 없으니
인도네시아인 하디링랏씨는
한국인 철진씨가 안쓰럽다

철진씨는 한국 수준으로 쓰니
모자라서 빌리러 다니고
하디링랏씨는 인도네시아 수준으로 쓰니
송금하고 나머지로 먹고 입는다

한국인 철진씨도
인도네시안 하디링랏씨도
언제 잘릴지 모르기는 마찬가지

— 하종오, 「비정규직」

1980년대 말 90년대 초, 길거리와 학원에서 돌을 들었던 이유는 인간답게 살기 위함이었다. 그러나 이주노동자들의 이야기를 읽고 있으면 1960~70년대 한국 노동자들의 삶을 보는 것 같은 착시 현상을 느낀다. 대상이 한국인에서 외국인으로 바뀌었을 뿐, 여전히 인간다운 삶과는 거리가 있는 시대이다.

이들을 돕고 있는 한국 내의 선교사들은 국내에서의 해외선교라는데 의미를 두며 다음 비토르히 타고르의 시를 번역해서 발표하는 등, 이주노동자들의 처우 개선을 위해 애쓰고 있다. 불법체류자로 일하다가 강제출국당한 방글라데시 이주노동자 시인 비토르히 타고르의 시 "There is no freedom here"는 가난과 폭력과 자유와 인간다움에 대해 생각하게 한다.

이곳에 자유는 없다
무지한 이 세상에서
나는 자유를 원했다
가난의 굴레로부터 자유를 얻기 위해
조국을 등졌다
어렵고, 힘들고, 더러운 일을
개새끼라는 욕을 들으며
우리는 노동을 했다 (…)

이곳에 자유는 없다
이곳에 자유는 없다
이곳에 자유는 없다
가난하고, 슬프고, 굶주리고
헐벗은 자들에게
자유는 없다. 자유는 없다. 자유는 없다.

— 비토르히 타고르, 「이곳에 자유는 없다」
(송우리문화센터 이석봉 선교사 번역)

박노해 시의 기독교 모티프

혁명이라는 말만 들어도 마음에 전율이 흘렀던 시기가 있었다. 1980년대 후반, 대학 학생회장이었던 친구는 농민의 해방을 위해 자신의 삶을 바치겠다고 맹세했고, 대학을 졸업한 후 시골로 내려가 마을 이장과 결혼을 했다. 가끔가다 이 친구가 궁금했었는데 이혼했다는 소식을 들었다. 비전과 현실 그리고 사회의 변화를 생각해보다가 1970~1990년대 민중시인, 즉 사회와 현실의 부조리에 저항하기 위해 시를 썼던 지식인 혹은 노동자 출신의 시인들에게로 생각이 흘렀다. 당시 수배당해 쫓기던 시인들은 대학 축제 때마다 초청을 받았지만 한 번도 그들을 본 적은 없었다. 축제가 끝날 때까지 '언젠가 올 것'이라는 소문만 무성했다. 각 대학의 가을 예술제마다 무대에 올려졌던 사무엘 베케트의 희곡 『고도를 기다리며』는 당시 이들을 기다리던 학생들과 사회운동가들과의 관계를 은유하는 것일지도 모른다.

1960년대 이후 1990년대 중반까지 사회운동가와 시인들은 혁명의 깃발을 들고 노동해방의 길을 걸어왔지만, 1990년대 후반 노동운동은 현실 민주주의, 즉 민주주의 사회처럼 보이지만 억압과 차별은 존재하는 민주주의로 막을 내린다. 사회 변혁에의 욕구가 사라진 자리에서 민중시인들은 현 사회를 극복할 자신감을 상실한다. 그 자리에 패배의식이 밀려들어 왔고, 노동시 혹은 민중시는 환경운동으로 변모하거나, 소소한 일상을 텍스트로 하는 시로의 변화를 보인다. 김지하는 감옥에서 나온 후 생명운동으로 나아갔고, 김남주는 출옥 후 달라진 세상에 적응할 시간도 없이 암으로 세상을 떠났다. 박노해보다 강한 면을 보였던 노동자 시인 백무산은 노동의 현장을 떠나 인터넷 방송의 한 부분을 맡아 지속적인 사회운동을 진행하고 있으며 시집도 간간이 발간한다.

운전사였고 버스회사의 정비공이었던 박노해가 1984년 발간한 『노동의 새벽』은 노동자가 쓴 노동시를 대표하는 시집으로, 스물아홉 철강소 노동자의 기름밥, 프레스기에 잘린 손가락, 각성제를 먹고 졸음을 견디다 폐병을 앓는 누나, 지금은 시다이지만 미싱사가 되기를 바라는 어린 소녀 같은 당시 노동계층을 파노라마처럼 보여주었다. 당시 대학생들은 노동계층과 구별될 수밖에 없는 신분의 한계, 즉 청년계층의 15~20% 정도에 불과한 대학생들은 다수 청년노동자의 삶을 정확하게 알 수 없었기 때문에 노동자의 현실을 구체적으로 그린 이 시집은 사회운동가들과 학생들을 중심으로 급속히 퍼졌고 그 영향력은 적지 않았다. 많은 청년들은 이 시집을 품고 야학의 선생이 되었으며, 학생 출신임을 숨기고 위장취업을 하는 방식으로 공장에 들어갔다. 이처럼 많은 이들이 박노해에게 과도한 의미를 부여하고 있을 때 일각에서는 박노해가 노동해방의 실제적 문제들을 차분하고도 끈질기게 그리고 정교하게 제시하기보다는 흥분과 과대포장 그리고 "주술"을 더 선호[115]한다고 평가하기도 한다.

박노해는 1991년 '남한 사회주의 노동자 동맹' 사건으로 구속되어 무기징역 선고를 받는다. 이 시기 감옥에서 쓴 『참된 시작』(1993)과 7년간의 감옥생활을 마치고 출소 후에 발간된 『겨울이 꽃핀다』(1999)는 전(前)시기와는 다른 서사를 보여준다. 이 시집들에서 박노해는 날카로운 외침보다는 부드러운 목소리로, 사회운동가보다는 구도자 혹은

115 최진섭, 「박노해와 사노맹」, 『말』 54, 월간 말사, 1990. 12. 109.

명상가의 모습을 보여준다. 그에게 신뢰의 잉여가 남아 있었던 시기였지만 '박노해가 자신의 '변화'를 긍정하기 위해 '과거'를 부정하려는 성급함과 조급함, 변화에 대한 집착을 강박적으로 반복'[116]한다는 비판을 받기도 한다. 그러나 노동의 현장에서 떨어져 나온 후 칠 년이 넘도록 독방에 갇혀 있었던 그가 사색가가 되는 건 당연한 것처럼 보인다. 최근시의 명상적 경향과 사회운동에의 침묵은 이 시기에서부터 내재되어 있었다고 볼 수 있다. 나아가 그가 명상시로 나아간 것은 노동의 현장을 벗어났기 때문으로도 해석할 수 있다. 노동운동가로서의 아우라를 강하게 풍기는 그를 다시 받아들일 실제적인 노동현장이 없었고, 박노해라는 이름은 이미 관념화 혹은 상징화되었기 때문에 전시기의 지식인 시인들과 다를 바 없었다.

이 시기 그는 '한 사람의 평범한 노동자에서 저항하고 투쟁하는 노동운동가로, 조직적 운동가로, 사회주의 혁명을 선도하는 전위투사로 숨가쁜 변모를 거듭해 왔다'[117]고 말한다. 첫 시집 발간 이후 시인이라기보다는 투사로 만들어지고 받들어졌다는 것이다. 그가 말하는 노동자-노동운동가-조직적 운동가-사회주의 혁명을 선도하는 전위투사로의 변모는 당시 사회의 상징으로도 읽힌다. 육체에서 정신으로, 손에서 머리로 점차 형이상적 단계로의 변화 이후 '명상가'로의 귀결은 적당한 수순 같아 보이기도 한다. 그의 변신은 당대 사회가 요구하였던 '운동가', '사회주의 이론가', '투사'라는 '이상화된 남성'과 궤를 같이하기 때문이다. 그리고 이것은 변혁의 시기에 여성성보다는 강한 남성성을 요구했던 시대의 집단무의식으로 해석된다.

박노해는 1983년 동인지 『시와 경제』 2집에 「시다의 꿈」 등 6편의

---

116 류찬열, 「긴 노동의 밤, 먼 노동의 새벽」, 『어문론집』 32, 중앙어문학회, 2004, 233.

117 박노해, 「이 땅의 자식으로 태어나서」, 『신동아』 33, 동아일보사, 1990, 12.

시를 발표하면서 등단하였으며, 1984년 『노동의 새벽』, 1993년 『참된 시작』, 1999년 『겨울이 꽃핀다』, 2010년 『그러니 그대 사라지지 말아라』 네 권의 시집을 발간한다. 박노해의 2000년대 경향은 마지막 시집 이후 11년 만에 발간한 『그러니 그대 사라지지 말아라』(2010)에서 잘 드러난다. 이 시집이 박노해의 전기 시와 구별되는 특징 중의 하나는 성자, 사제, 중보자와 같은 기독교 용어와 인물이 빈번하게 발견된다는 점이다. 이 장에서는 박노해의 2000년대 시에서 발견되는 기독교 인식을 중심으로 이것이 박노해의 변화와 어떠한 연관을 갖는가, 그리고 이러한 변모양상의 의의와 한계는 무엇인가를 살펴보고자 한다.

남성 투사의 죽음

2010년의 시집 『그러니 그대 사라지지 말아라』는 경전처럼 두꺼운데다 목차라는 표시도 없이 시제목만 나열되고, 전 시기에는 시집 뒤에 찬사로 일관하는 평론가들의 글이 함께 실리지만 이 시집엔 시인의 말도 시해설도 보이지 않는다. 시집 발간 인터뷰 기사에는 '시인이자 노동자이자 혁명가로 온몸을 던져 살았지만 슬프게도 길을 잃어버렸다. 실패한 혁명가로 책임을 져야 했고 과거를 팔아 오늘을 살고 싶지 않았기에 유명해진 이름마저 잊히기를 바라면서 긴 침묵의 시간을 가졌다'라는 박노해의 서술이 있다. 그는 길을 잃었고 실패한 자로 자신을 규정하고 있다. 박노해는 노동계와 학생운동권의 중심인물이 되어 조명을 받았고, 문학계로부터는 '하나의 문학사'로 극찬을 받은 노동운동의 아이콘, "시대의 이름"[118]이었다. 그러나 이제 길을 잃은

118 임규찬, 「박노해 최근 시의 성격과 변화에 대하여 - 참된 시작을 중심으로」, 『실천문학』 31, 1993, 326.

실패한 혁명가로 단정 짓는 자기고백이 도처에서 발견된다.

박노해는 자신을 "사랑도 명예도 혁명도 실패해서 실패덩어리"[119]라고 말한다. 이 구절은 운동권에게 애국가와 같은 의미인 '사랑도 명예도 이름도 남김없이'로 시작하는 민중가요 「임을 위한 행진곡」의 첫 부분과 같다. 그래서 그가 말하는 사랑의 실패는 실연이 아니다. 혁명의 시기에는 남녀의 사랑을 용납하지 않았었다. 운동권 학생들이 혹은 운동가들이 세속적인 사랑을 하면 집단 앞에서 "자기비판과 비판에 초죽음"[120]이 되었어야 했다. 조국해방의 제단 앞에 순결을 맹세한 이들에게 사랑의 대상은 조국과 조국의 해방과 민주화 투쟁 그리고 노동해방뿐이었다. 이러한 이유로 온몸으로 밀고 왔던 '이즘'의 실패는 사랑의 상실보다 더 큰 상실감을 가져왔을 것이다. 나아가 '나는 실패하였다.'와 같은 서술문장 대신, 더 단호하게 "나는 실패"(「살아있는 실패」)와 같은 자기정의로 끝나는 문장에 종지점을 찍어 자신을 명사화한다. 이것은 길을 잃은 자아표상의 품사화 즉, 전 시기의 박노해가 현실개혁의 동사화된 모습을 보여준 것과 비교하면 자아정체의 명사화는 정지(停止)와 지체(遲滯)의 상태를 보여준다.

문학, 노동운동, 운동권 어디에도 자리를 주장할 수 없는 "이방인"(「아픈 몸은 조국을 부르고」)은 길을 찾아 이곳저곳을 헤매지만 어디로 가야 할지 모른다.

눈 내리는 태백산에서 길을 잃었다
멈추면 얼어오고 걸으면 앞이 없고
몰아치는 눈보라 속에 갇혀

119 박노해, 「살아있는 실패」, 『그러니 그대 사라지지 말아라』, 느린 걸음, 2010, 98~100.

120 공지영, 『고등어』, 웅진출판, 1995, 236.

무릎까지 쌓인 눈 속을 마냥 제자리걸음 할 때
몸이 떨리고 탈진한 것보다 더 무서운 건
희뿌연 눈보라 속의 적막, 길 없는 적막
사륵사륵 차오르는 침묵의 공포였다

— 박노해, 「너와집 한 채」

박노해의 투쟁공간은 주로 도시 산업현장이었다. 이곳에서 실패한 노동운동가는 광산노동운동의 상징지역인 태백으로 들어간다. 빨치산이 투쟁하다 쓰러져간 좌파 운동가들의 공간, 사북탄광 항쟁과 같은 광산노동자의 고통과 한이 서린 곳, 노동운동의 중심지역이 되어 보지 못한 지방 변두리 노동현장이다. 이곳으로 길을 찾아 들어갔지만 몰아치는 눈에 길을 찾기는커녕 오도 가도 못 하고 계속 제자리걸음만 한다. 멈출 수도 나아갈 수도 없는데다 적막과 침묵이 공포처럼 스며든다. 칠 년간의 독방생활과 침묵투쟁으로 두려움을 극복했기 때문에 적막에 질겁할 이유가 없다. 그러나 길을 찾거나 답을 구하는 자는 사방에 귀를 기울이게 되고, 답이 없는 침묵은 눈덩이처럼 굴러오는 공포가 된다.

과거 투쟁의 현장에서 답을 찾지 못한 그는 예수가 광야로 나아갔던 것처럼 광야와 사막과 바다로 나아가 본다. 이곳은 발 닿는 모든 곳이 다 길이 될 수 있지만 동시에 바로 이 길이라고 단정 지을 수 있는 하나의 길이 있는 것도 아니다. 막막한 마음에 사막 지평에 서면 "바람이 크다"(「사람의 깃발」)고 느껴진다. 무형체의 바람이 질량을 가지고 굴러와 바위덩어리의 무게로 자아를 내리누른다. 대지를 밟고 서서는 천관녀 앞의 김유신처럼 "길을 잃거든 네 목을 쳐라"(「길을 잃거든 네 목을 쳐라」)고 말하고 싶지만 휘청이는 몸을 바로잡을 수 없다.

길을 안내하는 것은 앞선 자의 깃발이며, 깃발은 목표이며 좌표이고 신념이다. 온몸으로 혁명의 깃발을 들고 살아왔지만 깃발을 잃고 정체성도 흔들린다. 지나온 거기엔 아무것도 없다는 것을 알기 때문에 되돌아갈 수도 없다. 그래서 앞으로만 나아간다. 때로는 깃발도 없이 길을 찾아야 할 때는 "사람이 깃발"(「사람의 깃발」)이 되기도 한다. 실제 투쟁의 공간 혹은 상징화된 공간 어디에서도 답을 찾지 못한 사람은 아직 버리지 못한 자신의 깃발을 들고 '인간이 해답인가' 자문하며 혁명의 상징이었던 체 게바라의 뒤를 쫓아가 본다. 1980년대 변혁을 꿈꾸었던 이들의 깃발이었고 사르트르가 '우리 세기에 가장 완벽한 인간'이라고 했던 게바라이다.

헝클어진 머리칼로 피기침을 토하며
짐승 같은 치욕 속에 총살당하는 것
권력도 영예도 벗어 던지고
자기 영혼의 부름을 따라
참혹한 죽음의 길을 기꺼이 걸어가는 것

— 박노해, 「체 게바라의 길」

사회운동의 시기에 시위는 주로 도심에서 이루어졌고, 빌딩은 '숲'이라는 은유를 생산할 만큼 정글과도 같아서 어디에 시위대가 매복하고 있는지, 어느 지점에 진압대가 있는지 모르기 때문에 게릴라 작전을 방불케 하였다. 이러한 시기 쿠바 게릴라 작전의 귀재였던 체 게바라는 별이 박힌 베레모, 형형한 눈빛과 윤기 나는 머리칼로 투쟁가들을 사로잡았다. 그들이 체 게바라에게 경도되었던 것은 그가 혁명의 성공에 안주하지 않았기 때문이다. 은행총재나 장관 등의 명예를 버리고 혁명동지 카스트로에게 '나는… 떠나네'라는 말을 남기고 볼리비아 혁명을 위해 참혹한 죽음의 길을 "기꺼이" 떠났다. 멈추지 않는 게

바라의 개척정신은 혁명의 중심혼이 되었고 청년들은 모두 그가 되고 싶었다. 그러나 그는 헝클어진 머리칼에 피 기침을 토하며 손목이 잘려 죽어갔다. 게바라도 깃발이 아닌 것 같다. 그는 떠났고 이제 어떤 길을 찾아 나설 것인가가 다시 과제로 남는다.

1980년대 민중의 종교인식과 신인식은 기독교와 일정 부분 관련이 있었다. 개항 이후 미국은 한국에 신문물을 전해준 고마운 나라, 6·25 와중에는 한국을 도와준 우방이라는 인식이 지속되었고, 그들이 전해준 기독교의 신은 도시산업 선교회나 카톨릭농민회 그리고 기독교농민회 등의 활동을 통해 1970년대까지 의미가 적지 않았다. 1980년 봄 광주민중항쟁이 있었고 사람들은 신의 정의가 살아 있다면 이런 일이 일어나지는 않을 것이라 생각했고 신은 죽었다고 규정한다. 그리고 신이 없는 자리에 인간이 그 위치를 대신한다. 원형상징에서 하늘은 신(구원)을 의미하지만 1980년대의 노동자에게 하늘은 신의 영역이 아니었다. 하늘은 노동자들을 "죽일 수도 살릴 수도"[121] 있는 사장님, 의사선생님, 판검사님과 같은 높은 신분을 가진 인간의 공간이었다. 또 다른 신격화된 인간은 사회운동가로서의 투사였다. 하나의 밀이 땅에 떨어져 죽으면 몇 백 배의 결실을 맺는다는 밀알의 원형은 한 사람의 죽음과 희생이 많은 사람을 구원으로 이끈다는 의미로 읽혔고, 당시 사회운동가들은 자신의 죽음으로 새로운 세상이 올 것이라 믿으며 불로 뛰어들었다.

신과 인간에 대한 이러한 인식들을 지나온 그가 찾은 새로운 자기 정체성은 "세계에서 추방당한 반신반인"(「살아있는 실패」)이다. 반신반인이라는 표현은 중요한 의미가 있다. 이 발언에는 부계나 모계가 신이기 때문에 '나의 반쪽은 신' 혹은 '나는 신이었다'라는 의미를 내포하

121 박노해, 「하늘」, 『노동의 새벽』, 풀빛, 1984, 13~15.

고 있기 때문이다. 신의 속성에는 여러 가지가 있지만 그중에서 세상을 창조하거나 변화시키는 주체로서의 신과, (노동자의) 의식을 깨워 새로운 세계로 이끄는 구원자로서의 신일 것이다. 그는 대중들에 의해 이러한 삶을 살아져 왔다고 볼 수 있을 것이다. 그러나 신은 살아날 기미를 보이지 않고, 신이 되려면 인간을 버리고 인간이 되려면 신을 버려야 한다. 박노해는 인간이 답이라 생각하고 신(왕, 아버지, 남자)을 버리는 지점으로 나아간다. 프레이저는 『황금 가지』에서 왕의 머리에 흰머리가 나기 시작하면 아들들이 왕(아버지)을 죽이는 '아버지 죽이기'의 원형이 새로운 세대와 구세대의 전환기에 이루어진다고 보았다. 인식과 시대의 전환기, 게바라로 상징되는 어른 남성 투사가 죽은 자리에 여성과 아이가 대치된다.

중보자로서의 아이와 여성

한국의 투쟁 공간에서도 외국의 투사에게서도 깃발을 찾지 못한 박노해는 에티오피아, 볼리비아, 아프리카, 중동, 아시아, 중남미, 레바논, 이라크, 아체와 같은 가난하거나 분쟁 중인 나라에 카메라를 들고 들어간다. 이들 나라는 한국 역사에서 격동의 시기인 1960~1980년대의 풍경과 비슷한 공간이며, 현대 한국에는 찾기 힘든 모습들을 보여준다. 죽음과 삶이라는 극단적인 선 위를 위태로이 걸어온 투사들, 이제 투쟁의 기억이 아스라한 추억으로 남은 그들은 자신들이 투쟁했던 시대를 공동체 의식과 인간성이 살아 있던 공간과 시간으로 인식하고 그 시절을 그리워하는 듯 보인다. 추억도 퇴행의 일종이며, 과거 투쟁가였던 박노해가 이곳을 주로 돌아다니는 것 역시 퇴행적 여행으로 읽힌다. 박노해가 이러한 지역을 거대한 "세계의 자궁"(「거인의 뱃속에서」)으로 규정짓는 것은 당연한 인식일 것이다.

그가 가난한 나라와 분쟁지역을 주로 돌아다니는 이유는 "아픈 곳이 중심"(「나 거기 서 있다」)이며 상처는 절망과 죽음이 아니라 "희망"이라고 생각하고 있기 때문이다. 이러한 사유는 경건해 보이지만, 이러한 생각을 품고 아픈 곳으로 들어간 사람들, 즉 테레사 수녀, 데미안 신부, 한국 소록도에 40여 년 봉사하다 돌아간 오스트리아의 수녀들, 국경 없는 의사들, 무주택자들에게 집을 지어주는 해비타트와 같은 봉사자들은 사랑과 기술로 그들에게 도움이 되고자 했다. 그러나 박노해는 이들의 사진을 찍을 뿐이다. X-ray나 CT와 같은 사진은 치료할 수는 없지만 아픈 지점을 진단하고 환부의 실상을 그대로 보여줄 수 있으니 더 사실적이다. 시는 세계를 은유로 보여주고 사진은 직접 보여준다. 시보다 사진에 더 집중하고 있는 박노해가 사진을 "빛으로 쓰는 시"[122]라고 규정하는 것은 같은 의미로 해석된다.

박노해가 돌아다니고 있는 지역은 어느 공간으로도 이동할 수 있는 혼돈의 공간 코라(chora)이다. 퇴행이 될 수도 진보가 될 수도 있는, 무엇이 나올지 어디로 갈지 정해져 있지 않은 공간인 것이다. 이 세계의 자궁에서 아이들이 돌을 들고 나온다. 앞에서 본 것처럼 투쟁하는 시기에 남녀 간의 애정은 죄와 같았기 때문에 설 자리가 없었다. 박노해는 이름이 알려지기 전에 결혼하였지만 그의 시에서 아내나 아이에 관한 소재는 거의 발견되지 않는다. 첫 시집 『노동의 새벽』(1984)에도 프레스기계에 손이 잘린 동료 정형의 아내가 홀로 있을 뿐, 어디에고 아내의 자리는 없다. 그러나 최근의 시집에서 박노해는 "어른은 죽었다"(「어른은 죽었다」)고 선언하고, 전에는 없던 아이들과 여성들이 돌과 무기를 들고 나온다.

1980년대 시에 어린아이는 거의 등장하지 않는다. 시의 대부분이

122 박노해, 『라광야』 사진전 도록 서문, 느린 걸음, 2010.

청년 혹은 장년노동자들의 이야기이고, 어른들의 싸움 현장에서 아동과 마주할 일이 없었던 까닭이기도 하다. 1980년대 노동자의 자아인식은 때리면 돌아가는 팽이, 돌릴수록 쥐어짜지는 빨래(「멈출 수 없지」), 희미한 불빛 아래 라인마다 일렬로 앉아 재봉틀을 놀리는 모습이 마치 빠른 음악을 틀어주면 알을 더 많이 낳는 양계장 닭(「어쩌면」)과 같았으며, 지문이 닳아 없어진 화공약품 공장 노동자(「지문을 부른다」), 졸다가 실수로 기계에 손을 잘리자, 차라리 자동기계가 되어 잠을 자지 않는 짐승(「졸음」)이 되기를 바라는 이들이다. '팽이', '빨래', '기계', '닭'은 다른 주체가 작동해줘야 움직인다. 이들은 수동성으로 인해 사물화된 노동자를 은유한다. 그리고 이들은 모두 20대 초반 청년부터 40대 장년들이었다.

그러나 최근의 시집에는 대부분 어린 소년이거나 어린 소녀 노동자들이 중심에 있다. 열다섯 살쯤 돼 보이는 앳된 소년 노동자, 검은 노동의 손을 가진 쿠르드 아이(「예지의 검은 손」), 광산에서 금을 캐는 아홉 살 소녀 광부(「마리아의 금광석」), 돌을 깨는 다섯 살 라냐(「라냐는 돌을 깬다」), 양을 치는 아홉 살 소녀(「양들의 사령관」), 이들은 어른과 같은 시간과 분량의 노동을 한다. 더 나아가 어린 소년과 소녀들이 싸움의 전위에 서는 게릴라(「발바닥으로 쓰네」, 「니나의 뒷모습」)가 된다. 최근 박노해의 시에 등장하는 열예닐곱 살 정도의 소녀게릴라들은 운명을 달게 받아들이지 않으며, 마치 한국의 어른 노동자들이 옛날에 그러했던 것처럼 투쟁의 길을 간다. 한국의 노동자와 다른 점은 손의 '능동성', 즉 깨고 치고 쏘는 주체라는 데 있다.

이 시집에서 어린이나 여성과 함께 주목되는 점, 첫 번째는 이들과 연결된 돌과 꽃의 변증법적 사유이다. 한국의 1990년대 초반 투쟁의 시기에 '꽃병'은 화염병의 은어였다. 투옥과 도피에 더 많은 시간을 보냈던 박노해가 직접 화염병을 들어 본 경험은 많지 않았을 것 같기에, 돌과 꽃은 투석전과 화염병이라는 그의 '상징화된 경험', 즉 실제로 경험하기보다는 당면한 환경에 의해 학습된 경험과 맞물려 있는 이미지이다. 아래 시에서는 모래바람 치는 난민촌의 다섯 살 아이가 돌멩이로 바닥에 "꽃"과 "빵"과 "소"를 그리고 있다. 인용되지 않은 시의 전반부에 보면 이 아이는 집과 마을이 불타고 가족과 이웃이 학살당한 고향에서 붉은 피를 철벅거리고 걸어 나왔다.

가장 바닥에 있을 때
그 바닥에 그려내는 것이
이미 이루어질 미래라는 듯이

아이는 세계의 가장 추악한 바닥에 앉아
가장 순결한 소망을 그리고 있었다

— 박노해, 「바닥에 있을 때」

현실계의 가장 기본은 바닥이다. 바닥에 있을 때 인간의 삶과 눈이 오체투지(五體投地)와 같이 낮아지고, 서 있을 때는 보이지 않던 것들이 보인다. 어른들의 싸움으로 피가 뿌려진 "추악한 바닥"이지만 아이는 그 위에 순결한 소망을 그린다. 아이가 땅바닥에 그리는 것은 빵이나 소 같은 삶의 기본 구성요소이다. 투사의 "순수한 분노"가 물질의 이익도 명예도 구하지 않는, 순수하게 세상의 모순에 대한 분노이듯, 먹고 싶다는 소망은 가장 순결한 소망이다. 깊은 명상으로부터 연유된 사회의 모순에 대한 분노, 그것은 어떠한 정치적인 의도도 첨가되지 않은 순결성을 가진, 인간이기를 인정받고 싶다는 기본적인 욕망에서 피어난 순결한 분노이다.

아이는 또 "꽃"을 그린다. 꽃은 소망이며 아름다움이며 예술이지만, 돌멩이의 끝에서 피어난다. 팔레스타인의 아이들이 이스라엘 군인들을 향하여 던지는 작은 돌은 돌이 아니다. 그것은 "간절한 한 송이 꽃"(「꽃을 던진다」)이다. 돌던짐은 전쟁이 끝나기를, 한 부족으로 대접받기를 간절히 원하는 마음을 싣고 있기 때문에 꽃이고, 돌이 이러한 미래를 불러올 것이기 때문에 꽃이다. 샤먼은 신내림의 과정이 선행되어야 샤먼으로 선택되어 활동하게 되고 신내림을 통해 초월의 세계와 인간의 세계를 연결한다. 그러나 박노해는 신내림이 아닌 "꽃내림"(「돌꽃」)을 이야기한다. 꽃은 돌이기 때문에 꽃내림은 투쟁이고 투쟁은 새로운 세계를 보여줄 것이다. 그래서 "꽃은 나에게 성전(聖殿)"(「꽃내림」)이 된다. 꽃(투쟁)이 종교성을 부여받게 되는 것이다.

위의 시에서 아이가 그리는 미래는 '앞으로'가 아닌 "이미 이루어질 미래"이다. "이미"는 과거형이고 "이루어질"은 미래이기 때문에 이율배반적 어법이다. 그러나 이것은 순결한 소망을 가진 아이가 세상을 변화시킬 것이라는, 아이를 보니 아름다운 미래는 이루어진 것이나 마찬가지라는 의미이다. 줄리아 크리스테바는 아이가 성장하는 과정에서 '자기 자신으로부터 다른 것으로 판단되는 것을 추방'하는 것들을 아브젝시옹(abjection)이라고 했다. 커다란 바위에서 돌조각들(abject)을 떼어내면 아름다운 조각품이 완성되는 것처럼, 아이가 던지는 돌은 성장 과정에서 밀어내는 딱딱한 것, 즉 아브젝시옹이다. 돌던지기의 행위를 통해 (어른)투사로 성장되어 간다. 그리고 돌은 다음 시에서처럼 인간의 아바타로 화신(化身)한다.

오래된 돌들이 풍기는 향기
그들이 두런거리는 소리
돌에 감도는 붉은 실핏줄

등짝의 근육과 처녀의 젖가슴

돌에서 꽃이 핀다

돌과 꽃 사이로 걸어 나올 때
세상이 던지는 돌멩이 속에서
돌이켜 재구성된 사람으로서의 난
더 이상 내가 아니다

돌을 던져라, 꽃이 핀다

— 박노해, 「돌꽃」

위의 시에서 돌이 향기를 풍기고 돌에서 꽃이 핀다. 꽃은 미래이며 새로운 세상이다. 마지막 연의 "돌을 던져라 꽃이 핀다"고 말하는 결론에 이르면, 돌과 미래의 상관관계는 더욱 견고해진다. 돌을 던졌을 때 세상이 변화되었듯이 돌은 인간도 변화시킨다. 비난이 돌이 되어 던져졌을 때 나는 "재구성"된다. 돌멩이 속에서 재구성이 된 나는 더 이상 과거의 내가 아니다. 무감각이 감각을 갖고 실핏줄이 생기고 근육이 붙고 무성(無性)이 성(性)을 갖는다. 돌로부터 걸어 나온 것이 '남성'이 아니라 "처녀의 젖가슴"을 가진 여성이라는 데 주목해 본다. 돌은 여성을 낳고 여성은 아이를 낳는다. 투쟁은 의식화된 여성을 낳고 여성은 투사를 낳는다.

이 시집에서 두 번째로 주목되는 것은 여성과 아이에게 부여된 '종교성'이다. 아이들은 어린 소년 "사제"이며 소녀 "여신"(「소녀야 일어나라」)이다. 어른들의 죄씻김 의식은 어른 남성 사제가 아닌, 여성과 어린아이를 중보자로 삼아 이루어지고 어른은 이 어린 사제에게 죄를

“고해”(「아체의 개」)한다. 아이들에게 고해해야 할 어른의 죄 가운데 하나는 아이들이 어른들을 위한 속죄물 혹은 제물이었다는 것이다. 눈이 먼 아버지의 눈을 뜨게 하기 위해 바다에 던져진 심청이, 어머니의 병을 낫게 하기 위해 종(에밀레鐘)이 되거나 삶아진 어린아이들, 옛날부터 여자와 아이들은 어른을 위해 희생되었었다. 아이들은 속죄제 혹은 치유의식의 제물, 죄사함을 받는, 혹은 상처 입은 이를 회복시키는 제사의 제물이었다. 이것이 중재자 혹은 중보자의 본래 목적이기는 하지만, 이는 아이를 희생시켜 자신의 생명을 연장하고자 하는 어른들의 이기심일 수도 있다.

다음 시에서 시의 화자는 폭설이 쏟아져 내리는 이스탄불 밤거리에서 커다란 구두통을 멘 소년, 나라를 뺏긴 쿠르드족의 아이 야곱을 만난다. 화자는 자본주의의 상징인 맥도날드 햄버거를 사준다. 야곱은 세입쯤 먹다가 남은 햄버거를 슬쩍 감춘다. 그리고 마치 죄인인 것처럼 어둑한 뒷골목으로 들어가 몸을 숨긴다.

> 이스탄불의 풍요와 여행자들의 낭만이 흐르는
> 눈 내리는 카페 거리의 어둑한 뒷골목에서
> 나라 뺏긴 쿠르드의 눈물과 가난과
> 의지와 희망을 영성체처럼
> 한 입 한 입 떼어 지성스레 넣어주는
> 쿠르드의 어린 사제 야곱의 모습을
>
> — 박노해, 「이스탄불의 어린 사제」

자신도 어린 소년이지만 굶주린 동생들의 형인 야곱은 몰래 남긴 햄버거를 동생들에게 한 입 한 입 넣어준다. 한국 1960~70년대 교과서의 주인공들이었던 영희나 철수같이 흔한 이름인 야곱이다. 평범한 이름 붙이기는 부모의 신앙심이었거나, 누구나 가지고 있는 이름을 아무렇지도 않게 지어준 무관심일 수도 있다. 성경에서 야곱은 에서의 쌍둥이 동생으로서 이기적이고 계산적인 인간이었다. 그러나 이스탄불의 어린 사제 야곱의 행동은 마치 영성체를 나누어주는 사제와 같이 경건하다. 예수의 희생과 죽음을 기념하여 빵과 포도주를 나누며 자신의 죄를 고백하는 의식, 입에 넣는 순간 포도주가 예수의 피가 되고 빵이 예수의 살로 화하는 것처럼, 박노해는 야곱의 행위를 "눈물"과 "가난"에 떨어지지 않고 "의지"와 "희망"으로 화하는 거룩한 만찬의 의식으로 승화시킨다.

아이와 더불어 여성도 종교성을 부여받는다. 전 시기의 여성은 시골 농부의 아내 혹은 도시의 단순노동자 여성 그리고 노동자의 어머니일 뿐 종교성을 가지지는 못했다. 박노해는 한 인터뷰에서 자신을 피워낸 것은 어머니와 아내라고 말한다.

> 우리 어머니, 30대 젊은 나이에 홀몸으로 온갖 노동을 하면서 나를 정직하고 강인하게 살도록 해주신 우리 어머니, 그리고 아내 (…) 내가 작은 꽃이기라도 한다면 그 꽃을 피워 낼 뿌리는 그분들의 사랑입니다[123]

위의 글에 의하면 여성은 꽃을 피우는 존재, 즉 여성은 투사(꽃)를 키워내는 인물일 뿐, 오이디푸스 신화를 떠나 강한 남성의 사회로 가기 위해서는 "오 어머니! 당신 속엔 우리의 적이 있습니다"(「어머니」)라고 외치며 어머니를 밀어내야 한다. 사회운동이 치열할 때 어머니는 '적'을 품고 타자화 되었고 적개심을 불러일으키기 위한 동기가 되었다. 어머니는 정권 혹은 종교에 마취되어 자신이 억압받고 있다는 사

123 김경환, 「새는 건강한 몸통이 있어야 난다」, 『말』 151, 1999, 120.

실을 인식하지 못하는 수동화된 민중의식을 대표한다. 그러므로 어머니 속의 '적'은 깨부수어야 할 민중의 특성, 즉 사회 저항의식의 부족, 변하고자 하는 인식 없음, 투사 아들을 가정에 묶어두려 함 같은 것들이고, 이것은 깨우쳐야 할 인식으로서의 적이 된다. 투사를 낳은 어머니는 '적'의 씨앗을 품고 있기에 죽어야 한다. 죽음이란 어머니를 버리는 것이다. 싸움을 위해서는 순교를 각오해야 하고 어머니를 버려야 한다는 인식은 죄의식을 불러일으키고 여기에서 하나의 전형이 생겨난다. 그것은 '나는 어머니의 눈물을 멈추게 하기 위해 나를 버린다'는 것이다. 투사들은 어머니의 눈물을 뒤로하고 광야를 향해 달려 나갈 수 있었다. 결국 어머니는 싸움의 정당성을 부여받기 위한 존재일 뿐 독립된 여성으로서 기능하지 못한다. 순교를 각오한 남성 투사들에게는 종교성이 부여되지만 어머니는 매개 이상의 의미를 부여받지 못했다.

이러한 시기를 지나 2000년대 박노해의 시에 묘사된 여성은 강한 돌로부터 걸어 나온 처녀, '치유하는 성모'이다. 최근의 시에서 발견되는 박노해의 여성들은 길을 찾아 광야에서 쓰러졌을 때 구해준 검은 옷의 여자, 자살 폭탄을 품고 나서던 검은 차도르의 그녀, 그를 발견하고 치료해준 광야 수도원 수녀(「아픈 몸은 조국을 부르고」)와 같은 종교성을 지니거나, 길 잃은 그를 건져내어 치료해준 할머니(「너와집 한 채」), 가난 속에서도 아이들을 단정하게 키운 할머니(「그녀가 떠나간 자리에는」)와 같은 신앙을 가지고 기도하며, 묵시를 주는 어머니이다. 이전의 여성들은 노동자의 범위를 벗어나지 못했고 숭배(신앙)와도 거리가 있었던 인물군(人物群)이었지만, 최근의 여성들은 수녀, 기도, 묵시, 차도르, 치유, 구원과 같은 '종교성'을 더하여 완전체가 된다.

더 나아가 전 시기의 시에서는 스스로 상처를 싸매었던 남성이 이제는 여성의 손에서 구원받고 치유된다.

바람이 나를 데려다 준 곳은
아마도 총탄에 쓰러진
어느 여자 게릴라의 피에 젖은 가슴이거나
아프리카 안데스 고원의 토박이 마을
어느 미인의 젖가슴이거나

바람에 떨어져 날리는 꽃잎처럼
유랑길의 시인이 쓰러져 묻힐 곳은
거기 말고 다른 무엇이 더 있겠는가

— 박노해, 「그 젖가슴에」

여성의 젖가슴은 젖무덤이라고도 하는데, 무덤은 죽음의 공간이며 젖은 생명과 연관되는 단어이다. 생명의 근원과 죽음이 한 단어 안에 있는 것은 양가(兩價)의 사유를 불러일으킨다. 삶을 이어주고 방향을 제시한 이는 여성이지만, 떨어진 꽃잎같이 유랑하는 이가 쓰러져 죽을 마지막도 여성이다. 여성은 안식이며 생명이며 죽음, 즉 인생의 모든 것이 된다. 그러나 총을 맞고 죽은 여자 게릴라의 피에 젖은 가슴, 아프리카 혹은 안데스 고원의 생명력 넘치는 미인의 젖가슴이라는 대비에서, 여성 게릴라는 싸우다 죽고, 시골 마을의 미인은 건강한 젖가슴으로 살아남았다. 즉 투사 여성은 전시기의 남성 투사들과 같이 죽음으로 이어지고 아이에게 젖을 물리는 건강한 여성은 죽지 않는다. 이것이 어떠한 의미를 가지고 있을까.

여기에서 생각해 볼 만한 문제는, 해답을 찾아 헤매다가 아이와 여성에게서 치유력을 발견한 박노해가 새롭게 발견한 인간형이 '꽃씨처럼 표표히 사라지는 자', '가장 깊은 사람', '조용히 생각하는 이', '세상의 빛을 거슬러 내 안의 빛을 걸어가는 사람'이라는 데 있다. 빛을 거슬러 거역하는 인간, 몸 던져 사라지는 자는 박노해가 초기시에서 추구했던 전사형 인간과 다르지 않아 보인다. 신과 결혼한 성직자, 특히 신부(神父)는 아버지라고 불린다. 아버지라는 말 father에는 faith(신념)라는 뜻이 내포되어 있으며, 어머니 mother에는 mature(성숙)라는 의미가 내포되어 있다. 남성 혹은 아버지는 '신'이나 '종교'의 영역과 겹쳐지며, 여성 혹은 어머니는 신앙의 열매나 성숙 같은 종교의 실천(출산)과 연관된다. 이것은 여성 게릴라의 죽음과 연관을 가진다.

노동해방과 결혼한 운동가는 아버지가 되기 위해 여성 대리모를 통해서 투사 아들을 낳는다. 인간이 타인을 사랑하는 것은 자신에게 결핍된 것을 상대방에게서 찾고자 하기 때문이다. 박노해는 잠시 여성을 사랑하고 그 가슴에서 죽기를 바랐지만, 그녀들은 미래의 투사를 낳고 다시 사라진다. 어머니로부터 독립되어야 아버지의 자식으로 키워질 수 있기 때문이다. 그렇기 때문에 '여성 게릴라의 죽음과 시골미인의 건강한 젖가슴'은 의미심장한 상징이다. 어린 사제인 남자 아이는 어른 투사로 성장할 것이기 때문에 강한 투사 여성은 필요하지 않고, 투사 남성을 낳고 키워낼 어머니가 필요하다는 인식, 누대에 거쳐 계승되는 여성의 의미가 지속되는 것이다. 투사를 낳는 어머니는 성모로 승화되는 과정에서 종교성을 부여받게 되지만, 투사 여성의 죽음으로 인해 전 시기의 여성성과 다른 면을 보이지 않는다는 결론에 이르게 된다. 결국 박노해가 최근의 시에서 기독교의 용어를 사용하고 있기는 하지만, 이것은 사상과 삶의 자세까지 모든 것을 바꾸는 '회심(回心)'이 아니라 단순히 신념이나 사상 따위를 다른 것으로 바꾼 '전향(轉向)'으로 해석할 수 있다.

* * *

성모와 어린 사제의 헌신으로 박노해도 치유된 것처럼 보인다. 현재 박노해의 운동은 반전 평화를 모토로 한다. 투쟁의 깃발은 내려놓고 인간 특히 여성과 아이에게서 새로운 깃발을 발견한 그의 시선은 한국뿐 아니라 지구의 미래를 향해 나아간다.

회복된 박노해의 변화는 어법에서도 엿보인다. 『노동의 새벽』(1984)에서는 '~다'와 같은 단정형 어미로 끝을 맺고, 『참된 시작』(1993)에서는 '~합니다', '~맙시다', '~살아야겠습니다', '~ 설 것입니다'와 같은 종결어로 자기 결의를 보이지만, 최근의 시에서는 '~하세요'와 같이 권유의 수사를 자주 사용한다. 그가 단정형 종결어를 주로 사용했던 투사의 어조에 비해 유해졌다는 것, 자신의 상처를 바라보며 "이만하면 넉넉하다"[124]고 다독일 정도로 존재의 이유를 찾아 방황했던 상처가 회복되었다는 것을 알 수 있다.

자신을 용납한 사람은 타인도 용서하며 품을 수 있는 넓이와 깊이를 갖게 된다. 박노해는 무자비한 주먹과 힘찬 걸음과 폭풍과 포효와 피흘림을 투사의 자질이라 생각했었고 소리 높여 구호를 외치고, 노동법을 열변하던 거친 입이었다. 그러나 이제 "침묵의 불"[125]로 조용히 타올라야 함을 이야기한다. 그는 낮은 곳과 중심을 향하여 깊이 내려가고, 타인의 아픔과 고통을 낮은 마음으로 돌아보는, 그러한 인간이 지구를 움직인다고 지속적으로 강조한다. 이와 같은 결말에 이르게 된 데는 치유자 혹은 중보자로서의 여성과 아이가 있었다.

그렇다면 박노해의 최근 2000년대 시에서 발견되는 종교성은 어떤

124 박노해, 「세 가지 선물」, www.nanum.com, 2011, 12, 27.

125 박노해, 「침묵의 불」, www.nanum.com, 2011, 11, 08.

한계를 가지고 있을 것인가. 박노해는 노동의 현장으로 다시 돌아가지 않았다. 앞에서 보았듯이 노동운동의 상징인 그를 받아들일 현장이 없다는 것은 당연한 일인지도 모른다. 그러나 그가 명상가의 옷을 입고 다시 버스회사나 철공소의 문을 들어섰다면 '성자가 된 노동자'로 지칭될 수도 있었을 것이라는 생각이다. 결국 길을 찾아 헤매던 그의 시선을 잡은 여성과 아이는 다시 현장으로 돌아가지 못하는 그의 아니마, 즉 투사로 이상화된 여성성으로 해석된다.

그러나 그가 무교에서 기독교의 세계로 귀의 혹은 개종한 것도 아니고, '사제', '성모', '중보자' 등의 기독교 용어를 사용한다고 해서 기독교 시인으로 분류되는 것도 아니다. 삶을 변화시키지 않는 것은 진정한 신앙이 아니기 때문이다. 마치 사회주의자가 신념을 버리고 전향(轉向)한 것처럼, 그가 종교의 세계로 전향했을 뿐이라는 생각이다. 어린 사제는 어른 투사의 어린 시절이고, 여신 그리고 성모는 이전의 시기에서 보여주던 투사 아들을 키워내는 어머니로서의 여성 이미지를 벗어나지 못한다. 즉 '여성', '아이들' 그리고 '기독교 언어들'은 과거 투쟁가였던 박노해를 명상가로 변신시키기 위한 배경으로 호명되었다고 볼 수 있다.

2부. 한국 기독교 문학과 외국 기독교 문학

한국 기독교 문학과 외국 기독교 문학의 비교 시론(試論)

'기독교와 문학' 수업 중에 박두진과 박목월과 김현승의 기독교시를 비교하면서 '박두진 시인의 시는 한국적 기독교의 특성을 보인다는 평을 받습니다.'라고 일반적인 평가를 언급한 순간, 한 학생이 '교수님, 제가 보기에는 박두진 시인의 시 내용이 우리가 알고 있는 기독교 신앙과 다르지 않은데 무엇이 한국적이라는 것입니까'라는 질문을 했다. 여기에서 한국적이라는 것은 박두진의 신앙과 시어가 같은 시기에 활동한 박목월이나 김현승에 비해 한국적이라는 의미였다. 박목월은 어머니의 신앙을 이어받았으며, 부친이 목사였던 김현승은 어린 날부터 체득된 신앙이었다. 그렇기 때문에 두 시인은 보편적인 기독교 용어로 신앙을 형상화하였다. 그러나 박두진은 외부의 도움 없이 스스로 하나님을 찾았고 19세부터 시작된 신앙이기 때문에 두 시인에 비해 시의 용어나 신앙의 방식이 더 한국적이라는 의미였다.

사실 신앙고백의 면에서 박두진의 시 내용이 외국의 기독교 신앙과 명확히 구분되는 것은 아니다. 이어 '그러면 한국적이라는 것은 무엇인가', '한국 기독교만의 특성은 무엇인가' 같은 논의가 뒤따랐다. 일반적으로 '토속적'이라면 샤머니즘과 연관되고 이는 기독교 신앙과 거리가 있다. 그리고 기복신앙은 다른 공간과 종교에도 있는 현상이기 때문에 딱히 한국적이라고만 할 수는 없다. 한국의 기독교 문학이 외국 기독교 문학과 변별성이 없다면, 그것은 기독교문화권에서 기독교

신학과 신앙이 기반 잡힌 이후 한국에 전파되었고 결과를 그대로 수용했기 때문일 것이다 등등… 꼬리에 꼬리를 물고 이어지는 생각의 끝에 '이것은 외국과의 비교를 통해서 좀 더 명확해질 것'이라는 결론에 다다르게 되었다.

서양은 기독교 문학의 역사가 14세기 즈음부터지만 한국은 20세기부터 시작된다. 약 600년의 시간 차가 있어 비교 시간대가 맞지 않고, 한국은 서양의 말기 인식을 그대로 수용하기 때문에 변화의 양상을 파악하기 힘들다. 여기에서 기독교가 국교인 국가의 문제가 파생된다. 중세 기독교사회에서 교황이나 교회의 요구에 의한 작품이었다면 이를 작가의 신앙으로 볼 수 있을까 하는 것이다. 또한 서양은 기독교 문화가 오랜 세월에 걸쳐 형성되었기 때문에 성경이 일상문화에서 인문학적 지식을 형성하고, 기독교 소재 작품이 아닐지라도 의식적 무의식적으로 재현된다. 프로테스탄트들이 세운 미국의 경우 더욱 심해서 이들 모두를 기독교 소재 문학으로 분류하면 미국문학 전체가 연구대상이 된다. 예로 든다면 미국문학에는 목사와 교회 그리고 기독교식 이름이 자주 등장하지만 이는 한국작품에 사장이나 선생이 철수나 순이라는 이름으로 등장하는 것만큼이나 일반적이기 때문에 특별한 의미가 없다.

둘째, 비교대상 지역이 방대하다. 이 경우 각국의 토착적 기독교 비교, 즉 '독일, 일본, 한국, 중국, 미국 기독교 문학의 특성 고찰'과 같은 연구가 가능하지만 한국은 여섯 개 국가의 일부분이기 때문에 정교한 비교라고 할 수 없다. 가장 단단한 연구는 '한국과 독일의 기독교 문학 비교'같이 한정된 공간의 비교이다. 여러 국가와 비교하다 보니 언어의 한계가 뒤따르고 여기에서 번역의 문제가 발생한다. 번역에 의존해야 하기 때문에 한국문학처럼 정확하게 분석할 수 없다. 작가는 '신'이라고 썼지만 번역자가 '하나님'으로 번역한 경우, 하나하나 원문을 대조해가며, 작가의 기독교인식을 염두에 두고, 작가가 상정한 '신'의 의미를 탐색해야만 원본과 번역본의 차이를 발견할 수 있다. 이는 어마어마한 노력과 시간이 필요하기 때문에 쉽지 않은 문제이다.

셋째, 가장 큰 걸림돌인 원형(archetype)의 문제이다. 원형이란 사전의 정의에 의하면 "문학과 사상 전반에 보편적인 개념이나 상황으로 여겨질 만큼 자주 되풀이하여 나타나는 근본적인 상징 · 성격 · 유형"이다. 예로 든다면 오이디푸스 콤플렉스, 창세신화, 영웅의 말, 홍수신화 등 세계 어느 문화권에서도 발견되는 알갱이 같은 소재들이다. 기독교 원형은 가인과 아벨, 지혜로운 솔로몬, 다윗과 골리앗, 그리스도의 십자가와 희생, 순결한 마리아, 루시퍼와 가브리엘, 천국과 지옥 등 성경의 사건과 인물들 그리고 기독교윤리의식 등이다. 문제는 신앙을 바탕으로 하지 않은 작가가 쓴 작품에도 기독교원형이 내재하기 때문에 어떤 경우는 기독교적 해석이 가능하며 또 반대로 읽히기도 한다는 것이다. 예를 들면, 어떤 시인의 그리스도 이미지에 대해 어떤 학자는 이것이 기독교적이라기보다는 '이교의 신'에 가깝다고 보고, 어떤 작품이 성경을 인유했지만 어떤 학자는 이를 반기독교적이라고 해석한다. 여기에서 마지막 문제에 다다른다. 그러면 기독교 문학이란 무엇인가. 근본주의적 신앙의 틀 안에 들어야 기독교 문학인가. 문학은 신앙을 고백하기도 하지만 경전은 아니다. 작가들은 성경을 창의적으로 수용한다. 이것이 기독교신학과 차이가 있다고 해서 이들의 문학을 반기독교적이라고 규정짓기는 힘들다. 이들은 설교가가 아니기 때문이다. 누가 완벽하게 신앙적이라고 할 수 있겠는가. 하여, 이것이 기독교적인가 아닌가 하는 혹시나 발생하게 될 교리상의 문제는 밀쳐두고 문학의 관점으로 보는 입장을 취했다.

이러저러한 질문들을 뒤로하고 다음과 같은 차이점과 공통점이 추려졌다. 이것은 소소하게 발견된 일부분일 뿐 시대와 공간을 초월해서 모든 문학에 적용되는 것은 아니다. 먼저 차이점을 보면, 서양은 '마녀'에 관한 소재가 있지만 한국을 포함한 동양에는 희귀하다. 서양은 배교 주제가 흔하지 않지만 일본과 한국은 배교라는 주제를 다룬다. 이는 어느 시기 배교를 강요했던 사회상과 연관될 것이다. 한국을 포함한 동양권은 '신약'이 중심을 이루고 있다. 서양은 개종하거나 회심한 작가들의 작품이 있지만 한국은 드물다. 한국은 마리아 소재가 드물다. 서양은 구교와 신교의 갈등을 다루지만 한국은 흔하지 않다. 서양은 '원죄'의 문제가 주로 근친상간 혹은 '성적 욕망'과 연관되지만 한국은 원죄를 '성'과 연관 짓는 경우가 있으며 근친상간의 소재는 흔하지 않다. 외국은 기독교 사상가들이 문학작품을 남겼지만 한국은 드물다. 그렇기 때문에 일견 한국적 특성을 보이는 작품이 없다고 느껴질지도 모르겠다.

외국과 한국 기독교 문학의 공통점은 기독교신앙을 고백하는 작품을 제외하면 주로 기독교 비판 작품에서 발견된다. 사제와 신자를 작중인물로 선택한 경우 이들의 위선과 속물근성, 금전의 욕망에서 자유롭지 못함, 신앙인들의 잘못된 믿음, 신앙과 실천 사이의 갈등을 주로 그린다. 기독교에 비판적인 입장을 가진 작가들은 종교가 인간의 욕망을 억압하는 신의 폭력이라는 공통의 관점에 서 있다. 유일신론을 거부하는 경우, 모든 종교는 하나이며 모든 것이 신이고 모든 종교에 구원이 있다는 범신론적 인식을 보인다. 마지막은 해방신학 혹은 기독교사회주의 경향이다. 한국의 1970년대에서 90년대 초 민중운동 진영의 작가들이 기독신앙을 가지고 있지 않았음에도 성경을 인용하여 사회비판을 한 것처럼 외국도 같은 특성을 보인다.

이러한 차이점과 공통점을 바탕으로 다음 글부터는 부족하나마 외국과 한국의 기독교 문학을 인물 혹은 작품을 중심으로 비교해 본다.

신의 선택과 운명

-최인훈의 「라울전」과 페르 라게르크비스트의 「바라바」

하나님이 선택한 사람 혹은 구원받는 사람은 이미 정해져 있을까 하는 문제는 해묵은 주제이다. 선교사가 되기 위해 오랜 기간 준비했지만 여러 가지 사정으로 파견되지 못한 사람이 있고, 전혀 사역과는 거리가 멀다고 생각했는데, 어느 날 선교지에서 연락하는 사람도 있었다. 하나님의 선택일까. 본인의 의지일까. 바람에도 얻지 못하는 것은 왜일까. 하나님의 선택이라면 기준은 무엇일까. 성경에서도 하나님은 의외의 사람을 선택하는 경우가 적지 않다. 예로 든다면 장자상속이 보장된 가인이나 에서보다는 둘째인 아벨이나 야곱 그리고 심지어는 상속의 순위에서 아주 먼 요셉 등이 이에 속할 것이다.

스페인의 페르 라게르크비스트(Par Lagerkvist 1891~1974)는 시인이자 소설가 그리고 극작가였으며 사회주의자였다. "전후의 확신 없고 무의미한 세상에서 목적을 찾고자 하는 사람들에게 찬사"를 받았으며 "현대 양심의 예리한 대변인"으로서 세계 문단의 주목을 받았다. 기독교 집안에서 태어났지만 젊을 때 신앙을 잃었으며 자신을 신앙 없는 신자라고 지칭하였다. 성경의 인물을 소재로 한 소설 『바라바』(1950)로 1951년 노벨문학상을 받았다.

명절이 되어 죄수 가운데 한 사람을 석방하는 관례에 따라, 예수와 바라바 중 한 사람을 택하게 하는데 예수 대신 선택된 강도가 바라바였다. 바라바라는 이름의 뜻은 '아버지의 아들'이라 한다. 아무 의미

없기 때문에 가명일 수도 있지만, 모든 인간은 아버지의 아들이므로 예수가 바라바 대신 죽은 것은 모든 사람을 대신해 죽은 사건을 상징한다고 보는 학자도 있다.

페르 라게르크비스트는 유대인이 바라바를 선택한 것이 아니라 하나님이 바라바를 선택한 것으로 본다. 그러면 운명 혹은 숙명의 시각으로 보면 바라바는 예수 대신 죽기로 운명 지워진 인물이다. 소설에서 바라바는 십자가에서 죽어가는 예수를 보며 다음과 같이 생각한다.

> 방면되고 싶지 않다는 그의 의지를 관철한 것이다. 그는 대신에 바라바를 사면시킨 것이다. 그는 명령하였다. 바라바를 방면하고, 나를 십자가에 못 박아라.
>
> — 페르 라게르크비스트, 「바라바」

바라바는 예수가 자신을 위해 죽었으며 자신은 예수가 선택한 사람임을 깨닫는다. 그래서 그는 자신이 골고다까지 따라가는 것이 자신에게 요구된 단 하나의 일이라고 생각하고 골고다까지 간다.

소설에서 예수는 죽음을 두려워하지 않는 사랑의 실천을 보여준다. 그러나 제자들은 바라바를 용서하지 못한다. 이에 실망한 바라바는 다시 도적이 된다. 그러나 그의 마음은 계속 예수와 갈보리에서 벗어나지 못한다. 시간이 흘러 광산에 노예로 끌려간다. 거기에서 같은 노예인 사하끄라는 그리스도교인을 만나게 되고 감동을 받아 그리스도교인이 된다. 일련의 사건 후 사하끄는 예수를 부인하지 않고 십자가에서 죽지만 바라바는 예수를 부인한다. 바라바는 이번에도 자신을 대신해 십자가에 못 박힌 사하끄를 숨어서 본다. 죄의식에 괴로워하며 '하늘에서도 땅에서도 채울 수 없는' 고독과 쓸쓸함을 느낀다.

바라바가 지켜본 그리스도교인들은 죽음을 두려워하지 않았다. 그들은 사람을 사랑하라고 가르친 예수의 명령에 따라 살아가고 있었다. 로마시내에 화재가 나자 그리스도교 신자들이 불을 질렀다는 소문이 돈다.

그리스도 신자가 로마에 불을 지른 것이다. 전 세계에 불을 지른 것이다…

그들의 때가 온 것이다! 그들의 구세주가 온 것이다!

그 십자가에 못박힌 사나이가 돌아온 것이다!

골고다의 언덕 위의 그가 돌아온 것이다. 그의 약속대로, 인간을 구하기 위해, 이승을 멸망시키기 위해…

이젠 배반하지 않는다.

그는 배반하지 않았다.

그는 분명히 불을 질렀다.

정말로 불나도록

바라바는 또 불이 번지게 하기 위해 마구 뛰고 있었다

말살된 신의 이름을 가슴에 안고, 하늘에 닿는 숨결로 뛰고 뛰고 또 뛰어 달음질하며 …

그는 배반하지 않았다.

주가 진정으로 그를 필요로 했을 때, 일체가 멸망하는 중요한 시기에, 주를 배반하지 않았다. …

보아라! 그의 나라는 온 것이다.

— 페르 라게르크비스트, 「바라바」

바라바는 "이젠 배반하지 않는다."는 생각으로 같이 불을 지른다. 그러자 그동안의 고독과 쓸쓸함에서 벗어나게 된다. 그리고 다른 그리스도교인들과 함께 감옥에 갇힌다. 감옥에 같이 갇힌 베드로는 바라바의 이야기를 듣고서 예수는 사랑을 가르쳤기에 우리들은 결코 불을 지르지 않았다며, 바라바가 이 세상의 지배자를 도운 꼴이 되었다고 안타까워한다. 바라바는 광산에서부터 노예라는 표찰을 가슴에 달고 있었다. 사하끄의 인도로 그리스도교인이 되면서 표찰 뒤에 '크리스토스 예스스'라는 그리스도의 이름을 새겨 넣었지만 예수를 부인하면서 지워버렸다. 이 말을 들은 베드로는 이것이 "가슴에 달고 있지 않으면 안 되는 흉찰"이라고 했다. 우리가 지워버려도 예수의 흔적과 선택은 지워지지 않는다는 것이다. 바라바는 자신이 곧 죽게 될 것을 깨닫고 "영원한 생명"을 생각하며 작품은 끝난다.

신앙 없는 신자라고 자처하는 작가의 소설임에도 『바라바』를 읽으면 감동에 벅차오른다. 그리고 책을 덮고 여러 가지 것들을 생각하게 된다. 페르 라게르크비스트는 무슨 의도로 이 글을 썼을까. "비극의 운명을 타고난 주인공의 내면 변화를 따라가면서 신, 인간, 숙명이라는 문제들을 진지하게 성찰"하였으며, "참된 신앙과 사랑의 의미를 모른 채 살아가는 현대인의 비극"을 그렸다는 평가를 받을 만하다는 생각이다. 바라바의 일생은 비극이었을까. 왜 현대인들은 숙명을 비극이라고 생각하는 것일까 하는 생각을 가지고 최인훈의 『라울전』을 읽어본다. 페르 라게르크비스트와 최인훈의 공통점 중 하나는 현대인의 불안과 비극에 관심을 가진다는 것이다.

1960년대 문학의 지평을 연 첫 번째 작품으로 평가되는 『광장』의 작가 최인훈(1936~2018)은 전후 이념의 혼돈, 나약한 지식인들의 이중성, 현대인의 심리적 불안감 등을 주로 형상화한다. 최인훈은 기독교인이 아니지만 성경의 인물을 소재로 하여 이해할 수 없는 신의 섭리를 이야기한다. 신약성서의 '바울(사울)'과 대비되는 가상의 인물 '라울'의 이야기인 『라울전』(1959)은 최인훈의 문단 데뷔작품이다.

줄거리를 보면, 어릴 때부터 가말리엘의 문하에서 공부한 라울은 어린 나이에 조심성과 깊은 믿음이 뚜렷했으며, 신에 대해 묵상하며 여호와의 뜻을 읽었다. 그러나 팔팔하고 조급하고 불성실한 바울은 장군이 되기를 원했다. 지금은 집안의 업을 잇기 위해 신학을 공부하는 것뿐이다. 바울은 라울을 대제사장에게 밀고하기도 하는 등 사람을 짓밟는 무엇인가가 있는 "고약하게 굴어온 망나니"이다. 그럼에도 라울이 보기에 사울은 정곡을 찌르는 삶을 사는 것처럼 보인다. 예로 들면 스승은 손님 앞에 두 사람을 세워서 자랑하곤 했는데, 다음날도 손님이 오시는 날이었다. 라울은 책을 열심히 들여다보았지만 바울은 잠자기 전 찍은 문제가 다음날 문제로 나온 것과 같은 경우이다. 이에 라울은 "누가 더 신의 사랑을 받고 있는가 하는 문제에 있어서 라울 자기가 열세에 서 있는 것 아닌가" 하는 불안으로 항상 눌림을 느낀다.

둘 다 성장하여 성직자가 된다. 나사렛사람의 소문이 들려온다. 라울은 계보학적인 검토를 통해 예수가 다윗의 족보 속에 뚜렷하게 자리함을 알게 된다. 그를 따를 것인가 말 것인가 고민하지만 여러 가지 일로 바빠 예수를 만나러 갈 시간을 내지 못한다. 그러나 사울은 급한 성격에 그 무리들을 잡으러 달려간다. 라울이 주변의 일들을 정리하고 예수를 만나기 위해 예루살렘으로 가려고 했을 때 이미 예수가 죽었고 부활했다는 소식이 들린다. 게다가 사울이 나사렛사람의 무리가 되었다는 소식을 듣는다.

> 바울이 전향하였다는 말은 지금껏 그가 주저하고 있던 마지막 장벽을 일격에 날려버렸다. 자기 자신이 온 정력과 학문을 쏟아서 믿지 못하던 나사렛 사람 예수의 신성을, 바울이 전향했다는 한마디를 듣는 순간에 긍정한 것이었다. (또 한 발 늦었구나!) 그 순간에 느낀 감정은 이것이었다.
>
> — 최인훈, 「라울전」

라울은 “또 한발 늦었구나.”라는 생각을 한다. 이는 “삶에 늦은 자가 느끼는 슬픔” 그리고 “평생 내리 헛물을 켜온 자의 마음”이었다. 바울이 라울을 방문한다. 패기로 빛나던 눈은 부드러운 기운으로 가득 차 있으며, 한 쪽이 약간 솟은 듯하던 어깨는 죽었으며, 그윽한 위엄이 감돌아 보인다. 성격과 외모까지 바뀐 모습으로 “기뻐하오. 메시아는 땅에 다녀가셨소.”라는 바울의 말에 라울은 고민한다.

> 그는 바울의 증거를 듣는 순간부터 단 한 가지 생각만을 좇고 있었다. 신은 왜 하필 사울 같은 불성실한 그리고 전혀 엉뚱한 자에게 나타났느냐. 이 질문을 뒤집어 놓으면 신은 왜 나에게 주를 스스로의 힘으로 적어도 반은 인식했던! 나에게 나타나지를 아니하였는가 하는 문제였다. (…) 아무런 노력도 없는 사울에게 그처럼 큰 은혜를 내린 것은 무엇 때문인가
>
> — 최인훈, 「라울전」

사울은 불성실하고 자신은 성실했는데, 애를 쓰지도 않은 바울에게 예수를 만나는 큰 은혜를 내린 것은 무엇 때문인가? 라울은 이를 바울의 “불로소득적인 행운”으로 해석한다. 정말 바울은 노력하지 않고 얻은 것일까. 선택은 달려감과 미적거림에 달려 있을까.

라울은 “평생 자기를 믿고 살아왔다. 경전과 철학을 읽으면서 황홀경에 빠졌으며 신과 하나가 되는 경지”를 느꼈던 사람이다. 자기를 믿는 것, 지성만으로는 운명을 이해할 수 없다. 좀 더 차분히 생각했다면 바울의 삶은 바울의 삶대로 라울의 삶은 라울의 삶대로 하나님의 운행 가운데 있음을, 그 역시 하나님의 선택된 운명 안에 살아가고 있음을 알아차렸을 것이다. 그러나 라울은 주변 모든 인물들이 자신을 어떤 ‘몫’에서 빼돌렸다는 생각으로 분노에 가득 차 집을 나선다. 그리고 다메섹 가는 길에서 주검으로 발견된다. 그의 턱은 앞을 보려

하는 것처럼 높이 쳐들고 있었으며, 무엇인가를 노려보는 눈알의 흰자위는 뒤집혀져서 마치 마음이 굳어진 두 개의 구슬 같았다고 한다.

신앙을 가지지 않은 작가들의 작품임에도 신과 인간의 문제, 신의 선택과 운명의 문제를 생각해보게끔 한다. 두 작가의 작품은 운명을 받아들일 수도 부인할 수도 없는 죽은 신의 사회, 그 가운데서도 믿을 무엇인가를 찾는 현대인의 혼란, 결국 인간의 힘으로는 풀 수 없는 문제와 하나님 없이는 살아갈 수 없는 세계라는 것을 의식적이든 무의식적이든 내포한다. 바라바의 삶은 비극이라고 생각하는 이에게는 비극이겠지만, 비극이 아니라고 생각하는 이에게는 '선택된 행운아'일 수도 있겠다. 거부해도 십자가를 질 운명이 있는 인물 그리고 십자가를 지고 싶어도 질 수 없는 인물, 나는 어느 쪽일지.

유다 해석의 다양성

–박상륭의 「아겔다마」와 다자이 오사무의 「직소」

장로회신학대학교에는 낡아서 허물어 버린 '엘림'이라는 학사가 있었다. 오래된 건물이라 쥐가 한 마리 살았는데 학생들은 그 쥐를 '유다'라고 불렀다는 전설이 내려오고 있다. 유다에 대한 전통적인 인식이 압축된 이름짓기로서, 누구에게 '유다 같은 놈'이라고 말한다면 그것이 비열한 배신자를 의미한다는 것은 누구나 이해하는 관용구이다. 그래서 예수와 유다를 비교하는 것은 불경스러운 소재가 된다. 그러나 현대는 유다를 예수와 같은 무게로 해석하고 있는 듯하다. 이러한 인식을 처음 제공한 것은 뮤지컬 '슈퍼스타 예수그리스도'(앤드루 로이드 웨버, 팀 라이스)이다. 언젠가 내가 다니던 군인교회에 위문 온 선교단체의 공연을 본 적이 있었다. 검은 망토를 휘날리며 고음으로 노래하는 유다에 비해, 하얀 옷의 예수가 약해 보인다는 생각을 했는데, 형제들이 관람을 마친 후 유다가 얼마나 매력적인지 온몸에 소름이 끼쳤다고 말하는 것을 듣게 되었다. 유다가 매력적이라니….

성경은 유다가 돈궤를 맡았고 예수를 팔았고 자살했다는 정도로 짧게 기록한다. 스승을 배반한 그에게 지면을 할애할 이유는 없었을 것이다. 유다를 주인공으로 한 소설이 국내외적으로 적지 않은데 이 소설들은 유다의 성장과정, 철학, 행동 등을 상세히 서술한다. 성경에는 사탄이 유다의 마음에 들어가서 예수를 넘겼다고 정확하게 적는다. 하지만 작가들은 이를 무시하고 '유대인을 홀로코스트 살육으로 몰아가기 위한 음모론적 동기', '유다의 배신은 하나님의 계획 안에 있었기 때문에 성인이다', '예수의 암시적인 부탁에 따른 배신자의 역할', '유다와 예수는 한 사람', '예수를 보호하기 위해서' 등등으로 유다의 배신 사건을 풀어간다. 돈 때문에 예수를 팔았다는 줄거리는 소설가들이 보기에도 안이하다고 인식되었던지 한 편 정도이다. 소설의 대부분에서 예수는 이러한 유다를 미워하지 않으며 친구로 생각한다. 여기에는 유다에 대한 작가들의 시선이 반영되어 있다.

왜 그들은 유다에게 이끌리는 것일까. 성공한 인물과 실패한 인물, 여기에 한 해답이 있지 않을까 하는 생각이다. 유다는 나약한 모습, 실패 속에 되풀이되는 인간의 근원적 비극을 보여준다. 즉 지극히 인간적인 인간이었다. 예수를 세 번씩이나 부인한 베드로도 있지만 그는 회개하고 순교자가 되었다. 제자들의 삶과 믿음은 견고한 성 같아서 인간적인 매력이 없어 보인다. 그러나 실패한 인물의 이야기는 흥미를 불러일으킨다. 상업성에 이르게 되는 결말을 애써 외면하고 유다가 주 인물인 두 편의 소설을 보고자 한다.

박상륭(1940~2017)의 소설은 종교와 신화의 세계를 바탕으로 한 구도적, 관념적, 형이상학적이라는 특징을 보여주기 때문에 소설보다는 경전 같다는 평가를 받는다. 그의 등단작인 「아겔다마」(1963)는 이 같은 경향의 원형을 보여준다. 소설의 내용을 간략하게 보면, 토기장이 늙은 부부는 아버지나 어머니의 얼굴도 기억하지 못하는 유다를 거두어주고 키워준다. 성장한 유다는 이상과 식민지 현실 가운데서 고민하는 자로 그려지는데 이는 서로 다른 방향을 보는 사팔뜨기 눈으로 형상화된다.

> 유다의 눈은, 오른쪽은 갈색으로 똑바로 보이는데, 왼쪽이 사시였다. 그런데 유다의 왼쪽 눈은 보통의 사팔뜨기와는 달라서 참으로 이상했다.

오른쪽이 갈색인 데 비해 왼쪽은 하늘색 바탕이라는 인상을 받는다. 그리고 그것은 위를 향해 시선을 보내는 눈이었다.

— 박상륭, 「아겔다마」

사시인 유다의 오른쪽 눈은 갈색으로 앞을 보고 있는 듯하다. 이는 그의 현실주의와 세속적인 내면 즉 열심당원으로서의 모습을 상징한다. 유다의 왼쪽 눈은 하늘색이며 위를 향하고 있다. 이는 그의 이상주의와 초월지향적인 내면 즉 예수의 제자로서의 모습을 상징한다.

유다는 자기 또래인 푸른 눈의 사내인 예수를 만나 그로부터 위로를 얻고 그의 무리를 따르며 추종한다. 그러나 예수는 유다의 지상적 욕망의 갈증을 해갈시켜 주지 못했다. 그가 본 예수의 눈은 "웃음도 없고, 다정스럽지도 않고, 그렇다고 미워하는 눈"도 아니었다. 유다는 그런 눈보다는 증오든 사랑이든 그 어느 쪽의 의미를 담은 눈을 원했고 예수를 은 삼십에 넘긴다. 그리고 무서운 얼굴로 돌아와서는 어머니라고 불렀던 노파를 강간한다. 노파는 치욕감에 자살하고 유다는 실신한다. 예수와 닮은 파란 눈을 가진 노파를 강간한 것은 자기 안에 예수를 따르고자 하는 마음을 죽이는 일종의 종교적 의식(儀式)이었다.

유다가 고아인 자신을 거둬주고 사랑했던 노파를 강간하고 죽게 한 내용은 박상륭의 가족사와도 관련해서 해석할 수 있다. 9남매의 막내인 박상륭은 어머니가 45세에 낳은 아들이었다. 병약하고 늙은 어머니 때문에 죽음에 대한 공포가 늘 있었고 늙은 어머니에 대해서도 부끄러움을 가졌는데, 어머니가 돌아가셨을 때 '저 어둡던 곳으로부터 밝은 곳에로 드러나진 기분'이었다고 한다. 박상륭은 이것을 어머니 콤플렉스로 해석한다. 이 같은 인식은 유다가 노파를 강간하고 자살에 이르게 한 후의 후련함에서 발견된다.

얼마 후 유다에게 예수의 환상이 나타난다. 예수의 가냘프고 부드럽고 흰 손이 자신의 이마를 짚었다고 느끼자 유다는 "랍비여 당신은 아버지 같으시니이다."고 고백한다. 예수는 그와 설전을 벌이다 패배한 듯 사라지고 유다는 승리감에 숨이 넘어가게 웃다가 죽은 모습으로 발견된다.

「아겔다마」에서 노파를 강간하고 예수를 팔고, 즉 아버지인 기독교 세계관을 떠난 박상륭은 『죽음의 한 연구』, 『신을 죽인 자의 행로는 쓸쓸했도다』, 『칠조어론』 등의 소설을 통해 세계 모든 종교의 탐색과 통합으로 나아간다. 한 인터뷰에서 박상륭은 "나는 세계의 모든 종교를 믿는 허무주의자… 종교는 식당의 메뉴처럼 많으면 많을수록 좋다는 것이 제 생각입니다"라고 말한다. 「아겔다마」는 그의 첫 소설이기 때문에 이후 발표되는 소설의 원형이 된다. 유다의 마지막 말인 "랍비여 진정으로 원한다면 삼십세겔의 은을 거두어 주십쇼. 이제는 거두어주십쇼"에서는 인류가 공통으로 추구하는 '구원'에의 열망을, 예수를 향해 "당신은 나를 배반했었소. 그리곤 나로 하여금 당신을 배반하도록 충동시켰소"라는 외침은 예수나 유다 둘 모두 배반자라는 선과 악의 모호함 인식, "나는 당신의 아버지가 내 몫으로 지워준 십자가를 훌륭히 졌습니다."에서 발견되는 숙명론적 운명관 등이 발견되는데 이는 박상륭이 그의 창작 일생을 통해 구현하려 애썼던 '통합 종교적' 특성의 원형이 된다.

일본의 데카당스 문학을 대표하는 다자이 오사무(1909~1948)는 권세 있는 집안에서 태어났다. 아버지는 귀족의원이었고 아들에게는 무서운 대상이었다. 유모가 젖을 먹이고 숙모 밑에서 성장했기 때문에 어머니에 대한 애정이 없었다. 첫 아내는 집안에서 반대한 게이샤였고, 네 번의 자살을 시도한 후 39세에 애인과 함께 강에 투신한다. 이 같은 자기 파멸적 성향은 2차 대전에 패한 후 정신적 공황 상태에 빠진 일본 젊은이들에게 열렬한 지지를 받았다.

다자이 오사무가 기독교 신앙을 받아들인 것은 약물 중독과 자살의 우려가 있다고 강제 수용된 해이다. 약 한 달간의 입원 생활 동안 성경을 읽었고 주변 작가들의 영향으로 기독교인이 된다. 다자이 오사무의 소설은 대부분 자신의 이야기를 소재로 하기 때문에 그의 기독교 소재 소설도 '자기를 인식하는 한 수단으로서의 기독교'로 평가받는다. 「직소」(1940) 역시 이러한 경향을 보인다.

유다가 예수를 고소하는 진술로만 이루어진 「직소」는 '급히 고소합니다'라는 뜻이다. 하루 저녁에 술을 마시고 구술한 것을 아내가 받아 적었고 한 구절도 번복하지 않았다고 한다. 그래서 유다의 모노드라마를 보는 듯하다. 「직소」에서 유다는 예수를 지극히 사랑한다.

> 한 번, 그 사람이 봄날에 해변을 걸으며 문득 제 이름을 부르고는 "네게도 신세를 많이 진다. 너의 쓸쓸함은 나도 알고 있다. (…) 쓸쓸함을 사람들이 알아주지 않더라도 어딘가 보이지 않는 곳에 있는 네 진실된 아버지만이 알아주시면 그것으로 족하지 않느냐. 안 그런가? 쓸쓸함은 누구에게나 있다."라고 말씀해 주셔서, 저는 소리를 내어 엉엉 울어버리고 싶어, 아뇨, 저는 하늘에 계신 아버지가 알아주시지 않더라도 단지 당신 한 사람만이 알아주신다면 그것으로 충분합니다. 저는 당신을 사랑합니다. 다른 제자들이 아무리 깊이 당신을 사랑한다 하더라도 그것과는 비교도 안 될 정도로 사랑합니다. 누구보다도 사랑합니다.
>
> — 다자이 오사무, 「직소」

유다는 예수를 '스승', '주인', '정신적인 인물'로서 사랑하는데, 그 이유는 예수가 '아름다웠기 때문'이다.

> 저는 본래 가난한 상인이었으나 그래도 '정신적인 인물'이라는 것을 이해하고 있는 사람입니다. 그래서 그 사람이 제가 고생해가며 모아놓은 자그마한 돈들을 아무리 어이없이 낭비해도 저는 아무렇지도 않습니다. 아무렇지도 않습니다만, (…) 당신이 죄를 지은 건 하나도 없습니다. 당신은 항상 좋은 사람이었습니다. 당신은 항상 옳았습니다. 당신은 항상 가난한 자의 편이었습니다. 그리고 당신은 언제나 빛을 발할 정도로 아름다웠습니다. 당신은 분명 하나님의 아들입니다.
>
> — 다자이 오사무, 「직소」

위의 인용문에서 '정신', '가난한 자의 편'은 다자이 오사무가 좇았던 좌익사상의 영향을 떠올리게 한다. 이러한 유다가 예수를 판 이유는 그가 자신보다 마리아를 사랑했고, 자신을 인정해주지 않았으며, 외식하는 자가 되지 말라고 꾸중했으며, 최후의 만찬에서 회개한 자신을 받아주지 않았기 때문이다. 유다는 이와 같은 사건들에서 깊은 상처를 받고 예수를 팔기로 한다. 이는 섬세하며 상처받기 쉬운 영혼의 다자이 오사무 자신을 투사한 캐릭터이다.

다자이 오사무에게도 배신의 기억이 있다. 대학에 들어가자 자신의 계급에 환멸을 느낀 그는 좌익운동에 깊게 관여하여 3년이나 열성적으로 활동하였지만, 정치가였던 형이 자수하지 않으면 모든 송금과 인연을 끊겠다고 협박하자 좌익운동에서 우익으로 전향한다. 이 사건으로 다자이는 동료들을 배신했다는 자괴감이 컸다고 한다. 소설의 마지막에서 유다는 "저는 돈이 갖고 싶어 그 사람을 따라다녔습니다. 돈. 세상은 돈뿐입니다. 은 삼십. 매우 훌륭합니다. 받겠습니다."고 마음에도 없는 말을 하지만 유다의 비굴한 모습은 송금을 끊겠다는 형의 협박에 못 이겼던 자신의 모습과 겹쳐진다. 결국 「직소」의 유다는 자신의 신념, 좌익사상 혹은 신앙을 끝까지 밀고 갈 힘이 없었던 다자이의 나약한 정신을 투사했다고 읽을 수 있다.

유다를 소재로 한 두 작품에서 발견되는 유다의 이미지는 작가들의 무의식, 배신의 경험이나 콤플렉스 같은 개인사와 연관된다. 작가의 경험이 작품에 반영된다는 것은 일본과 한국을 넘어서는 문학공간의 보편적 특성일 것이다. 이것은 어떤 환경에서 성장했는가에 따라 하나님을 무섭게도 혹은 자애롭게도 인식할 수 있다는 생각으로 나아간다. 부모로 인해 자녀의 인간관과 세계관 그리고 신관이 형성될 수도 있다는 사실에 무거운 책임감을 느낀다.

동양의 배교, 동양의 고뇌

–김은국의 「순교자」와 엔도 슈사쿠의 「침묵」

외국이 주목하고 노벨문학상 후보에까지 추천한 두 편의 동양소설이 있다. 김은국의 『순교자』(1963)와 엔도 슈사쿠의 『침묵』(1966)이다. 신앙을 가진 이들에게 선교와 순교는 숭고한 것으로 이상화되어 있다. 3대째 기독 신앙의 집안이라는 것을 훈장처럼 달고 다니는 나도 마찬가지이다. 2007년 7월 오랜 내전 중인 아프가니스탄에 선교를 위해 입국했던 샘물교회 봉사단이 탈레반무장 세력에 42일 동안 납치되었다. 피랍된 봉사단 중 김선일 씨가 이슬람 무장세력 앞에서 "제발 살고 싶습니다."고 외치며 죽어갔다. 그리고 또 한 분 목사님이 죽었다는 보도를 들었을 때 난 그들이 좀 더 의연하게 죽어갔으면 바랐었다. 그러나 내가 그 입장이 되었을 때 나는 과연 이상과 이성적으로 행동할 것인가. 소설 『침묵』에서 로드리고 신부는 이렇게 말한다.

> 사람들의 영혼이 하늘로 올라갈 때 하늘에 영광의 빛이 가득하고 천사가 나팔을 부는 빛나는 순교를 꿈꾸었습니다. (…) 그러나 일본신도의 순교는 그처럼 빛나는 것이 아니라 너무나 보잘 것 없고, 고통스러운 모습이었습니다.
>
> — 엔도 슈사꾸, 「침묵」

김은국(1932~2009)은 할아버지가 목사인 기독교 집안에서 태어났다.

6·25 때에는 통역장교로 복무하다 미국으로 건너가 1962년 아이오와 대학교에서 창작석사학위청구 작품을 개작한 영문소설 『순교자』를 발표한다. 이어 20여 개 언어로 번역되고 1967년 한국출신 작가로는 처음 노벨문학상 후보에 오른다. 2세대 한국계 미국작가로서 한국계 미국문학의 토대를 다지는 데 기여했다는 평가를 받았다.

엔도 슈샤쿠(1923~1996)는 백모의 영향으로 가톨릭에 입교하였고 세례를 받았다. 1966년 『침묵』으로 다니자키 준이치로상을 수상했고, 로마교황청으로부터 기사 훈장을 받았다. 사망할 때까지 그의 평생 주제는 '가톨릭과 일본인'이었다.

김은국의 소설 『순교자』는 6·25 직전 북한 보위부에 체포된 14명의 목사에 관한 이야기가 주를 이룬다. 국군이 평양에 입성했을 때 두 명의 목사만 석방되고 12명의 목사는 순교를 당했다는 보고를 받는다. 그러나 12명의 목사는 순교한 것이 아니라 죽기 전 생명을 애걸하고 동지를 배신하고 신앙을 부인했다는 것이 밝혀진다. 석방된 두 명 중의 한 명인 신목사는 당당하고 용감한 태도 때문에 살게 된 것이지만, 다음 예문과 같이 평양시민에게 희망을 주기 위해서 12명의 목사는 위대한 영광의 순교를 당했고 자기는 패배자이고 비겁자이며 죄인이라고 거짓말한다.

> 평양의 기독교 신자들을 위해 순교사건이 필요하다. 사람들은 내세를 믿고 삶에 의미를 부여함으로써만 고난을 이겨낼 수 있다. 그들의 목사들이 배교자이며 무신앙의 상태로 세상을 떠났다는 것을 알게 되면 신자들은 절망할 것이다.
>
> — 김은국, 「순교자」

『침묵』은 1637년 일본 선교사 페레이라 신부의 배교 소식을 듣고 파견된 포르투갈 예수회 젊은 사제들의 순교와 배교에 관한 이야기이다. 믿음을 가지고 천국을 소망하는 사제에게 순교하는 것은 어려운 일이 아니었다. 그러나 배교하지 않으면 다른 신자들(고통에 못 이겨 이미 배교를 맹세한 이들)을 죽이는 방식에 로드리고 신부 역시 예수라도 그렇게 했을 것이라 생각하며 배교한다. 신자들의 고난에 끝까지 침묵하는 신에게 깊은 절망을 느낀 페레이라는 기독교 박해에 앞장서지만, 불교로 개종한 로드리고는 크리스천들을 위로하고 은밀히 전도하다가 죽음을 맞이한다.

이러한 동양의 소설에 서양이 주목한 이유는 무엇일까 생각하며 먼저 외국의 평가를 본다. 『순교자』에 대해서는, "어느 나라에서나 수십 년 만에 한 번 나타날 가장 유능한 젊은 작가들 중의 한 사람이다"(뉴욕 헤럴드 트리뷴), "도스토예프스키와 알베르 카뮈의 문학 세계가 보여준 위대한 도덕적, 심리적 전통을 이어받은 훌륭한 작품"(뉴욕타임즈), "하나의 사건을 소재로 신에 대한 인간다운 믿음의 보편성을 표현하고 신을 믿으려고 갈망하는 데에서 비롯하는 의혹과 고뇌를 다룬다는 것은 정말로 어려운 작업이다. 그런데 김은국은 이 어려운 작업을 해냈다"(펄벅)는 평가가 있으며, 『침묵』에 대해서는 "20세기 가톨릭 문학에 있어서 누구보다도 중요한 작가"(그레이엄 그린)라는 평가가 있다. 『침묵』을 노벨상에 추천한 이도 그레이엄 그린이다.

『순교자』 발간 당시 한국의 평가는 "사람들의 영혼 안으로 깊이 파헤쳐 들어간 현대 기독교의 서사시", "이 소설의 주제는 참 진실", "신의 존재여부와 그 새로운 존재 이유를 추구한 기독교적인 작품일까"와 같은 극찬의 반응, 그리고 "반기독교적이고 무신적인 소설", "악마의 자식이 쓴 작품"이라는 혹평에서 보듯 극과 극의 반응을 보인다. 당시 한국어 번역판에서 김은국은 "순교자란 제목을 생각할 때 교(敎)를 너무 강하게 인식하지 말고, 그보다 순(殉)이라는 말이 지닌 진솔한 뜻을 더 크게 헤아려주길 바란다"고 했다. 방점이 '신앙'이 아닌 '죽음'에 있음을 알 수 있다. 한국의 관심은 '신앙'에 있지만 외국은 '인간'에 있어 보인다. 이러한 생각을 시작으로 동양성과 서양성의 차이가 아닐까 하는 생각으로 나아가 보기로 한다.

김은국 소설의 평가에서 언급되는 작가들은 '도스토예프스키'와 '까뮈'이다. 도스토예프스키는 『카라마조프가의 형제들』(1880) 1권 '대심판관편'에서 재림한 예수를 받아들이지 못하는 종교지도자들의 이야기를 다룬다. 결국 재림예수는 눈물을 흘리며 어둠 속으로 추방되고 사라진다. 부조리의 문제에 천착했던 까뮈의 『페스트』(1942)에서 파늘루 신부는 죄 없는 어린이의 고난이 하나님의 뜻인가 고민한다. 두 서양 작가의 '신에 대해 누가 정확하게 이해할 수 있는가'라는 질문은 동양의 두 소설에서도 재생된다.

> 목사님의 신이건 그 어떤 신이건 세상의 모든 신들은 대체 우리에게 무슨 관심을 갖고 있습니까? 당신의 신은 우리의 고난을 이해하지도 않을 뿐더러 인간의 비참, 살육, 굶주린 백성들, 그 많은 전쟁, 그리고 그 밖의 끔찍한 일들과는 애당초 아무 상관도 하지 않습니다. (…) 당신의 신은 그의 백성들이 당하고 있는 고통을 알고 있는가? 아무 관심도 없지 않은가? 그런데 왜 당신은 사람들을 속이는가
>
> — 김은국, 「순교자」

> 그것은 하느님의 침묵입니다. 박해가 일어나 오늘까지 20년, 이 땅에 많은 신자들의 신음소리가 가득 차고, 신부의 붉은 피가 흐르고, 교회의 탑이 무너져가는데도, 하느님은 자기에게 바쳐진 너무나도 참혹한 희생을 앞에 하고도, 여전히 침묵만 지키고 계십니다.
>
> — 엔도 슈샤꾸, 「침묵」

이어 김은국의 소설과 엔도 슈사쿠의 소설을 평론했던 펄벅과 그레이엄 그린을 살펴본다. 펄벅은 중국 선교사의 딸로 태어나 『대지』로 노벨문학상을 받고 사회운동가와 인권운동가로 활동하면서 아시아와 한국의 전쟁고아들에게 관심을 가졌다. 『권력과 영광』을 쓴 가톨릭 작가 그레이엄 그린의 주된 작품 경향은 쫓기는 자의 불안과 공포이다. 펄벅은 아시아의 작가인 김은국의 작품에서 믿음과 의혹과 고뇌를 발견했고, 그레이엄 그린은 '가톨릭 문학'이라는 데 주목한다. 결국 서양이 두 소설에 주목한 첫째 이유는 인류가 공통으로 가지고 있는 '인간존재의 고뇌'라는 주제를 추구하고 있기 때문인 것으로 해석할 수 있다.

둘째 이유는 소재에서 찾아볼 수 있다. 두 소설의 주된 내용은 '배교'에 관한 것이다. 서양 문학에 순교의 주제는 많지만 배교를 다룬 것은 찾기 힘들다. 50년간 축적된 나의 기억 속을 아무리 뒤져도 사제가 유혹에 빠지는 내용은 있어도 강압에 못 이겨 배교한다는 내용, 특히 배교자를 주인공으로 하는 소설의 기억은 희미하다. 노벨상 수상 작가 헨릭 시엥키에비츠의 『쿠오 바디스』(1896)에서는 원형경기장에서 의연하게 사자의 밥이 된 크리스천들을 볼 수 있다. 영국 극작가 필립 매신저의 희극 『배교자(The Renegado)』(1624)는 17세기 오스만 제국에 나포된 유럽인들이 고문이나 유혹 등에 의해 이슬람으로 개종(당)하지만 이에 굴하지 않는 인물과 영웅적인 예수회 수사의 이야기이다. 당시 유럽배교자들은 자발적으로 개종하여 이슬람 해적이 되었는데 이들에 대한 평가는 '불량배, 인간 말종, 악당' 등이다. 즉 서구문학에서 배교는 인간말종이나 하는 것이었다. 그러나 두 소설은 성직자인 목사와 신부의 배교에 관한 이야기이다. 배교문학이 흔하지 않은 서양에서 신선한 소재로 받아들여졌을 것이다.

셋째, 동양적 인식론이 새롭게 다가왔기 때문이 아닐까 생각해 볼 수 있다. 서양의 이분법적 세계에서는 선과 악이 명확하다. 배교는 악이고 순교는 선이며, 배교한 로드리고와 거짓말한 신목사는 악이 된다. 그러나 동양의 양자적 인식론, 즉 선은 악을 품고 있으며, 죽음은 곧 삶이라는 인식에서는 배교가 곧 순교일 수 있다. 누가 악하고 누가 선하다고 할 수 있는가. 영혼을 구원하기 위해 선(믿음)을 간직한 채로 악이 되었다면 그것은 악인가 선인가. 그리고 일반적으로 서양은 '개인성'과 '내세적' 세계관에, 동양은 '공동체성'과 '현세적' 세계관에 기반한다. 서양에서 박해는 개인이 믿지 못하게 하는 데 주안점을 두었다. 그래서 천국을 소망하며 혼자만 희생하면 되기 때문에 배교에 대한 고민이 실존에까지 이어지지 않는다. 그러나 동양에서는 개인의 믿음으로 인해 '현세'에 살고 있는 '(가족)공동체'가 피해를 입는다면 혼자의 죽음으로 끝나지 않는다. 믿음의 문제로 해결되지 않는 이중의 고뇌가 발생한다. 이와 같은 동양의 인식에 주목하지 않았을까 하는 생각이다.

두 권의 책을 읽으며 문득 이러한 질문에 이른다. 순교와 배교가 하나님의 뜻이라고 쉽게 말할 수 있는 것일까. 신앙은 회의해야 성장하는지. 질문이 없으면 답도 없다. 인간의 질문을 하나님은 어떻게 생각하실까. 하나님의 관심과 인간의 관심이 다른 데 있는 것은 아닐까… 등등.

기독교 알레고리의 가능성

-이강백과 톨스토이

알레고리란 말하고자 하는 것을 직접 표현하는 것이 아니라, 다른 것에 빗대어 암시적으로 표현하는 방법으로서 '우화'라고도 한다. 알레고리와 상징은 비슷한 의미이지만 알레고리는 교육해서 알게 되는 것이고 상징이란 무의식적으로 알고 있는 것이다. 그래서 기독교적 알레고리는 기독교 정신을 암시하는 사건에 다른 사건을 빗대어 표현하는 방식으로서, 전도를 목적으로 성경을 쉽게 이해시키기 위한 '이콘'과 같은 것이었다. 이러한 기독교 알레고리가 기독교 문화권에서는 거부감 없이 수용되지만 한국은 기독교 문화권이 아니기 때문에 한계가 있을 것이다. 이러한 것을 전제로 하고 기독교 알레고리를 사용한 두 작가를 보고자 한다.

톨스토이(1828~1910)는 19세기 러시아 문학을 대표하는 세계적 문호라는 수식이 뒤따른다. 사실주의에 집중하였던 젊은 날을 지나 40대 후반, 기독교의 문제에 골똘한 그는 자비와 비폭력과 금욕을 실천하는 기독교정신을 우화와 단편에서 펼쳐 보인다. 1884년 「나의 신앙」이라는 글에서 "그리스도의 가르침을 해석하고자 하지 않는다. 그 안에 있는 단순하고 평범하며, 이해하기 쉽고, 의혹이 없는 가르침이 어떻게 사람들에게 적용되는지 이해하였다."고 밝혔다. 이러한 예수의 가르침을 문학으로 실천한 그의 우화는 단순하고 평범하고 이해하기 쉽고 의혹이 없다.

최고의 부자였다가 불행한 일을 겪은 후에 하인이 된 부부의 이야기 「일리야스」는 욥기의 알레고리이다. 이들은 돈이 많았을 때 죄와 걱정 속에서 살았지만 가진 것이 아무것도 없는 지금이 "대화를 나눌 시간과 우리의 영혼을 생각할 시간, 그리고 기도할 시간"을 가질 수 있기 때문에 더 행복하다고 한다. 「사람은 무엇으로 사는가」에서 시몬과 그의 아내 마트리요나는 어려운 사람을 도우라는 성령의 음성에 귀 기울였기 때문에 천사 미카엘을 집으로 데려와 살게 하고, 다시 하늘로 돌아갈 수 있는 기회를 제공할 수 있었다. 톨스토이는 이 같은 하나님과 천사와 민중의 알레고리로 말씀을 실천하는 삶과 하나님 없이는 살 수 없다는 것을 군살 없이 이야기한다. 「사랑이 있는 곳에 하나님이 계신다」에서 아들을 잃고 희망이 없다고 생각하는 마틴에게 이웃 마을의 노인은 "우리는 하나님의 뜻을 판단할 수 없어. 우리의 이성이 아니라 하나님의 뜻이 모든 것을 결정하는 것일세… 자네의 절망은 자네 자신의 행복을 위해 살려는 것에서 나온 것이네"라고 하나님의 뜻이나 하나님의 방식을 속단하지 말라고 한다.

이후 마틴은 성경을 읽고 묵상하는 삶을 즐거워한다. 사과를 훔친 소년을 벌주려는 노파에게 "그건 우리들 방식이고 하나님의 방법은 달라요, 사과를 훔친 이유로 이 녀석이 벌을 받아야 한다면, 우리가 지은 죄는 어떻게 하죠?"라며 우리가 죄를 용서받은 인간이기 때문에 타인의 죄도 용서해야 한다고 말한다. 「달걀만한 씨앗」에서 한 노인은 "제가 농사를 짓던 시절에는… 돈이라는 것은 알지도 못했지요… 저의 밭은 하나님의 땅이었을 뿐… 땅은 자유였습니다… 제 것이라고 할 수 있었던 건 오직 제가 지닌 노동뿐"이라고 한다. 지금은 산이고 들이고 다 주인이 있지만 언제부터 이 땅의 주인이었을까. 주인을 찾아 올라가고 올라가면 천지를 만드신 그분의 것이다. 결국 톨스토이는 작중 인물들의 생각이나 말을 통해 하나님의 뜻을 실천하는 것이 참된 삶이며, 인간은 하나님 없이는 살 수 없다는 생각을 기독교 알레고리로 풀어낸다.

극작가 이강백(1947~)은 대학교 혹은 대학원의 학력이 없음에도 크리스찬아카데미의 문화부장, 동아연극상 심사위원, 서울예술대학 극작과 교수로 재직하였다. 수많은 유명예술상을 수상하였으며 희곡작품이 중고등학교 교과서에 실리고 외국에도 번역되었다. 우화와 비유를 주로 사용하기 때문에 '알레고리의 작가'로 불리는 그는 이리 · 광야 · 파수꾼 · 십자가 같은 기독교 상징과, 하나님의 사랑, 예수의 희생, 부활과 같은 기독교 모티프로 극을 이끌어간다.

당대 사회의 사상적 경직성을 기독교 알레고리로 비판한 「칠산리」에서는 산속에 버려진 빨갱이들의 자식 '열두 명'을 친자식처럼 보살피다 '죽은' 간난 어미가 등장한다. 이것이 무엇을 의미하는지 말을 하지 않아도 감지할 것이다. "모든 삶은 존재론적인 불안"을 가지고 있고, 모든 사람은 죽음에 이르고, 그 후에는 가야 할 곳이 있다는 기독교적 내세관은 "지금 우리가 살고 있는 곳은 임시로 머물러 있는 곳에 지나지 않아. 사람은 마지막 돌아갈 곳이 있어야 해" 같은 대사에서 드러난다.

이강백의 무언극 「개뿔」은 지문만으로 구성된 대본으로 시와 같이 구성되어 있다. 1970년대의 일인독재 사회를 억압받는 민중과 구세주라는 기독교 알레고리로 보여준다. 등장인물은 니임, 노옴, 그이, 여인, 무리들로 나뉜다. 강력한 힘을 가진 한 사람 '니임'이 똑같은 가면을 쓰고 얼굴을 숨긴 채 살아가는 무리들을 인솔하고 지배한다. 무리 중 약한 '노옴'은 대열을 따라가지 못하고 서툴러서 무리로부터 경멸당하고 '니임'의 꾸지람 대상이 된다. 무리로부터 핍박당하고 소외당하는 노옴은 슬픔이고 광대이며 홀로된 인간으로 지시된다. 어둠 가운데 한줄기의 빛이 비치고 여인에게서 한 아이 '그이'가 태어난다.

얼굴이 있고 가면을 쓰지 않았으며 표정이 있다.

그이는 대열에서 낙오한 노옴을 위로하고 가면을 벗겨준다. 그러나 폭력자와 무리들은 그이와 노옴에게 자신들과 같은 가면을 요구한다. 그이가 가면 쓰기를 거부하자 무리는 그이를 죽여 버린다. 다음 지문은 이 장면의 묘사이다.

> 공간, 그 자체가 십자가이다. 입대 위 공간에 그가 처형된다…
>
> 허공의 양 쪽 끝, 못 박히듯 그의 손이 꿈틀거리며 경련을 일으킨다…
>
> 그이가 허공에 매달려 있다. 고통이 그의 심장을, 그의 가슴을 파고들어 온다.
>
> 그것이 그의 육신을 활처럼 휘게 한 다음, 마침내는 축 늘어지게 한다
>
> — 이강백, 「개뿔」

위의 예문은 "공간, 그 자체가 십자가"라고 명료하게 이것이 예수의 십자가임을 지시한다. 그러면 '그이'는 예수, '노옴'은 민중, '니임'은 세상 권력을 가진 자의 알레고리임을 알 수 있다. 예수의 십자가 사건으로 성소의 휘장이 갈라지듯 "그이의 얼굴에 씌운, 무표정한 가면이 두 쪽으로 갈라지더니 뚝 떨어져 산산조각으로" 부숴진다. 다음 예문은 마지막 장면의 지시문이다.

> 그이의 얼굴에 씌운, 무표정한 가면이 두 쪽으로 갈라지더니 뚝 떨어져 산산조각으로 부숴진다.
>
> 그이의 얼굴이 드러난다
>
> 그이의 얼굴에서 눈이 보인다.
>
> 살아있는 눈이다.
>
> 뜬 눈이다.

바라보는 눈이다.

노옴의 얼굴이 그이의 내려다보는 눈과 마주친다.

시선이 얽힌다.

공간에는 두 개의 얼굴, 서로 시선에 얽힌 얼굴이 있다.

(…)

무리들의 가면들이 벗겨진다.

하나, 둘, 셋…

니임의 가면이 마지막 벗겨진다

— 이강백, 「개뿔」

그이의 죽음을 보자 무리들은 가면을 스스로 벗는다. 그리고 니임의 가면이 마지막에 벗겨진다. 이는 당대 전체주의 사회를 예수의 희생과 십자가 그리고 구속의 의미와 같은 기독교 알레고리로 비판한 작품이다.

예수와 같이 집단을 위해 희생하는 개인은 희곡 「영자와 진택」에서도 보인다. 봉제공장의 옷을 훔친 직공들이 그 죄를 영자에게 떠넘길 때 영자는 거절하지 않고 받아들임으로써 희생자가 된다. 그러나 영자의 희생은 봉제공장 집단에게는 어리석은 짓이나 비웃음거리가 될 뿐이다. 영자는 죄를 덮어쓰고 온 몸에 매를 맞아 울긋불긋 상처가 난다. 직공들은 "영자야, 영자야, 착한 영자야! 네가 우리 대신 매를 맞을 때 화창한 봄날이 왔고 네 몸이 울긋불긋 피투성이 될 때 복숭아 나무마다 복사꽃이 활짝 피었다!"라고 노래한다. 이러한 대사는 예수의 희생과 사랑을 암시한다.

시간이 흐를수록 하나님 없이 살 수 없다는 것을 순간순간 생각하게 된다. 살얼음판 같은 세상을 신앙 없는 사람들은 어떻게 살아가는지 모르겠다. 이러한 질문에 톨스토이는 신을 가까이하고 신의 뜻에 따라 사는 것이 인간의 의무이며 삶의 본질이라는 것을, 이강백은 신 없는 세계는 허무할 뿐임을 알레고리로 보여준다. 톨스토이의 우화는 당대가 기독교 문화권이었기 때문에 단순하고 명료하다. 그러나 이강백의 작품은 책을 덮은 후에 숨은그림찾기 같은 몇 개의 기독교 코드 앞에 잠시 고민하게 된다.

현대 한국 사회는 정의가 이기거나 권선징악적이거나 다수를 위한 개인의 죽음이라는 기독교 알레고리를 마뜩찮게 여긴다. 기독교 국가도 아니고 기독교 문화권도 아닌 한국 사회에 이러한 알레고리로 사회와 현실을 비판한다는 것이 쉬운 일은 아닐 것이다. 그럼에도 이강백은 정의롭고 약한 주인공, 죄인과 함께 처형되는 죄 없는 자의 죽음 등 기독교 알레고리를 통해 인간의 탐욕과 이기심, 사회의 모순을 인식하지 못하는 민중의 우매함을 비판한다. 그리고 보다 나은 사회란 어떤 것이어야 하는지를 제시하고 궁극적으로 하나님 없는 세계의 고독과 허무함을 보여준다. 이강백의 이러한 알레고리가 수용되었다는 것은 점차 우리나라가 기독교 문화권이 되고 있다는 현상을 반증하는지도 모르겠다.

좋은 동화 한 편은 백 번 설교보다 더 낫다

-권정생과 오스카 와일드

초등학교 시절 새로운 학년의 교과서를 받아오면 교과서에 실린 동화는 그날로 읽어버렸다. 초등학교 2학년 때던가 정확하게 기억나지는 않지만 그때 읽었던 이야기 가운데 지금까지도 생각나는 장면이 있다. 인상이 깊었었나 보다. 분홍색과 연두색의 옅은 채색 그림이었다. 거인이 담장을 높게 쌓았더니 담장 안에만 봄이 오지 않았다는 내용과 아이의 손과 발에 난 상처 등. 이 동화의 작가가 오스카 와일드라는 것을 최근에 알았다. 한국의 권정생과 영국의 오스카 와일드를 비교해보고자 한다.

권정생(1937~2007)은 경상북도 안동에 위치한 일직교회에서 16년간 종지기 생활을 하였고 평생 교회를 떠나지 않았다. 그리고 교회학교에서 아이들에게 이야기를 들려주면서 동화를 쓰게 된다. 마지막 25년간은 마을 청년들의 도움을 받아 근처에 따로 집을 지어 살았다. 권정생이 살았던 집과 그의 문학관에 가서 보면 종이로 만든 작은 문패, 책이 가득 쌓여 있어서 한 평 누울 공간밖에 없는 작은 방, 비료부대를 접어 만든 부채, 꿰매 신은 고무신, 검정 장화가 그의 간소한 삶의 자세를 보여준다. 동화로 인한 인세 수입은 10억 원이 넘었지만 자신을 위해서는 한 달에 5만 원도 사용하지 않았으며 모든 재산을 북한과 한국의 어린이들에게 남기고 하늘나라로 갔다. 그는 사랑과 희생의 정신을 작품과 자신의 삶에서 구현했기 때문에 기독교 신앙을 가지지 않은 이들에게도 선한 영향력을 미치고 있다.

악마적 유미주의자 혹은 기독교 사회주의자라고 평가받는 오스카 와일드(1854~1900)는 동화집 『행복한 왕자』(1888)와 『석류나무집』(1891)을 발간하였는데 두 아들에게 이야기를 해주던 것이 계기가 되었다고 한다. 아들들의 회고에 의하면 아버지는 노래도 불러주고 옛날이야기도 해주던 자상한 사람이었으며 아버지와 함께한 어린 시절은 행복했다고 기억한다. 반면 와일드는 영국 최초로 소송에 의해 확인된 동성애자로 기록되어 있다. 1895년 풍기문란 죄목으로 2년간 강제노역형을 받았으며 영국에서 추방되어 가족도 만나지 못했고 프랑스에서 죽음을 맞이한다. 그가 동화를 쓴 것은 순수함의 세계로 자신의 죄를 숨기기 위해서였다는 해석도 있다.

권정생과 와일드의 인물들은 그리스도와 같이 희생적이다. 와일드의 「행복한 왕자」에서 왕자의 동상은 가난한 사람들에게 자기의 모든 것을 나누어 주고 풀무불에 던져진다. 왕자의 심부름으로 가난한 사람들을 돕던 제비는 이집트로 날아갈 시기를 놓쳐 얼어 죽는다. 하나님이 천사에게 "저 도시에서 가장 귀한 것 두 가지"를 가져오라고 하자 풀무불에도 녹지 않은 왕자의 심장과 얼어 죽은 제비를 가지고 올라간다.

와일드의 동화 「거인의 정원」에서 아이의 두 손과 발의 못 자국마다 피가 흘러내리고 있는 것을 본 거인은 "아무 죄도 없는 너에게 이런 상처를 준 게 도대체 누구냐?"라고 분노하지만 아이는 이렇게 말한다.

> 이것은 내가 원해서 얻은 상처입니다. 내 아버지가 맡겨주신 일에 따라 기꺼이 받은 상처일 뿐입니다. 이 상처로 인해 세상 사람들은 모두 죄를 용서받았습니다. (…) 이제 내가 당신을 내 정원으로 안내하겠어요. 그곳

은 영원히 늙지 않고, 죽지도 않는 곳이지요. 언제나 봄이 계속되는 아름답고 신비한 정원이랍니다.

— 오스카 와일드, 「거인의 정원」

아이는 거인을 천국으로 데려간다. 이 아름답고 신비한 동화가 예수 그리스도의 사랑과 구원이라는 것은 기독교 신앙을 가진 이라면 누구나 알 수 있을 것이다.

와일드의 동화 「붉은 장미와 나이팅게일」에서 새 나이팅게일은 사랑하는 여인에게 붉은 장미꽃을 주고 싶어 하는 가난한 청년을 위해 장미가시에 찔려 죽으면서 "내가 죽음으로써 젊은이가 사랑을 얻을 수 있다면 그걸로 만족해"라며 하얀 장미에 자신의 피를 주어 붉은 장미를 만들어낸다. 그러나 부자의 청혼을 받아들인 아가씨는 장미보다 보석이 더 좋다고 말하고, 장미는 마차 밖으로 던져져 바퀴에 짓뭉개진다. 이렇듯 오스카 와일드 동화의 주인공들인 왕자, 제비, 거인, 나이팅게일 등은 상대를 위해 자신을 헌신한다.

요즈음 아이들 대부분이 읽고 자랐을 권정생의 「강아지똥」도 아름다운 희생을 말한다. 「강아지똥」에서 자신을 하찮은 것으로 여겼던 강아지똥 옆에 꽃이 피어난다.

강아지똥이 물었어요.

"난 예쁜 꽃을 피우는 민들레야."

"얼마만큼 예쁘니? 하늘에 별만큼 고우니?"

"그래, 방실방실 빛나."

"어떻게 그렇게 예쁜 꽃을 피우니?"

"그건 하느님이 비를 내려 주시고 따뜻한 햇볕을 쬐어 주시기 때문이야."

"그래애—. 그렇구나—."

강아지똥은 민들레가 부러워 한숨이 나왔어요.

"그런데 한 가지 꼭 필요한 게 있어."

민들레가 말하면서 강아지똥을 봤어요.

"……."

"네가 거름이 돼 줘야 한단다."

"내가 거름이 되다니?"

"네 몸뚱이를 고스란히 녹여 내 몸 속으로 들어와야 해. 그래야만 별처럼 고운 꽃이 핀단다."

"어머나! 그러니? 정말 그러니?" 강아지똥은 얼마나 기뻤던지 민들레 싹을 힘껏 껴안아 버렸어요.

비는 사흘 동안 내렸어요.

강아지똥은 온 몸이 비에 맞아 자디잘게 부서졌어요…….

부서진 채 땅 속으로 스며들어가 민들레 뿌리로 모여들었어요.

줄기를 타고 올라가 꽃봉오리를 맺었어요.

봄이 한창인 어느 날,

민들레 싹은 한 송이 아름다운 꽃을 피웠어요.

향긋한 꽃냄새가 바람을 타고 퍼져 나갔어요.

방긋방긋 웃는 꽃송이엔 귀여운 강아지똥의 눈물겨운 사랑이 가득 어려 있었어요.

— 권정생, 「강아지똥」

민들레는 "네 몸뚱이를 고스란히 녹여 내 몸 속으로 들어와야 해. 그래야만 별처럼 고운 꽃이 핀단다."며 강아지똥의 존재 가치를 알려준다. 강아지똥은 자신을 녹여 민들레꽃을 피워낸다. 향기를 뿜어내는 민들레의 웃는 모습 속에는 귀여운 강아지똥의 "눈물겨운 사랑"이

가득 어려 있었다. 두 작가의 동화는 설교적이거나 교조적이지 않은 가라고 생각할 수도 있다. 이에 대해 권정생은 "좋은 동화 한 편은 백 번 설교보다 더 낫다"고 말한다. 그리고 자신 또한 삶으로 이를 보여주었다.

일반적인 동화의 전통은 맑고 밝고 순진한 동심의 세계, 꿈과 환상이 가득한 왕자와 공주의 이야기가 주를 이룬다. 그러나 와일드와 권정생은 현실의 어두운 면과 부조리한 부분을 담는 사실적 글쓰기를 보여준다. 와일드가 권력자나 지식인들의 위선을 풍자하였다면, 권정생은 「금복이네 자두나무」와 같은 이야기에서 가난한 사람을 이용하고 버리는 부자들과 사회를 직설적으로 비판한다. 와일드는 부유층과 빈곤층의 삶을 비교하여 보여주는 것으로 사회의 모순을 비판하고, 권정생은 깜둥바가지, 벙어리, 바보, 거지, 장애인, 노인, 시궁창에 떨어져 썩어가는 똘배, 강아지똥 등 힘없거나 소외되거나 무시당하는 대상을 소재로 한다. 오스카 와일드와 다르게 권정생은 이들에게 따뜻한 애정의 시선을 보여준다.

일반적인 동화는 선악의 구별이 뚜렷하다. 그러나 권정생과 와일드는 모더니즘적 선악관에서 벗어나 좋고 나쁨의 구별이 편견이라고 한다. 군사정부 시절 연재된 『몽실언니』는 인민군을 나쁘게 그리지 않았다는 이유로 정부로부터 연재중단을 당하기도 한다. 권정생은 작가의 말에서 '(몽실이는) 아버지를 떠난 어머니를 나쁘다 않고 용서합니다. 검둥이 아기를 버린 어머니를 사람들이 욕할 때도 몽실은 그 욕하는 사람들을 오히려 나무랍니다.'라고 선악의 구별이 편견일 수도 있다는 생각을 밝힌다. 그리고 와일드는 당시 중요한 범죄 중의 하나인 동성애에 대한 인식을 깨트린다.

의사의 아들로 태어나 사회운동가로서 작품 활동을 한 와일드는 지식인의 시각으로 사회를 비판하였지만, 어린 시절부터 가난했고 전쟁을 겪었으며, 평생 동안 병과 싸워가며 밑바닥 삶을 살았던 권정생은 여러 면에서 차이를 보인다. 와일드의 동화는 상류층이 자신들이 소유하고 있는 것으로 가난한 사람에게 베풀지만, 권정생의 이야기에서는 '과부의 두 렙돈 이야기'처럼 가난한 아이들, 똥, 다리가 셋인 개 등 가진 것이 없는 이들이 아낌없이 베푼다.

둘의 예수관도 차이를 보인다. 와일드가 옥중에서 동성애인에게 쓴 편지 『심연으로부터』(문학동네, 2015) 11장에서 12장을 보면, 예수를 시인, 낭만주의자, 이타적이라기보다는 개인적, 당시 종교와 관습에 저항한 자, 동성애자와 같은 죄인들의 친구로 인식한다. 그리고 자신의 고통과 예수의 고난을 동일시한다. 권정생은 「비나리 달이네집」에서 사람들을 불쌍히 여기는 그리스도, 「나사렛 아이」에서는 '금관을 쓴 왕의 모습이 아닌, 발가벗은 알몸으로 무겁게 멍에를 메고 가고 싶은' 멍에를 진 비둘기 같은 순결한 예수를 말한다. 성경적 예수관이지만 초점이 '예수의 저항'에 있는가 아니면 '예수의 순종'에 있는가가 다르다.

와일드의 동화에서 주인공들의 처절한 죽음이 그리스도의 희생을 상징한다고 보기도 하지만 기독교적인 자기희생과 죽음이 사회를 변화시킬 수 없다는 것을 암시한다는 시각도 있다. 와일드의 경우 진정한 평등의 세상을 이루기 위해서 종교를 초월해야 할 것이라는 와일드의 생각을 반영한다는 해석이다. 그러나 권정생의 「강아지 똥」은 아름다운 새 생명을 잉태하고 그 향기가 온 세상에 가득 퍼진다. 하나의 밀알이 떨어져 많은 열매를 맺는다는 성경의 원리를 따뜻하게 보여준다.

와일드의 동화는 그리스도의 희생과 죽음을 직접적으로 그리고 있지만, 권정생은 예수의 이야기인 「나사렛 아이」를 제외하고 직설적으로 그리스도의 이미지를 만들어내지 않는다. 이는 한국 소설의 일반적인 특징이기도 하다. 외국의 경우 소설 『벤허』에서는 예수가 목마른 벤허에게 물을 준다. 그리고 예수의 죽음으로 문둥병자들이 낫는다. 벤허의 이야기 속에 그리고 벤허의 변화에 예수의 이야기가 자연스럽게 개입된다. 그러나 한국 소설에는 예수 주변의 인물이나 예수를 주인공으로 하는 작품을 제외한다면 예수의 뒷모습도 등장하지 않는다. 외국 문학은 성경을 원형으로 하고 있지만 기독교인식과 문화가 일상적이지 않은 한국 소설에는 한 존재와 대면하는 그리스도를 그린다는 것이 쉽지 않을 것이다. 또한 그리스도의 현현을 묘사하면 신비주의로 비난받거나 작품성을 의심받을 가능성이 있기 때문이 아닐까 하는 생각도 든다.

모태신앙의 고민과 나중신앙의 평안

-박두진과 존 던

신앙의 집안에서 태어난 사람과 처음 믿은 사람의 차이는 감격과 뜨거움에 있다고들 한다. 목사의 딸로서 성실함은 있었으나 뜨거움은 부족했던 나는 나중에 스스로 신앙을 가진 친구들이 부러웠었다. 그런데 자기 집안에서 처음으로 신앙을 가진 친구가 '나는 지금 하나님의 사람으로 조각되고 있기 때문에 날마다 정에 맞은 자리가 너무 아파, 그러나 너는 이미 조각되어 있기 때문에 이제 옷만 입고 날아가면 되잖아'라고 부러워하였다. 모태신앙이든 새신앙이든 고민이 있을 것이다. 모태신앙을 가지고 있는 시인과 처음 하나님을 믿은 시인들의 시도 여러 면에서 차이를 보인다. 한국의 경우는 목사의 아들이었던 김현승과 스스로 하나님을 찾은 박두진을 예로 들 수 있겠지만 이 글에서는 존 던과 박두진을 비교하고자 한다.

영국 성공회 목회자이자 시인인 존 던(John Donne, 1572~1631)은 로마 가톨릭 가정에서 태어나 성공회로 전향해 42세에 목사가 된 후 설교자로서 명성을 얻었다. 그의 종교시와 설교는 불후의 명작이라는 평가를 받는데, 헤밍웨이의 소설 『누구를 위해 종은 울리나』라는 제목은 던의 설교 「아무도 섬이 아니다」(no man is an island) "누구의 죽음도 나를 위축시킨다. 나는 인류에 포함되기 때문에… 그러니 누구 때문에 종이 울리느냐고(누가 죽었냐고) 알려 하지 마라. 종은 바로 당신을 위해 울린다."의 구절에서 나온 말이라 한다.

존 던은 영과 육의 투쟁을 강렬하게 체험하고 이를 시로 형상화한다. 엄숙하고 경건하게 보내야 할 성금요일에 세속적인 일과 즐거움에 빠져 종교적 의무를 다하지 못하는 자신을 자책하기도 하고, 약한 인간이 죽기까지 감당해야 하는 유혹을 사탄과 결혼할 운명으로 본다.

> 나는 몹시도 당신을 사랑하고 또한 사랑받기를 원하지만
> 당신의 원수와 결혼하게 결정되어 있사옵니다.
> 나를 이혼시켜 주소서, 그 매듭을 다시 풀어주고
> 찢어주소서.
>
> — 존 던, 「내 가슴을 때려 주소서」

절규하는 그에게 구원은 사탄과 이혼하는 것이다. 그러나 이마저도 하나님이 하셔야 한다. 스스로 해결할 수 없는 인간은 시의 후반부에서 자신의 순결을 지키기 위해 차라리 가두어 달라고 처절하게 간구한다. 왜 신앙은 한결같지 않고 평안하지 않을까. 아침에는 하나님께 모든 것을 맡긴다고 했다가 오후에는 자신의 힘으로 살아가는 인간이다. 일이 잘못될 때는 참회하고, 상황이 나아지면 다시 죄를 반복한다.

> 나의 참회는 속된 사랑처럼 변덕스러워 금세 잊는다…
> 기도하는가 하면 침묵하고, 무한한가 하면 전혀 아무것도 아니다.
> 어제는 하늘을 바라볼 수조차 없었는데,
> 오늘은 기도와 감언으로 신을 찾고,
> 내일은 정녕 그의 지팡이가 두려워 떠는도다.
> 이와 같이 나의 신앙심은 괴이한 학질처럼

발작적으로 왔다가 사라지니

ㅡ존 던, 「아, 모순되는 것이」

위의 시에서 존 던이 믿음을 학질과 같다고 한 것은 기막힌 표현이다. '학질'(말라리아)은 열이 내린 것 같다가 하루 이틀 지나 다시 발작하기 때문에 '재발'하는 것이 특징이다. 글을 쓰고 있는 나 역시 믿음의 실천과 세속에의 욕망, 세상과 교회 사이를 직장과 집을 오고 가듯 반복한다.

존 던은 어느 수난절 아침 그리스도의 십자가 사건과 고통을 묵상하고 다음 시를 쓴다.

그대 유대인들이여, 내 얼굴에 침 뱉고 나의 옆구리를 창으로 찔러라,
그리고 희롱하고, 비웃고, 채찍질하고, 나를 십자가에 못 박아라.
나는 허다한 죄를 범했는데
아무 죄가 없으신 그분만 죽음을 당하셨으니
그러나 유대인의 불경보다 더한 나의 죄는
나의 죽음도 속죄할 수 없네.
저들은 그 옛날 이름도 없는 분을 죽였지만,
나는 지금 영광을 받아야할 그를 날마다 십자가에 못 박고 있어.
아, 그러니 그의 놀라운 사랑을 늘 찬미하리라

ㅡ존 던, 「그대 유대인들이여」

예수를 십자가에 못 박은 유대인들을 정죄할 수 있는가 하고 질문하는 그는 "그대 유대인들이여, 내 얼굴에 침 뱉고 나의 옆구리를 창으로 찔러라, 그리고 희롱하고, 비웃고, 채찍질하고, 나를 십자가에 못 박아라"라며 예수가 십자가에 못 박히시던 사건을 자신에게 적용

한다. 예수는 죄가 없으니 차라리 죄 많은 나를 십자가에 못 박아라. 유대인보다 내가 더 죄가 많다. 왜냐하면 "저들은 그 옛날 이름도 없는 분을 죽였지만, 나는 지금 영광을 받아야할 그를 날마다 십자가에 못 박고" 있기 때문이다. 저들은 그리스도를 몰랐기 때문에 죽였지만, 나는 그를 알고 그의 영광을 찬미하면서도 날마다 그를 십자가에 못 박는다.

목사님 가운데 성경이나 믿음생활의 방식에 유연한 태도를 보이는 분들을 가끔 보게 된다. 그러한 방식으로 인해 목사님의 신앙이 흔들리지는 않기 때문일 것이다. 그러나 거대한 반기독교 문화 가운데 놓인 성도는 자신을 다잡지 않으면 불신앙의 파도에 무너지고 만다. 존 던과 같은 성직자가 자신의 이중성을 고백하는 것은 용기가 필요했을 것이나, 그의 시를 읽은 성도들은 '나만 혼자 바다 위에 떠 있는 섬이 아니구나… 목사님도 흔들리는구나' 생각하며 위로를 받고 살아갈 용기를 얻었을 것이다.

기독교 학교를 나왔다거나 신앙의 집안도 아니고, 신학을 전공하지도 않았음에도 한국 현대시사에 밝고 힘찬 기상과 신앙의 깊이를 불어넣어 주었다는 평가를 받는 박두진(1916~1998)은 가난한 집안에서 태어나 어려운 청소년 시절을 보냈다. 전도자가 전해주고 간 성경책을 보고서 예수라는 존재를 처음 접하게 된 그는 고독과 비애와 절망과 기아에 직면하면서 자신의 힘으로 문제를 해결하고자 하였지만, 유일한 길이 기독교에 있음을 발견하고 스스로 교회에 나갔다.

현대 예수를 형상화한 작품들 상당수가 예수의 인간적인 모습과 고민에 초점을 맞춘다. 그러나 박두진의 시는 세상에 얽매이지 않는 사표(師表)로서의 예수와 그의 거룩함 그리고 성고독(聖孤獨)을 이야기한다. 다음 시에서 몽치와 환도와 밧줄 같은 섬뜩한 무기의 앞을 지나 종용히 내려오는 예수의 모습은 마치 영화를 보는 듯 멋지고 시원하다.

어디쯤 쭈그리고 앉아 있었을지요.

몽치와 환도와 밧줄의 군열 앞을

종용히 내려오신 당신의 모습을
어느 나무 뒤에 숨어 바라 보았을지요.

베드로와 요한과 야고보와 함께 삼 년을 하루같이 따랐었다는
나도 그때 당신의 제자였다면

닭 울기 전
거듭 세 번 몰랐담을 뉘우쳐 통곡하던, 당신의 늙은 제자
베드로는 그래도
가야바의 뜰에까지 따라래도 갔지만

오오,
중얼거리며 나는
잡히시는 그 자릴 피해 달아 숨은 채 감람산
어느 나무 뒤 그늘에
혼자서 쭈그리고
당신과 또 스스로의 배반을
몇 줄기의 눈물론들 뉘우쳐나 봤을지요.

— 박두진, 「감람산 밤에」

이 시는 큐티와 같이 성경을 삶으로 전이시켜 자아를 바라본다. 현대는 성경의 인물들도 희화화하고 있지만 위의 시는 베드로를 비웃거

나 책망하지 않고 단지 '늙었다'고만 표현한다. 베드로는 예수님이 재판받으시던 하룻밤 사이에 자책과 후회로 늙어버렸을 것이다. 그 늙은 제자는 가야바의 뜰에까지 갔다. 그러나 드러내지도 못하고 나무 뒤에 숨은, 외치지도 못하고 중얼거리는, 서 있지도 못하고 쭈그려 앉은 나와 그의 모습이 눈에 보이는 듯하다. 이러한 나를 보고 예수는 뭐라 하지 않을 것이지만 스스로 서러운 인간이다.

박두진은 거의 모든 시에 성서의 모티프를 서정적인 운율에 실어 아름답게 표현하였다. 다음 시도 "흙에서 나왔으니 흙으로", "내 뼈 중의 뼈요 살 중의 살", "생기를 불어 넣으시니" 같은 창세기의 모티프로 죽음과 사랑을 보여준다.

흙으로 빚어졌음
마침내 흙으로 돌아가리.
바람으로 불어 넣었음
마침내 바람으로 돌아가리.
멀디 먼
햇살의 바람 사이
햇살 속 바람으로 나부끼는
흙의 티끌
홀로서 무한 영원
별이 되어 탈지라도
말하리.
말할 수 있으리.
다만 너
살아 생전
살의 살 뼈의 뼈로

영혼 깊이 보듬어
후회 없이
후회 없이
사랑했노라고.

— 박두진, 「흙과 바람 - 애경초(愛經抄)」

이 시는 기도시도 신앙의 고백도 아니지만 성경의 구절들을 시로 풀어서 흙이 되고 티끌이 되고 바람 속으로 사라져 가는, 평안하고 따뜻한 죽음과 사랑을 이야기한다. 소중한 사람들을 생각하게 하고 사랑받았던 나를 돌아보게 된다. 너의 영혼을 깊이 보듬어 후회 없이 사랑했노라고 말하면서 생의 마지막을 맞이할 수 있을까….

기독교의 역사가 오래된 만큼 많은 작품이 쓰였기 때문에 기독교시는 대부분 비슷한 소재와 주제를 가지고 있다. 존 던과 박두진의 시도 다른 기독교시와 특별히 다르지 않은 주제를 보여주고 있지만, 낡아 보이지 않는다. 새로움을 보여준다는 것은 쉽지 않은 일임에도 두 시인의 시는 눈을 번쩍 뜨게 하는 구절이 있고, 거기에 밑줄을 긋고 많은 생각을 하게 한다.

두 시인의 새로움은 신앙의 형태에서도 드러난다. 모태신앙의 신도는 믿지 않았던 적이 없었기 때문에 세상과 교회 사이에서 고민하지 않을 것 같고, 세상에서 교회 안으로 들어온 새신자는 두 세계 사이에서 고민할 듯하지만, 기독교 집안에서 태어나 성직자의 길을 걸었던 존 던은 신앙인으로서 살지 못하는 부끄러운 모습을 고백하였고, 믿음의 시작이었던 박두진은 변하지 않은 신앙과 하나님 안에서의 평안을 노래한다. 이 경우 날개옷을 입은 이는 박두진이다. 날개옷을 입었기 때문일까. 박두진의 시는 술술 읽힌다. 박두진의 첫 신앙시로서 예수의 재림을 노래한 "흰장미와 백합꽃을 흔들며 맞으오리니,

반가워, 눈물 머금고 맞으오리니" 같은 다음 시의 한 구절은 입속에서 되뇌이다가, 달이 청명한 겨울 밤 자연스럽게 흘러나오게 된다.

눈 같이 흰 옷을 입고 오십시오.
눈 위에 활짝 햇살이 부시듯
그렇게 희고 빛나는 옷을 입고 오십시오.

달 밝은 밤 있는 것 다아 잠들어
괴괴－한 보름밤에 오십시오…
빛을 거느리고 당신이 오시면,
밤은 밤은 영원히 물러간다 하였으니,
어쩐지 그 마지막 밤을 나는, 푸른 달밤으로 보고 싶습니다.
푸른 월광이 금시에 활닥 화안한 다른 광명으로 바뀌어지는,
그런, 장엄하고 이상한 밤이 보고 싶습니다.

속히 오십시오. 정녕 다시 오시마 하시었기에,
나는, 피와 눈물의 여러 서른 사연을 지니고 기다립니다.

흰장미와 백합꽃을 흔들며 맞으오리니,
반가워, 눈물 머금고 맞으오리니, 당신은,
눈같이 흰 옷을 입고 오십시오.
눈 위에 활짝 햇살이 부시듯,
그렇게, 희고 빛나는 옷을 입고 오십시오.

— 박두진, 「흰 장미와 백합꽃을 흔들며」

가톨릭 사제시인들

- 최민순과 제라드 맨리 홉킨즈

춥고 힘든 겨울을 보내면서 봄이 올 것인가 고민하거나, 잠이 들기 전 무섭게 폭풍이 칠 때 내일 아침 해가 뜰까 두려워해도 정확하게 아침과 봄은 온다. 청년 같은 여름이 끝나지 않았으며 좋겠다고 생각해도 무너져 내리는 가을이 다가온다. 이 거대한 힘에 저항할 수 있는 것은 해 아래 없다. 자연의 섭리를 보고 어떤 사람은 하나님의 위대함을, 어떤 사람은 자신의 낮음을 본다.

해방 전부터 1970년대까지 활동한 최민순(1912~1975)은 가톨릭사제로서 가톨릭대학 등의 교수였으며, 『천주교회보』와 『대구매일신문』 사장 등을 지낸 언론인이며, 『님』(1955)과 『밤』(1963) 등의 시집을 낸 시인이다. 외국의 소설과 영성에 관한 책 등을 번역하여 한국 펜클럽 번역상을 수상하였다.

영국의 가톨릭사제 제라드 맨리 홉킨즈(Gerald Manley Hopkins 1844~1889)는 스토니허스트대학의 교수였다. 그의 시는 어려워서 대중의 이해를 받지 못했기 때문에 살아 있을 때에는 한 권의 시집도 내지 못하였다. 그러나 사망 29년 후 친구가 발간한 『제라드 맨리 홉킨즈 시집』(1918)은 영국 현대시인들에게 많은 영향을 끼쳤으며 17세기 밀턴 이후 가장 높이 평가된다고 한다. 한국에서 홉킨즈의 시는 생태시 혹은 신앙시 분야에서 연구되고 있다.

성경은 하나인데 사람마다 하나님에 대한 인식은 다르다. 홉킨즈는 하나님을 '존엄'하고 '위용'을 지닌 '왕', '매', '군인' 등으로 형상화한다. 그는 아침 묵상 가운데 들로 나갔을까. 하늘을 나는 황조롱이의 매력적인 자태와 비행에서 하나님의 모습을 발견하고 환희에 차서 다음과 같이 노래한다.

> 나는 보았네, 오늘 아침의 총아, 햇빛 왕국의 왕자,
> 아롱진 새벽에 끌린 매 한 마리 (…)
> 야수적 아름다움과 용기와 행동, 오 자태, 위용이 여기서
> 하나가 되었구나! 해서 그대에게서 쏟아지는 불은
> 천만 배나 더 아름답고 위험하구나, 오 나의 기사여!
>
> — 홉킨즈, 「황조롱이 - 우리 주 그리스도께」

홉킨즈는 자연 가운데 자신을 나타내는 하나님을 발견한다. 사는 것이 앞을 내다볼 수 없는 안개 속 같고 하나님이 보이지 않는다고 느낄 때 하나님은 자연, 사람, 사건 모든 것을 동원해 나타나신다. 이에 감사하고 감격하지 않았을까. 매 같은 강한 하나님이지만 "사람들을 사랑하시며, 사려 깊게 저울질하시는 하느님, 전능하신 주인이시며, 자애로운 아버지"(「엘루이 강 계곡에서」)의 사랑은 세상에 충만하고, 성령의 날개는 자연을 감싼다.

홉킨즈가 매에게서 하나님의 경외를 느꼈다면, 최민순은 봉황과 같은 임에게 다소곳하게 업혀서 창공을 난다.

> 님이여, 봉황의 나래를 펴주시옵소서
> 당신 등에 곱다시 업혀
> 구름 속 헤치며 창공을 가오리다
>
> — 최민순, 「떠나면서」

최민순은 왕으로서의 하나님을 동양적 상징인 '곤룡포'를 입는다거나 '봉황' 등의 표현으로 드러내는데, 상상의 새 봉황은 매와 같은 강성을 지니지는 않는다. 그리고 최민순에게 하나님은 죽도록 보고 싶고 모시고 싶고 사모하는 '연인', '임', '신랑'이다. 한용운부터 이어져온 조국 혹은 절대자로서의 임이라는 전통을 계승한 그는 다음과 같이 고백한다.

죽도록 보고 싶은
님이 그리워 (…)
님 하나 믿으며 믿으며
겟세마니의 밤을 세우렵니다

— 최민순, 「겟세마니의 밤」

고우신 님 한 번 모시고지움이 소원이었습니다
사랑하기 위하여
그지없이 사랑하기 위하여 생겨난
마음이기에
언제나 그의 꽃다우심 가시지 않는 님
밤낮 내 앞에 놓고 사랑할 수 있는
그러한 님이 그리웠답니다

— 최민순, 「님이 다시 살으신 날」

위의 시에서 보고 있기만 해도 좋다는 마음은 고우신 임과 꽃다우심으로 표출된다. '꽃'이나 '고움'은 전통적으로 여성묘사에 가깝다. 최민순은 "두 가지 성을 감추고 계신 내 하느님"(「해」)이라고 표현하는데, 이는 시의 화자가 남성이기 때문에 신랑으로서의 '임'이 여성적 이중성을 보이는 것이 아닐까 하는 생각이다.

두 시인은 십자가 사건에서도 차이를 보인다. 바위를 부술 정도로 절대적이고 거룩한 고독, 벌레와 죄로 한없이 낮아진 '슬픈 사나이'는 두 시인 중 누구의 예수일까. 답은 최민순이다.

바위라도 아스러지리만큼
한 밤중 겟세마니의 흙에 스며들었던
바다 같이 깊으신 한숨소리

— 최민순, 「길 섶에서」

절대로운 고독이
하늘 땅 사이에 우뚝할 따름입니다 (…)
지금은 『슬픈 사나이』
사람도 아닌 한낱 벌레! (…)
지금은 벌레도 아닌 죗 덩어리!'

— 최민순, 「ECCE LIGNUM CRUCUS(십자가의 나무를 보라)」

최민순의 시에서 고우신 꽃이나 봉황은 상징적 표현이지만, 사나이는 상이라기보다는 현실의 인물에 가깝다. 십자가를 지는 순간만큼은 철저히 인간으로 죽어갔다는 믿음이 '사나이'라는 표현에 응축되어 있다.

홉킨즈가 하늘을 향해 뻗어가는 아름드리나무를 노래한다면, 최민순은 '채송화', '엉겅퀴', '두메꽃' 같은 땅에 가까운 식물에 자신을 투사한다.

님의 노래 머금고
봉오리가 부풀어 오르면

태양은 눈부신 키쓰로 나를 꽃피웁니다
바람은 간들어지게 춤을 추게 합니다

— 최민순, 「채송화의 노래」

나는 님이 심어주신 좁다란 땅에서
다함없는 봄을 맞이하렵니다

— 최민순, 「엉겅퀴」

자연 가운데서의 묵상은 같지만 투사의 대상이 다르다. 홉킨즈는 세상과의 관계에서 만인과 만물 위에 우뚝 선 존재이며 스스로도 서서 하나님께 질문한다. 최민순은 개인과의 관계에서 다소곳한 '신부'로 엎드려 신랑의 임재를 기다린다. 홉킨즈는 대상과의 일체를 소망하고 최민순은 대상을 바라본다. 성경을 보는 시각도 다르다. 최민순은 죄인에 자신을 투사하고, 홉킨즈는 다음 시에서 보는 것처럼 세상을 보고 탄식한다.

세상은 하나님의 위엄으로 충만하다 (…)
그럼에도 사람들은 왜 그의 권능을 신경쓰지 않는가
많은 세대가 지나가고 지나가고 지나갔다
생업 때문에 무감각해지고 힘든 노동으로 흐려지고 더럽혀지고,
인간의 얼룩이 묻고, 인간의 냄새를 풍긴다
이제 대지는 벌거벗었고
발은 신을 신어 대지를 느낄 수 없다

— 홉킨즈, 「신의 위엄」

위의 시에서 홉킨즈는 세상 사람들이 신을 경배하지 않고 자연을

보호할 줄도 모른다고 안타까워한다. 이렇게 세상에 하나님의 위엄이 충만한데 왜 사람들은 그의 권능을 모르고 무감각한가. 홉킨즈는 그 이유를 "신발", 즉 세속적인 문명 때문에 하나님을 느끼지 못한다고 대답한다. 이러한 세상을 위해 기도해보았자 그들은 여전히 무신적이고 회개하지 않으며 더욱 악해질 뿐이다. 그러기 때문에 이들을 위한 기도는 하나님과의 '전쟁'이며 세상과의 전쟁이다.

내 기도는 놋쇠 하늘에 부딪혀
뜻을 이루지 못하거나 흩어져버림이 분명하다
나는 거의 기도할 엄두도 나지 않는다 (…)
지금은 하느님과 싸움을 벌이면서
실로 내 입술로 하는 전쟁이 나의 기도다

— 홉킨즈, 「내 기도는 놋쇠 하늘에 부딪혀」

세상 사람들이 하나님을 믿지 않음에 화가 난 홉킨즈는 서서 질문한다.

주님, 제가 비록 당신과 다투지만, 당신은 정말 옳으십니다.
하지만 스승님, 제가 이렇게 항변하는 것 또한 옳습니다.
어찌하여 죄인들의 일은 번성합니까? 그리고 어찌하여
제가 애쓰는 모든 일은 실망으로 끝나야 합니까?

— 홉킨즈, 「당신은 정말 옳으십니다」

홉킨즈의 처절한 물음에 하나님은 어떻게 응답하셨을까. 죽기 전 그의 마지막 말은 "나는 매우 행복합니다. 나는 매우 행복합니다. 나는 내 인생을 사랑했습니다."였다고 한다.

최민순은 세상 사람들에게 신앙을 요구하지 않고 세상보다는 자신에게 적용한다. 이것은 성고독의 문제에서도 차이를 보인다. 예수를 못 박은 자들이 바로 그들이라는 홉킨즈에 비해 최민순은 다음과 같이 말한다.

세 번이나 당신을 모르노라 한
그이었는지 모릅니다 (…)
당신의 피를 짓밟고
입맞춤으로 당신을 팔아먹은
멸망의 자식이었는지 모릅니다'

— 최민순, 「마지막이던 밤」

위 시의 화자는 "멸망의 자식"이 바로 자신, 즉 예수를 부인하던 베드로이고 예수를 판 유다임을 고백하면서 자신의 죄성을 깊은 아픔으로 바라본다. 그리고 부활과 십자가에 대해 '고독'이나 '고난'으로 해석한다. 그러나 홉킨즈는 십자가와 부활을 자신에게 적용하기보다 세상 사람들에게 신앙인으로서의 자세를 요구한다. 그리고 하나님 앞에 드리는 것을 아까워하지 말고 부활절에는 식탁을 붐비게 하라고 요구한다.

행복하게 무리지어 하느님의 집을 찾고
그분의 식탁이 붐비게 하라
찬미와 기도와 노래를 뒤섞으며
성삼위께 노래를 바쳐라
이제부턴 그대들의 영혼에 언제나
매일 아침을 부활의 날이 되게 하라.

— 홉킨즈, 「부활절」

홉킨즈가 신과 자연과 자신을 수직적으로 그린다면 최민순은 수평적이다. 홉킨즈의 시가 빛과 낮에 가까운 이미지를 보인다면 최민순은 밤과 달에 가깝다. 홉킨즈는 자연에서 신의 모습을 보았고 세상과 대척점에 있었다면, 최민순은 자연에서 신 앞에 엎드린 자, 낮은 자로서의 자신을 보며, 세상보다는 자신과의 관계로 내면화한다.

두 사제 시인의 시는 서양과 동양, 각 대륙의 정서와 신관 등의 차이를 극단적으로 대변하지는 않겠지만 비교에 한 단서를 줄 것은 분명해 보인다.

여성주의와 기독교시

-고정희와 크리스티나 로제티

나의 아버지는 군목이셨고 남편은 군인인지라 태어나서부터 지금까지 군인교회 이외에는 다녀본 적이 없다. 얼마 전에 여성 군목제도가 생겼지만 지금 다니고 있는 군인교회도 목사님은 남성이다. 그래서 여성 목사님을 본 적이 한 번도 없다. 그러다가 장로회신학대학교에 임용되고 드리는 첫 예배시간, 성찬을 집례하기 위해서 강단으로 올라가는 여성목사님들의 뒷모습을 보고 가슴이 벅차올랐다. 예수는 과부들을 불쌍히 여기셨고 성경의 여성들은 대부분 적극적인 행동을 보여준다. 종교가 여성을 억압하는 측면이 있기도 하지만 신앙을 가진 여성들이 사회에서 더 활발한 경우를 볼 수 있다. 이는 여성들이 교육에서 소외되었던 시기, 즉 서양의 중세와 한국의 근대 여성교육이 주로 교회에서 이루어졌기 때문이 아닐까 하는 생각도 든다. 본 장에서는 남성이 여성을 대하는 태도와 사회가 여성을 바라보는 인식에 문제를 제기했던 두 여성 시인을 살펴보고자 한다.

시인, 작가, 찬송가 작사가인 크리스티나 로제티(1830~1894)는 '잘 자라 우리 아가 앞뜰과 뒷동산에'로 시작하는 자장가의 가사를 쓴 시인이다. 당대에 '성자처럼 일생을 신앙에 헌신'한 시인, '성녀' 등으로 평가받았다. 당시 사람들은 그녀의 신앙과 경건한 삶은 골리앗 앞에 선 다윗의 물맷돌과 같다며 경외감을 표했다고 한다.

내 삶은 깨어진 사발과도 같아
내 영혼을 위한 물 한 방울이나
스며드는 추위에 감로주도
담을 수 없는 깨어진 사발
그 몹쓸 것을 불 속에 던지소서
녹여서 다시 주조하소서
나의 왕 그 분을 위한 왕의 잔이 될 때까지
오 예수님, 제게서 마시소서

— 크리스티나 로제티, 「더 나은 부활」

위의 예문은 산업혁명의 전개, 과학의 발달, 진화론의 대두 등으로 기독교 신앙이 약해져 가던 빅토리아여왕의 통치기에 쓴 시이다. 이러한 시기에도 시인은 자신이 깨어진 그릇과 같으니 다시 녹아 당신의 그릇이 되겠다며 그리스도 안에서만 완전해질 수 있음을 고백한다.

크리스티나 로제티는 사랑의 기쁨을 노래한 서정시를 주로 썼으며 여성적이고 순종적인 경향을 보인다는 평가를 받는다. 가장 대중적인 시 「생일」에서 이러한 특성을 발견할 수 있다.

내 마음은
이 모든 것들보다 행복합니다
이제야 내 삶이 시작되었으니까요
내게 사랑이 찾아 왔으니까요

— 크리스티나 로제티, 「생일」

그러나 다른 시들을 섬세하게 읽으면 의외의 면을 발견할 수 있다. 그녀는 주체적으로 자신의 삶을 선택했고, 처한 사회에도 도전적인 모습을 보여준다. 여성들에게 참정권이나 재산권이 없었기 때문에 여성의 정체성이 아내나 어머니에 있었던 시대, 로제티는 두 번 약혼했는데 두 번 다 남성들의 신앙을 이유로 파혼하고 독신으로 살았다. 그리고 어머니와 자매들과 1840년대의 고교회파(국교회)의 급진적인 부흥운동에 참가하여 이 운동과 연관된 여성들의 신앙 공동체 '수녀회'에 관심을 가지고 활동한다. 수녀 혹은 독신생활은 당시 가부장 사회의 인식을 거부하는 것과 같았다. 이외에 전쟁, 노예제도, 동물학대, 미성년 매춘을 반대했고, 매춘여성들의 재활을 돕는 기관에서 활동하였다. 그리고 다음 시와 같이 남성중심주의 사회의 종교와 남성을 비판한다.

그 악어는 혐오스러운 욕망이 일어났기에,
다른 악어들을 게걸스럽게 먹어 치워 살이 쪘는데
또 그들을 깨물고, 집어 삼켰어요.

— 크리스티나 로제티, 「나의 꿈」

그의 노리개이자 연인,
그는 비단장식처럼 나를 달고,
장갑처럼 갈아 낀다

— 크리스티나 로제티, 「사촌 케이트」

내 죽거든 사랑하는 이여,
날 위해 슬픈 노래 부르지 마세요
내 머리맡에 장미도 심지 마세요
그늘지는 사이프러스도 싫습니다.
내 위에 비 뿌리고 이슬 젖는

푸른 잔디를 심어요
그리고 원하신다면 기억하세요
원하신다면 잊으세요

— 크리스티나 로제티, 「임이여 나 죽으면」

위의 시에서 혐오스럽고 게걸스러운 '악어'는 남성의 상징이다. 혐오스런 남성에 대한 크리스티나 로제티의 자세를 보여준다. 두 번째 시 「사촌 케이트」는 여성을 노리개로 여기고 욕망이 충족되면 버리는 남성들을 비판하는 시이다. 죽어가는 이가 사랑하는 연인에게 보내는 아련한 시로 대중적인 인기를 받고 있는 시 「임이여 나 죽으면」도 자세히 읽어보면 당신의 반응에는 신경 쓰지 않는다고 선언하거나 불성실한 남성에게 매이지 않겠다는, 심지어 냉소로까지 읽을 수 있다.

낮 동안 세상은 거짓의 모습을 가장한다. 밤에는
찌르는 뿔과 발톱달린, 움켜쥐는 손을 드러낸
발가벗은 진실의 공포를 드러낸다

— 크리스티나 로제티, 「세상」

위의 시 「세상」에서는 남성들이 주도권을 잡고 있는 세상을 '낮 동안 세상은 거짓의 모습을 가장'하고 밤에는 '찌르는 뿔과 발톱달린, 움켜쥐는 손을 드러낸 발가벗은 진실의 공포'라며 괴물 혹은 거짓의 공간으로 묘사한다. 이렇게 세계 속의 여성에 대해 고민한 흔적을 삶과 문학으로 보여주었던 그녀의 강성은 '고통이 열 배로 와야 한다면 오게 하라 먼지를 씹더라도 신음하지 않으리'(「내성적인」)와 같은 시에서 극명하게 드러난다. 이러한 작품들을 통해 남성중심주의 사회를 비판하였지만, 온순하고 순종적인 시를 쓴 시인으로 여겨졌다. 왜일까. 이는 남성 중심 사회에서 검열의 강을 거슬러 오르기 위해 선택한 은유와 상징의 전략에 있지 않았을까 싶다. 상징으로 사회와 남성을 비판했던 로제티 이후 여성 시인들은 적극적인 목소리를 낼 수 있게 된다.

로제티로부터 약 백 년 후에 활동한 고정희(1948~1991)는 신학을 전공했다. 기독교 정신으로 대학생 문화에 참여하였고, 기독교의 실존 의식으로 인간성의 회복과 해방을 꿈꾸었으며, 한국의 정치 상황에 대해 끊임없이 고민하면서 민중극 운동에도 관여하였다. 그리고 한국에서 페미니즘 문학이라는 개념을 최초로 정립하고 실천하였던 작가로 평가받는다. 여성주의 공동체 모임인 '또 하나의 문화'에 동인으로 참가하였고 『여성신문』 초대 주간을 맡기도 하면서 한국 사회의 모순에서 배태된 여성들의 현실, 즉 가난한 여성과 매춘 여성들에게 관심을 가진다.

깡마른 여자가 처마 밑에서
술취한 사내에게 매를 맞고 있다
머리채를 끌리고 옷을 찢기면서
회오리바람처럼 나동그라지면서
음모의 진구렁에 붙박혀
증오의 최루탄을 갈비뼈에 맞고 있다
속수무책의 달빛과 마주하여
짐승처럼 노예처럼 곤봉을 맞고 있다

여자 속에 든 어머니가 매를 맞는다
여자 속에 든 아버지가 매를 맞고 쓰러진다
여자 속에 든 형제자매지간이 매 맞고 쓰러지며 피를 흘린다

여자 속에 든 할머니가 매 맞고 쓰러지고
피 흘리며 비수를 꽂는다
여자 속에 든 하느님이
매 맞고 쓰러지고 피 흘리며 비수를 꽂고 윽 하고 죽는다
여자 속에 든 한 나라의 뿌리가
매 맞고 피흘리고 비수를 꽂으며 윽 하고 죽는다

깊은 밤 사내는 폭력의 이불 밑에 잠들고
세상도 따라 들어가 잠들고
오뉴월 한서린 여자의 넋 속에서
분노의 바이러스가 꽃처럼 피어나
무지개 빛깔로
이 지상의 모든 평화를 잠그고 있다
아아 하늘의 씨를 말리고 있다

— 고정희, 「매맞는 하느님」

여성에게 폭력을 가하는 남성들에게 '여자 속에 든 하느님이 매 맞고 쓰러지고 피 흘리며 비수를 꽂고 윽 하고 죽는다'라며 여자를 때리는 것은 하나님을 때리는 것과 같으니 그만두라고 경고한다. 이는 권위주의 시대, 민중이 예수라는 여성적 민중인식의 발현이었다. 그리고 강남 부자동네의 타락을 비판하고 멸망시키시라고 하는 제자들 앞에 한 여인이 나서서 구원을 요청하자 예수의 입을 빌려 '자매여, 네 사랑이 믿음을 구했다 그대 속에 인류의 어머니가 있노라 세상은 여자도 구원받는다 하는 시대가 올 것이다 가자, 그대 처마 밑에서 하룻밤을 묵으리라'(「구정동아 구정동아」)라며 세상의 희망이 여성과 그녀의 믿음에 있음을 주장한다.

로제티가 은유와 상징으로 새로운 해석의 길을 열어 놓았다면, 고정희는 다음 시에서처럼 하고자 하는 말을 마음껏 토로한다.

대답해 주시지요 하나님!
당신은 지금 어디 계신지요?
세상이 너무 재미없어 쟈니 윤의 쇼 프로그램에서
미국식 웃는 법을 익히고 계십니까?
아니면 힘이 무지무지 센 나라의 현대판 노예 수출선에 팔려가고 계십니까?
그것도 아니라면 용용 죽겠지 꼭꼭 숨어라 목하 종말론이 생산중인
페르시아 만이나 바빌론의 무기창고에서 재고를 헤아리는 무기 상인들을 격려하고 계십니까?
아니 아니 당신의 이름을 교수형에 처한 공산대륙이나 모스끄바 뻬레스뜨로이까 전철 속에 앉아
이단의 풍물을 감상하고 계십니까?
대답해 주시지요 하나님!
당신은 교회로 돌아와야 합니다.
그리고 당신은 교회의 창고부터 열어야 합니다.

이 곤궁한 시대에
교회는 실로 너무 많은 것을 가졌습니다
교회는 너무 많은 재물을 가졌고 너무 많은 거짓을 가졌고
너무 많은 보태기 십자가를 가졌고
너무 많은 권위와 너무 많은 집을 독차지하고 있습니다

너무 많은 파당과 너무 많은 미움과

너무 많은 철조망과 벽을 가졌습니다
빼앗긴 백성들이 갖지 못한 것을 교회는 다 가졌습니다
잘못된 권력이 가진 것을 교회는 다 가졌습니다

그래서 교회는 벙어리입니다
그래서 교회는 장님입니다
그래서 교회는 귀머거리가 된 지 오래입니다
그래서 교회는 오직 침묵으로 번창합니다
의인의 변절을 탓하던 시대는 이제 끝나야 합니다
옳은 자들이 당신의 이름을 더 이상 부르지 않는 시대가 오기 전에
하느님, 가버나움을 후려치듯 후려치듯
교회를 옳음의 땅으로 되돌려
참회의 강물이 온갖 살겁의 무기들을 휩쓸어가게 하소서
새소리 참소리 태어나게 하소서
거기에 창세기의 빛이 있사옵니다 아멘 …

— 고정희, 「행방불명되신 하느님께 보내는 출소장」

위의 시에서 고정희는 가난한 사람들을 돌보지 않는 교회가 '너무 많은 재물을 가졌고 너무 많은 거짓을 가졌고(…) 너무 많은 보태기 십자가를 가졌'다고 비판한다. 그리고 연합하지 않는 교회는 '너무 많은 파당과 너무 많은 미움과 너무 많은 철조망과 벽'을 가졌다고 신랄하게 비판한다.

고정희는 사회의 불의에 침묵하고 개인의 믿음에만 몰두하는 신앙인을 '하느님을 등에 업은 행복주의라는 것이 얼마나 맹랑한 도착 신앙인가'(「서울사랑-절망에 대하여」)라며 정신병리적 태도를 가졌다고 진단 내린다. 민중을 억압하는 한국사회를 죄악으로 인해 심판받은 소

돔성 혹은 가벼나움으로 규정하면서 회개하지 않으면 심판을 받을 것이라고 선포한다. 심지어 그녀의 화살은 하나님께도 향해 '행방불명되신 하느님께 출소장'을 보내기도 한다. 고정희의 용어는 기독교신앙을 가진 이들에게는 불온해 보인다. 그러나 은유와 상징의 시적언어로 말하기엔 1980년대와 1990년대가 너무나 첨예한 시대였다. 아니면 자신의 죽음이 임박해서 천천히 말할 시간이 없었음을 예견했을지도 모르겠다.

로제티는 세상을 지옥으로 인식하고 개인의 구원과 내세에 가치를 둔 반면, 고정희는 실천하는 신앙의 결과 이 세상에 실현되는 천국을 지향한다. 고정희의 시는 대부분 긍정적이며 따뜻하게 귀결되는데 세상을 바꾸면 그곳이 바로 천국이라고 생각하기 때문이다. 다음 시는 고정희 시비에 쓰인 그녀의 대표작이다.

상한 갈대라도 하늘 아래선
한 계절 넉넉히 흔들리거니
뿌리 깊으면야
밑둥 잘리어도 새 순은 돋거니
충분히 흔들리자 상한 영혼이여
충분히 흔들리며 고통에게로 가자
뿌리 없이 흔들리는 부평초 잎이라도
물 고이면 꽃은 피거니
이 세상 어디에서나 개울은 흐르고
이 세상 어디서나 등불은 켜지듯
가자 고통이여 살 맞대고 가자
외롭기로 작정하면 어딘들 못 가랴
가기로 목숨 걸면 지는 해가 문제랴

고통과 설움의 땅 훨훨 지나서
뿌리 깊은 벌판에 서자
두 팔로 막아도 바람은 불 듯
영원한 눈물이란 없느니라
영원한 비탄이란 없느니라
캄캄한 밤이라도 하늘 아래선
마주잡을 손 하나 오고 있거니

— 고정희, 「상한 영혼을 위하여」

위의 시는 "상한 갈대도 꺾지 아니하시고 가는 등불도 끄지 아니하신다"는 이사야 42장 3절 말씀을 바탕으로 한다. 고통을 피하지 않고 나아가면 언젠가는 좋은 사회가 될 것이라는 믿음을 보여준다.

여성의 목소리가 미미했던 시대였기 때문에 로제티의 작은 몸짓은 고정희의 강한 전투성과 등가의 무게를 지닌다. 두 기독교시인의 전투가 오늘 여성 목사님의 축도에 두 손을 모을 수 있게 된 데 한 축을 담당하지 않았을까 하는 생각이다.

해방신학과 시
-김정환과 에르네스토 카르데날

나는 86학번이다. 투쟁과 혁명과 변혁의 끝을 본 386세대이다. 당시 대학생들은 '제5계급'이라 규정될 정도로 사회변혁의 중심에 있었는데, 우리 4형제는 당시 대학생들의 다양한 군상을 보여주었다. 장차 목사가 될 85학번 오빠는 보수적인데다 ROTC장교였고, 난 교회와 학업과 운동현장을 기웃거렸던 정체성이 모호한 학생이었다. 87학번 동생은 체 게바라를 꿈꾸는 골수 운동권이었으며 89학번 막내는 연애나 돈 벌 생각에 몰두했다.

이러한 시절 '해방신학'이나 '기독교 마르크시즘'이라는 용어를 앞에 두고 생각이 많았었다. 마르크시즘에 '종교는 아편이다'라는 명제가 있는데 어떻게 기독교와 마르크시즘이 한 사유 안에 병립할 수 있는 것일까…. 이 시절을 돌아보며 기독교 마르크시즘 시인을 살펴보고자 한다. 한국의 김정환과 니카라과의 카르데날이다. 두 시인은 정권에 저항하다 투옥된 경험이 있으며, 문화운동단체를 이끌었고, 해방신학적 인식을 견지했으며, 시가 해방의 무기라는 창작관을 가지고 있었다.

니카라과의 에르네스토 카르데날(Ernesto Cardenal, 1925~2020)은 시인이며 기독교 마르크시즘 철학자, 가톨릭 사제, 산디니스타민족해방전선(FSLN)의 중심인물로서 소모사정권의 독재에 저항한 혁명가였다. 1966년 솔렌티나메섬에 예술가와 농민들로 구성된 '솔렌티나메의 우리 숙녀'라는 실천 공동체를 만들어 영적인 삶을 추구하였고, 삶과 분리되지 않는 민중성경읽기를 시도했다. 이 모임을 통해 농민들은 혁명을 위해 오신 예수를 발견하고 소극적 삶에서 벗어나 정치 운동을 조직하는 적극성을 보이게 된다. 이 과정을 책으로 엮은 것이 우리나라에도 번역된 『민중의 복음』(종로서적, 1980)이다. FSLN 혁명선거 후 교황 바오로 2세가 니카라과를 방문했을 때 초대 문화부 장관 자격으로 마중 나온 카르데날을 향해 교황이 "사제가 무슨 정치냐"고 꾸중했던 사건은 유명하다. 결국 1984년 동생 페르난도 신부와 함께 성무집행 정치 처분을 받지만, 1997년 니카라과 예수회는 500년 역사상 처음으로 추방된 두 사제를 포용한다.

카르데날은 마르크스주의가 중남미의 유일한 해결책이라는 해방신학교리를 전개한다.

> 라틴아메리카 대륙이 이 세상에 준 위대한 공헌이 있다면 그것은 해방신학이다. 해방신학은 전통신학의 한 줄기가 아니라 완벽하게 새로운 신학이다. 그것은 혁명의 빛으로 전통신학의 모든 주제를 재편성 한다.
>
> — 에르네스토 카르데날, 『혁명의 성화』(1976)

그에게 시는 민중해방을 실천하는 도구이다. 그의 시는 중남미 독재자들의 탄압과 이로 인한 민중들의 고통, 정권경찰들의 저항 운동 탄압, 외국자본의 라틴 경제 속박을 주된 소재로 한다. 그의 시 가운데 잘 알려진 「마릴린 몬로를 위한 기도」 일부를 보면 인간을 상품화하는 미국식 자본주의를 예수의 성전 청결 사건을 들어 비판한다.

교회는 이십세기 폭스사의 스튜디오는 아닙니다.
대리석과 금으로 장식된 그 교회는 그녀 육체의 성전

그곳에서 '사람의 아들'은 손에 채찍을 들고
하나님의 성전을 도적들의 소굴로 만든
이십세기 폭스사의 장사꾼들을 쫓아내고 있었을 것입니다

— 에르네스토 카르데날, 「마릴린 몬로를 위한 기도」

카르데날은 '시편'의 어조를 패러디한 시집 『시편』(1964)에서 하나님을 '원자력', '핵폭탄', '방위선', '방공호'와 같이 엄청난 화력과 힘을 가진 무기로 표현하면서 하나님께 「외롭고 억울한 이의 부르짖음」, 「괴로움 속에서 드리는 기도」, 「어찌 나를 버리시나이까」와 같은 제목과 내용으로 독재하에서 고통받는 민중을 돌아보시라고 간구한다. 길지만 두 편의 시를 인용한다.

주님이여 들으소서
죄 없는 나의 사연 내 하소연을 굽어 들으소서
구호가 아닌 말씀으로 기도드리오니 들어주소서
나를 판단할 자, 법관이 아니오라 당신이오매
아닌 밤중에 찾아오셔도,
눈부신 불빛으로 이몸 비추어보시고
거짓말 탐지기로 찾아보신대도
죄악이란 내 안에서 찾아내지 못하시리니
저들의 라디오가 하는 말, 이 몸 되풀이한 적 없고
저들의 상업 선전, 정치선전, 입에 올리지 않았삽고
저들의 구호 좇지 않고 당신 말씀 따랐기에
귀 기울여 들으시리니 내 당신을 부르나이다
오 하나님이여
내 말씀 들어주소서

망명객의 보호자인 당신이오니
전쟁모의에서 헐뜯긴 사람과
강제수용소 정치범들의 보호자인 당신이시니
당신의 귀한 눈동자처럼 나를 지켜주시고
당신 날개 그늘 아래 이 몸 숨겨주소서
독재자에게서 마피아단 같은 불한당에게서
나를 구해주소서

저들의 기관총 우리를 노리고
증오를 가르치는 저들의 구호가 우리를 에워싸고
염탐꾼들이 내 집 주위를 어슬렁거리고
비밀경찰이 밤새 나를 감시하여
이 몸 불한당에 둘러싸여 있사오니
주님 일어나소서 마주나가 저들을 물리쳐 주옵소서
은행의 손아귀에서 이 몸 건져올리시고
당신 친히 손 내미사
주여 기업인들에게서 이 몸 구해 주옵소서
상류사회 사교모임의 회원들에게서 나를 구원하소서
저들의 냉장고는 가득 채워졌고
상다리가 휘어지게 음식 차려놓고
일품요리를 개에게도 먹이는 저들이오니
저들의 사교모임에 기웃거릴 수 없는 우리들이오나
이 밤이 지나면 우리의 주린 배를 채워주실 당신이여

— 에르네스토 카르데날, 「외롭고 억울한 이의 부르짖음, 시편 16편」

하나님 나의 하나님 어찌 나를 버리시나이까
나는 세상의 웃음거리 사람들의 조롱거리
신문마다 나를 업신여기고
장갑차들 나를 에워싸
기관총의 표적되어
철조망에 갇혀있나이다
전기 흐르는 철조망에 갇혀 있나이다.
하루 종일 저들은 명단에서 내 이름을 부르고
이 몸에 지워지지 않는 번호를 새겨 넣고
철조망에 갇힌 내 모습 사진에 담았나이다
X광선 사진에 찍힌 듯
내 뼈는 마디마디 셀 수 있게 되었고
저들은 내 인격을 올올이 벗겨내어
벌거벗은 이 몸을 가스실로 데려갔나이다
저희끼리 내 옷과 구두를 나눠가졌나이다
나는 마취제로 잠재워 달라고 울부짖어 보지만
아무도 이 부르짖음 듣는 이 없고
가죽조끼 입혀져 신음하는 이 몸
정신병동에 갇혀 밤새워 흐느끼는 이 몸

사망선고 내려진 환자의 병동에서
전염병 이 환자의 격리 수용소에서
양로원의 마루에서 흐느끼는 이 몸
정신과 의사 앞에서 땀에 젖어 몸부림치나이다
이 몸은 산소 천막에서 질식하고
경찰서에서

보충대에서 고문실에서 이 몸 눈물흘리나이다
이 몸은 방사선에 오염되어 오염될까 겁이 나
이 몸 곁에 오는 이 하나 없나이다
그러나 이 몸은 이웃에게 당신을 전하며
사람들이 모이는 곳마다에서 당신을 찬미하겠나이다
뭇 백성 가운데 당신 찬양하는 내 노래 울려 퍼지고
가난한 사람들 잔치 베풀어
온 백성 큰 축제로 기뻐 날뛰는
새로운 세대가 탄생하올 것이오이다

— 에르네스토 카르데날, 「어찌 나를 버리시나이까, 시편 21편」

위의 시는 2000년 전에는 없었을 '비밀경찰, 전쟁모의, 조작된 재판, 망명, 추방, 간첩죄, 선동죄, 강제노동' 같은 사건들로 비밀경찰에 의한 고문과 투옥을 호소한다. '당신이 계시지 않는다'고 조롱하며 민중을 업신여기는 그들을 벌해주시라고 탄원하지만, 변하지 않는 부조리한 현실에 "주님이시여 언제까지 중립을 지키사 그냥 보고만 계시렵니까"나 "정녕 숨어버리신 하느님 어찌하여 당신 얼굴 감추시어 우리의 아픔, 우리의 압박 잊으셨나이까"라며 부르짖는다. 신의 침묵에 대한 회의에 이르도록 그와 그들의 고통이 극에 달했음을 읽을 수 있다. 그리고 민중이 연대하여 투쟁할 것을 호소한다. 이러한 과정을 통하여 카르데날이 꿈꾸는 미래는 '평화주의자들이 새 지도자가 되는' 그리고 '식민주의는 연기와도 같이' 사라진 세계이다. 3대에 걸친 소모사정권이 몰락하고 FSLN이 정권을 잡았으니 그의 기도는 이루어졌다. 하지만 그는 FSLN이 소모사의 전철을 밟아 간다고 생각하여 탈퇴하였고 한국에서는 이 사건을 '변절'로 해석한다.

니카라과의 시대와 비슷한 시기 한국교회는 현실문제에 관심을 가지고 저항운동으로 나갔고 해방신학이 사회운동에 영향을 미친다. 해방신학은 기독교의 도그마와 제도 속에 갇혔던 예수 이해의 새로운 시각을 열어주고, 신학의 범주 내에서만 논의되어 온 민중예수, 해방자 예수에 대한 관심을 대중적 영향력을 가진 문학의 차원으로까지 확대[126]시켰다는 평을 받는다. 사회변혁 운동가들은 기독교의 하나님을 '민중의 하나님', 어두운 세상의 '구원자', 정권을 심판할 '정의의 하나님'으로 받아들였고, 혁명적 기독교가 현실의 문제를 해결해줄 것이라 여겼다.

진보적 운동가였던 김정환(1954~)은 노동자계급의 투쟁과 정치세력화 운동에 참여하였고, 강력한 좌파 단체 중 하나였던 '노동자문화예술운동연합' 의장을 수년간 맡았다. 그의 시는 정치선전물에 주로 발표되었는데 억압과 착취, 분단의 모순 등을 주 소재로 한다. 그는 기독교인은 아니지만 '예수전'이라는 제목의 시집 『황색예수전1』(1983), 『황색예수전2』(1984), 『황색예수전3 상, 하』(1986)를 연속으로 발간하였다. 이 땅의 기독교가 가장 투쟁적으로 경험한 역사적 예수의 초상[127]이라는 평가를 받지만, 이 중 기독교와 연관된 것은 『황색예수전1』뿐 다른 시집은 예수나 기독교와는 상관이 없어 보인다. 김정환은 『황색예수전1』의 서문에서 현 시대가 진정한 예수를 알지 못한다고 전제하고, 예수를 사회가 요구하는 참된 민중상과 투사상의 본보기로 제시한다. 그렇기 때문에 대부분의 시는 제목 밑에 성경구절을 인용하지만 내용이 성경 본문과 연관되지 않고, 예수보다는 민중과 투쟁가들의 고통에 더 집중한다.

김정환은 앞에서 살펴본 민중시가 보여주는 신관, 민중관, 부활관

---

126 고진하, 「사랑으로 태어나는 예수 - 김정환의 『황색예수전』」, 『새가정』 1986,7, 71.
127 차정식, 『한국현대시와 신학의 풍경』, 이레서원, 2008, 323.

등과 같은 전형적 인식을 보인다. 다음 시 「탄생의 서」 역시 현재적 예수의 삶에서 사랑과 배신과 부활이 반복되고 그의 죽음은 새로운 투쟁/탄생의 전제조건이 된다고 한다.

> "내가 율법이나 예언서의 말씀을 없애러 온 줄로 생각하지 말아라. 없애러 온 것이 아니라 오히려 완성하러 왔다."
>
> ㅡ마태 5장 17,8절

나는 이천년 전 베들레헴의 더러운
말구융간에서 태어났으나
지금도 그대의 비참한 슬픔을 위하여
가난한 시골집에서도 태어납니다
나는 사랑을 위해 그대 생애 속으로 들어 왔으나
좀 더 큰 사랑을 위하여
그대 생애의 순간 속에서
태어나고 괴롬받고 또 부활합니다
나는 사랑을 위하여 역사를 택했으나
다시 사랑을 위하여
당신의 생애를 택합니다
이것은 그대 절망의 찰나가 그지없이 길다는 뜻도 되지만
사랑이라는 말을 완성하기 위해서
당신 온 생애의 수없는 부활이 필요하다는 뜻도 됩니다
그대의 역사는 지금 내 눈앞에서
반 바퀴도 채 못 돌고 있지만
그러나 나는 불변은 아닙니다

변치 않는 모든 것은 변한다는 사실 뿐
내가 불변이라고 해도 그대는 변하고 있으므로
그대는 그대의 변함으로
나의 변치 않음을 증거해야 할 것입니다
나는 지금도 어느 여관방에서 애비없는 자식으로 태어나고
지금도 그대 오만의 죄 속에서
그대와 함께 죽어갑니다
나의 탄생과 죽음과 부활이 역사는 아니나
내가 사랑하는 당신들의 역사를 위해서
끊임없이 저질러지고 또 구제받아야 되는
어떤 찰나의 참상인 것입니다
그건 당신의 혁명을 위해서
그건 당신의 인간됨을 위해서
배반을 위해서, 부활을 위해서
마침내 그대와 내가 동시에 필요한
사랑의 완성을 위해서

— 김정환, 「탄생의 서」

위 시에 의하면 예수는 2000여 년 전 신으로 와서 사라져버린 화석화된 예수가 아니며 현재에도 의미를 가지고 태어나는 지금 / 여기의 예수이다. 예수는 '사랑을 위해' 역사를 선택하고 반복적으로 탄생하고 '그대의 오만'과 탄압 때문에 죽임당한다. 그리고 당대 시대와 아픔과 속박에서 벗어나 승리하는 민중으로 부활한다.

신부인 카르데날에게 예수는 신이기 때문에 '탄원'의 대상이다. 그러나 김정환은 인간 예수에 집중했기 때문에 신의 구원을 바라지 않는다. '우리의 싸움은 예수의 싸움이기 때문에 결코 지지 않을 것이며,

새 날을 불러올 것이기 때문에 고난은 고난이 아니며 이로 인해 언젠가는 좋은 세상이 올 것'이라는 낭만적인 혁명인식을 시로 구현한다. 이것이 지상에 현실하게 될 미래이다. 그렇기 때문에 신의 침묵을 의심하지 않는다.

이 지점에서 난, 생각이 많아졌다. 신의 섭리에 대한 의문은 역설적으로 신의 존재를 깨닫게 되는 신비라는 구절을 어디선가 읽었다. 결국 해방신학에 영향 받은 시들은 인간의 힘을 신뢰하기 때문에 종교의 신비로 들어가지는 않는 것일까. 그리고 또, 나는 예수를 민중이나 투사 혹은 무기라고 생각하는 것만큼이나 예수를 알고자 힘쓰는가. 하는 것들 말이다.

감사의 글

오십이 조금 넘은 인생 가운데 두 번의 벽을 만났다. 처음은 십여 년 전 어머니가 내게 손을 흔들고 저세상으로 가신 일이다. 그날 이후 어머니와 난 다시는 같이 식사를 할 수도, 아침이면 하던 전화도 그 어떤 것도 할 수 없게 되었다. 두 번째의 벽은 2020년 5월에 만났다. 코로나19 상황으로 대면강의가 비대면으로 전환되고, 온라인 강의를 위해 인터넷 자료를 다운받다가 컴퓨터가 랜섬에 걸렸다. 어떤 방법을 사용해도 파일을 열 수 없게 되었다. 20년 동안의 모든 자료와 강의안이 유령처럼 실체를 보여주지 않았다. 그 막막함은 어머니와 나 사이의 건널 수 없는 벽을 다시 한 번 생각해 보도록 하였다.

몇 달 동안 고난의 나날을 보내고 있다가 궁금해졌다. 하나님 왜 제게 이런 엄청난 일을 허락하셨는지요. 거의 반년 만에 하나님의 음성을 들었다. 그동안 아끼고 모으고 열정과 애정을 가졌던 것들을 한 순간에 거둬가실 수도 있다는 것을. 그래서 아직 사라지지 않은 것들을 감사하기로 했다. 가족이, 학교가, 그리고 나와 관련된 상황과 사람들이 남아있었다. 그중 잿더미에서 찾은 바늘같이 출판사와 주고받은 메일이 발견되었다. 메일 구석구석을 뒤져서 글들을 찾아내고 이렇게 책을 내게 하신 하나님께 감사드린다.

저자소개

서울여자대학교 국어국문학 박사
고려대학교 비교문학 박사
현 장로회신학대학교 강의연구교수

저서

『시조 평론집 : 많은 물소리』, 『한국 현대 민중가요사』, 『박두진 박목월 김현승의 기독교 시 연구』, 『근대 학생들의 교지 만들기』, 『한국 현대 시조 시인론』

기독교, 문학, 역사

초판 1쇄 인쇄 2021년 2월 22일
초판 1쇄 발행 2021년 2월 26일

지은이 정경은
펴낸이 박성복
펴낸곳 도서출판 월인
주소 01047 서울특별시 강북구 노해로25길 61
등록 1998년 5월 4일 제6-0364호
전화 (02) 912-5000
팩스 (02) 900-5036
홈페이지 www.worin.net
전자우편 worinnet@hanmail.net

ISBN 978-89-8477-699-9 93810

값은 뒤표지에 있습니다.